VOYAGE
AU
PAYS DES ...

ÉTUDE SUR LA RUSSIE ACTUELLE

PAR

OLYMPE AUDOUARD

· PARIS

LIBRAIRE DE LA SOCIÉTÉ DES GENS DE LETTRES
PALAIS-ROYAL, 15-17-19, GALERIE D'ORLÉANS

VOYAGE
AU
PAYS DES BOYARDS

OUVRAGES DU MÊME AUTEUR

ÉDITÉS CHEZ DENTU

LES NUITS RUSSES. — Un vol. fort in-18........	5 fr.
LES SOUPERS DE LA PRINCESSE LOUBA D'ASKOF. — 1 vol................................	3
NORTH AMERICA ⎱ 2 vol........................ FAR-WEST. ⎰	7
LES MYSTÈRES DE L'ÉGYPTE, 4ᵉ édition. — 1 vol. fort in-18....................................	5
L'ORIENT ET SES PEUPLADES, 2ᵉ édition. — 1 vol. fort in-18....................................	5
LES MYSTÈRES DU SÉRAIL ET DES HAREMS TURCS, 3ᵉ édition. — 1 vol........................	
LE MONDE DES ESPRITS, OU LA VIE APRÈS LA MORT, 4ᵉ édition. — 1 vol......................	3
LA GYNÉCOLOGIE HISTORIQUE, la femme depuis six mille ans....................................	3
LE SECRET DE LA BELLE-MÈRE, roman. — 1 vol....	3
L'HOMME DE QUARANTE, roman. — 1 vol.........	3
L'AMIE INTIME, roman. — 1 vol	3
COMMENT AIMENT LES HOMMES, pamphlet, 7ᵉ édition — 1 vol....................................	3
GUERRE AUX HOMMES, pamphlet, 2ᵉ édit. — 1 vol.	3
LES ROSES SANGLANTES, roman, 2ᵉ édition........	3
LE MARI MYSTIFIÉ, 3ᵉ édition. — 1 vol...........	3
L'HISTOIRE D'UN MENDIANT, 2ᵉ édition. — 1 vol...	3
LE LUXE EFFRÉNÉ DES HOMMES, réponse au sénateur Dupin, 14ᵉ édition.....................	1
LE LUXE EFFRÉNÉ DES FEMMES, réponse au sénateur Dupin, 11ᵉ édition........................	1
LA FEMME-HOMME, réponse à Dumas fils, 14ᵉ édit.	1
LE DIVORCE	1
LA FEMME BAS-BLEU, réponse à Barbey d'Aurevilly..	1
LES DEUX MONDES ILLUSTRÉS, journal hebdomadaire.	

IMPRIMERIE D. BARDIN, A SAINT-GERMAIN.

VOYAGE AU PAYS DES BOYARDS

ÉTUDE SUR LA RUSSIE ACTUELLE

PAR

OLYMPE AUDOUARD

PARIS

E. DENTU, ÉDITEUR

LIBRAIRE DE LA SOCIÉTÉ DES GENS DE LETTRES

PALAIS-ROYAL, 15-17-19, GALERIE D'ORLÉANS

1881

Pour la reproduction de ce livre et de tous ceux de Mme Olympe Audouard s'adresser à l'agence Havas.

VOYAGE
AU
PAYS DES BOYARDS

CHAPITRE PREMIER

ECTEURS, j'aime mieux vous l'avouer tout de suite que de vous donner la peine de vous en apercevoir; peut-être alors me reconnaîtrez-vous une qualité : la franchise. Eh bien ! ma mission n'est pas précisément de vous amuser, mais de faire faire connaissance avec la Russie à ceux de vous qui n'ont pas visité cette contrée.

Avec un brin d'imagination, on peut toujours rendre la fable amusante ; mais il n'en est pas de même pour la vérité : cette respectable vertu est parfois intéressante et attachante, mais parfois aussi elle est aride et monotone. Si je pouvais ne parler que de tels ou tels sujets, je choisirais ceux qui sont curieux et amusants et j'éviterais facilement l'écueil d'être ennuyeuse ; mais on m'a dit : Vous devez parler de tout, mœurs, usages, parties pittoresques, armée, politique, idées, révolutions, nihilisme, commerce, et religion. Quelques-unes de ces questions sont intéressantes, sans doute, pour certaines personnes, mais elles paraîtront fastidieuses à d'autres ; que ces dernières m'excusent en se souvenant que ce n'est pas ma faute, puisque je dois traiter même les sujets arides. Tout ce que je pourrai faire sera d'appuyer sur les parties amusantes et de glisser rapidement sur celles qui sont par trop sérieuses ; je le ferai.

L'empire russe, qui représente la civilisation glaciale, est l'état le plus vaste du globe. Il s'étend en Europe, en Asie et en Amérique, c'est un colosse monstrueux à trois pieds d'argile, a-t-on dit ; ceux sur qui ces pieds de géant s'appesantissent, les trouvent de fer.

Sa population, en y comprenant la Pologne et la Finlande, est de 75 millions ; mais, et ceci est le revers de la médaille de cette force numérique, dans ces 75 millions de sujets, il y en a beaucoup de si mal soumis, qu'il faut plus de deux cent mille hommes pour les maintenir sujets du czar, et c'est là une cause de faiblesse pour le gouvernement de ce pays.

Les peuples les plus étranges de mœurs, les plus féroces et les plus farouches, sont compris dans ces

75 millions ; deux grandes races ont formé la population de cette contrée : la race slave à laquelle appartiennent les Russes de la Moscovie, les Polonais, les Courlandais et les Lithuaniens, et la race finnoise ou tchoude, dont descendent les Finnois, les Lapons, les Samoyèdes, les Tchérémisses, les Ostiaks, les Tchouvackes, les Permiens, les Tartares, les Kalmouks, les Aléoutes, etc. Ajoutons à tous ces peuples les Mongols, les Arméniens, les Turcs, les Géorgiens et les tribus farouches du Caucase ; ceci constitue, il faut en convenir, une nation peu homogène, et forme un peuple composé d'hommes, de mœurs et d'instincts bien opposés.

Comme à la fameuse tour de Babel, on parle en Russie trente-trois langues différentes, mauvais moyen pour s'entendre toujours !

Les Tchoudes sont les Scythes des anciens.

Les Slaves sont venus s'établir à l'ouest du Volga, plus de douze cents ans avant l'Ère chrétienne ; on le voit, ce pays est bien leur propriété par rang d'ancienneté.

On nomme *grande Russie* la partie qui occupe le nord et le centre de la Russie d'Europe, c'est l'ancienne Moscovie.

On appelle *petite Russie* tout le sud-ouest de la Russie d'Europe.

La nouvelle Russie se compose des États méridionaux nouvellement acquis, ils forment les gouvernements de Kherson, Iékatérinoslav, la Tauride, la Bessarabie, et du territoire des Cosaques du Don et de ceux de la mer Noire.

On nomme Russie noire la partie occidentale de la Lithuanie, elle forme les gouvernements de

Minsk et de Grodno. La Russie blanche est la partie de la Pologne détachée en 1772, elle forme les gouvernements de Smolensk, de Mohilev et de Vitevsk.

Les parties du territoire qu'occupaient jadis les palatinats polonais de Lemberg, de Chelm et de Belcz portent le nom de Russie rouge, une partie appartient aujourd'hui à l'Autriche.

La Russie a pour elle le nombre, et je viens de faire remarquer que ceci est plutôt un élément de faiblesse qu'un élément de force pour elle.

Elle possède l'immensité ; de loin cette immensité éblouit, de près elle attriste, et elle constitue elle aussi un élément de faiblesse ; les villes sont séparées par des steppes arides, les communications sont pénibles et lentes, et comme sol, la qualité est certes préférable à la quantité, le peuple russe en fait la triste expérience.

L'eau occupe presque un quart du territoire russe, qui possède la mer Blanche, la mer Caspienne, la mer Baltique et la mer d'Azov ; ses fleuves peuvent être comptés au nombre des plus grands cours d'eau du globe, ce sont : le Don, le Volga, le Dniéper, le Petchora, les deux Dwina, le Niémen et le Dniester ; ajoutez à toute cette masse d'eau des lacs innombrables, des rivières aussi nombreuses que fortes et des canaux, vous comprendrez que la Russie d'Europe n'étant qu'une grande plaine bien basse et bien plate, elle soit, dès que l'hiver est fini, transformée en un immense marais. Comme montagnes elle ne possède que les monts Ourals ou Poyas, qui se trouvent à son ouest et qui la séparent de la Russie d'Asie ; trop d'eau et pas assez de monts.

Je ne connais pas un paysage plus morne et plus

dénué de tout pittoresque que ce marécage sans fin qu'on nomme Russie d'Europe. On ne peut pas voir au loin, car dans ces plaines, tout fait obstacle à l'œil : buisson, barrière, simple amas de terre, vous cachent des lieues de terrain, l'horizon y est toujours borné, les plans sont rares, sans mouvement, sans une seule ligne pittoresque ; aussi, aucun de ces sites ne se grave dans la mémoire, aucun n'attire vos regards, et le voyage devient d'une tristesse mortelle.

Partout ailleurs l'artiste Dieu a peint des tableaux saisissants, éblouissants de coloris, étranges de figures, bizarres d'aspect ; mais en Russie, on croirait qu'il s'est essayé dans son art et qu'il a fusiné d'une main peu sûre encore, et en traits vagues et indécis, une ébauche de nature.

En hiver, alors que le sol est couvert d'un tapis de glace, que les arbres sont changés en stalactites de cristal, que le ciel verse sur votre tête sans discontinuité la neige, cette blancheur sans fin fait un effet singulier ; la silhouette de l'homme se dessine sèchement sur ce fond éclatant, et il se sent mal à l'aise ; il a cette vague impression qu'il erre dans l'empire de la mort, une angoisse douloureuse s'empare de lui, il tressaille au moindre bruit, tout lui apparaît comme un augure de mort ; il croit à tout, même aux génies, aux fées et aux farfadets. Les aspects de la nature influencent tellement le moral de l'homme, qu'il faut se bien garder d'accuser de faiblesse d'esprit les peuples superstitieux ; il faut se dire qu'ils ne font que subir les conséquences des sites qui les entourent, des aspects qui frappent leur vue.

La Russie est donc livide et morne en hiver.

Au printemps, elle n'est plus que fange, mares et trous d'eau ; son terrain doit absorber l'eau du mètre cinquante d'épaisseur de neige qui l'a recouvert pendant l'hiver ; les fleuves et les rivières qui coulent à pleins bords avec ce supplément d'eau, débordent ; le pays ne devient habitable que pour les canards, et je ne comprends pas que les Russes n'aient pas adopté la coutume de marcher sur des échasses pendant cette saison.

Les eaux de ses mers n'étant point maintenues par des rocs élevés et solides, ont toujours l'air, elles aussi, de vouloir envahir la Russie et la transformer en une immense nappe d'eau.

Nous allons voir à Pétersbourg l'eau apparaître comme un fléau terrible, menaçant sans cesse de mort cette ville.

A 205 kilomètres nord de Pétersbourg, entre le gouvernement d'Olonetz et le grand-duché de Finlande, se trouve le lac Ladoga, qui est le plus grand de l'Europe et qui est plus périlleux à la navigation que la plus mauvaise des mers. Du fond de ce lac, tout près de l'île sur laquelle est construite la forteresse de Schlusselbourg, s'élève en tourbillonnant une source d'un volume colossal ; elle agite toutes les eaux calmes du lac, elle mugit, forme des vagues, puis s'élance en un cours d'une rapidité effrayante. Cette source, c'est la Néva. Des écluses d'un travail remarquable lui font une série de digues et la jettent dans un lit ; elle fait communiquer le lac Ladoga avec les lacs Limes et Saïma, et elle vient se jeter dans la Baltique. A son embouchure, elle dépose du sable et du limon ; ce sable et ce limon, en se durcissant, ont formé des îles. Une de ces îles est Cronstadt, trois autres forment Pétersbourg : l'une est l'île de l'Amirauté, l'autre Vassili-Ostrof, et la troisième l'île de Pétersbourg. A côté de l'île de l'Amirauté, la Néva donne naissance à la Moika qui, elle aussi, traverse la ville. La Néva coule à pleins bords; en face du quai de la Cour elle a 600 mètres de large; sa largeur moyenne est de 400 mètres.

A son embouchure elle rencontre une mer dont les eaux, trouvant une terre basse et plate, refoulent souvent les eaux de la Néva qui viennent inonder Pétersbourg. Un jour, l'eau engloutira monuments, hommes et czars.

En face de la Baltique sont des îles sur lesquelles on a construit des maisons de plaisance ; l'été, la promenade aux îles remplace la promenade des Parisiens au bois de Boulogne. Eh bien, on y marche littéralement sur un tapis vivant de grenouilles et de crapauds !

Un canal met en communication la mer Noire et la mer Baltique. Il sert de débouché à tout le commerce de la Russie. Il traverse la ville qui a en plus, en fait d'eau, dix larges rivières dans ses environs.

On pourrait appeler Pétersbourg la Venise du Nord ; mais la Venise italienne charme, elle est belle et gaie, tandis que la Venise du Nord n'est qu'étonnante et étrange.

Cette cité comprend trois grands quartiers, l'île de l'Amirauté, la Litéinia et Woiborg; elle a 35 kilomètres de tour, 9 de longueur et 8 de largeur, cinq cent mille habitants, dont un tiers femmes et deux tiers hommes ; le grand nombre de soldats qui y sont casernés, les ouvriers célibataires qui viennent y travailler, sont cause de cette bizarrerie de deux hommes et demi pour une femme dans cette population.

L'immensité est la loi russe ; les 450 rues de Pétersbourg, bien droites, sont larges ; la perspective Newsky et la Morskoï ont 50 mètres de largeur. Sur la place Saint-Isaac, cent mille hommes pourraient manœuvrer à l'aise. Dans ce pays, l'immensité étant adoptée comme type de la beauté parfaite, et la campagne n'étant qu'une plaine sans horizons, il faudrait des monuments énormes s'élevant fièrement vers les nues ; ceux de Pétersbourg sont si bas, que de loin on les prendrait pour de simples palissades, et notez qu'en hiver le sol est rehaussé d'un mètre cinquante de neige.

Les mâts des bateaux dépassent les toits des maisons, ces toits sont en fer et très bas à la mode italienne, tandis que hauts et pointus ils donneraient un peu de pittoresque.

Tout ici est construit à contre-sens, les vents y sont fréquents et impétueux, et les rues sont larges et bien alignées de façon à permettre aux vents de tout balayer sur leur passage.

Il y a à Pétersbourg plus de trois cents églises, cinq cents palais, quinze cents cabarets et neuf mille maisons.

Cent trente-huit ponts traversent la Néva, quelques-uns sont beaux, le pont Saint-Nicolas entre autres.

VUE DU PONT SAINT-NICOLAS.

Les quais de la Néva peuvent être classés parmi les travaux grandioses des temps modernes.

L'eau coulait à pleins bords, la terre manquait ; tout autre que Pierre le Grand aurait été embarrassé. Ce despote de génie a sacrifié la vie de cent mille hommes et il a vaincu l'élément eau, il lui a opposé le granit, des blocs énormes ont été transportés sur les rives de la Néva et ils forment un rempart à l'envahissement des eaux.

Les parapets en granit qui bordent ce fleuve ont une longueur de dix kilomètres, les Russes ont accompli un travail digne des Romains.

Si l'on arrive à Pétersbourg par le chemin de fer, l'impression est bien moindre que si on entre dans cette ville par Cronstadt, aussi je vais vous décrire l'aspect qu'elle offre à ceux qui y viennent par mer.

A Cronstadt, forteresse sous-marine, à 30 kilomètres de Pétersbourg, il règne une grande animation, une forêt de mâts charme le regard ; pour gagner la capitale et remonter la Néva, on quitte le pyroscaphe, et l'on s'embarque dans un bateau ayant un moins fort tirant d'eau ; on se trouve entre l'Ingrie à gauche, et la Finlande à droite, mais des deux côtés le paysage est lugubre, une plaine grise parsemée de bouleaux d'un vert pâle et de pins noirâtres, c'est tout ; on passe près du somptueux château, que se fit jadis bâtir le célèbre Menschikoff, on aperçoit devant soi comme une nappe d'eau d'où s'élèvent des mâts et des aiguilles gigantesques, c'est Pétersbourg. Peu à peu les monuments se dessinent, on distingue les coupoles dorées des églises, les campaniles grecs, tout cela mêlé aux mâts des bateaux, on navigue enfin entre ces quais de granit qui sont d'un effet imposant, on passe devant des sphinx également en granit qui sont de dimensions colossales.

Le palais de marbre du grand-duc Constantin, le palais d'hiver, la bourse, la douane, des écoles, des musées, des églises, la statue équestre de Pierre Ier sur un rocher, et bien d'autres monuments encore vous apparaissent tour à tour et la capitale de la Russie a un fort grand air ainsi vue : l'œil ne contemple que dômes dorés, flèches, arcades et colonnades, on se demande si un génie vous aurait transporté soudain dans les pays de l'Orient; mais le ciel est terne; la campagne, plaine marécageuse, fait un vilain cadre à cette architecture du bas empire.

Saint-Isaac se trouve aussi sur les rives de la Néva; cette église un peu calquée sur notre Panthéon, possède une coupole d'airain si colossale, qu'à elle seule elle est un monument.

Le palais d'hiver donne d'une de ses façades sur la Néva, la façade principale fait face à la place de l'Amirauté; son style régence fait grand effet et sa couleur d'un gris un peu rouge plaît à l'œil, il est à peu près de la dimension du Louvre réuni aux défuntes Tuileries. Ce palais est la preuve palpable de ce que peut faire le despotisme en bien comme en mal, il est l'œuvre de l'esclavage, le résultat d'une volonté tyrannique ; construit par l'impératrice Elisabeth, détruit par les flammes en 1839, l'empereur Nicolas, pendant que les ruines du palais fumaient encore, signifia au prince Pierre Wolkonski, ministre de sa maison, qu'il fallait que sur ce même emplacement, un palais en tous points semblable au brûlé fût rebâti, et qu'il fallait qu'il fût prêt à être habité à un an de là jour pour jour.

Le prince Wolkonski répondit timidement que ce délai était insuffisant pour édifier un monument aussi colossal.

Le despote fronçant les sourcils, lui dit : — Rappelez-vous, monsieur, que tout ce que le czar veut est possible.

— Votre Majesté a raison, sa volonté peut opérer des miracles, le palais sera reconstruit à la date qu'elle daigne me fixer. Telle fut la réponse du courtisan. En effet, ce travail gigantesque a été fait en un an. C'est merveilleux, me dira-t-on, et voilà ce qui doit faire aimer l'autocratie, seule capable de faire faire de ces tours de force-là.

Moi je dis : C'est affreux ! et c'est bien fait pour dégoûter des tyrans, car plus de cent mille hommes sont morts à la peine ; — six mille ouvriers ont dû travailler nuit et jour, les travaux ont continué pendant des froids de 25 et 30 degrés, — les ouvriers, martyrs de l'obéissance passive, martyrs du caprice d'un homme qui se croit l'élu de Dieu, par la seule raison qu'il peut commettre le mal, ce qui devrait lui faire comprendre qu'il est plutôt l'élu de Satan ; les ouvriers étaient enfermés dans des salles chauffées à 30 degrés afin d'en sécher plus vite les murailles. Ces malheureux, en entrant et en sortant, subissaient une différence de température de 60 degrés, ils prenaient des maladies mortelles, un détail ! Qu'est la vie de milliers d'hommes lorsqu'il s'agit de satisfaire le caprice d'un souverain ? rien, selon les courtisans, beaucoup aux yeux du Dieu de justice, de celui dont l'envoyé nous a dit : « Au royaume de mon père les pauvres et les petits seront les premiers. »

Et c'est en souvenir de ces paroles divines, que je

pense que ceux qui se disent élus de Dieu pourraient bien être les élus du diable, car ils oublient souvent que Dieu a dit : « Homicide point ne seras de fait ni volontairement. »

Les peintres, les décorateurs travaillant dans ce palais funeste étaient obligés de mettre sur leurs têtes, des sortes de bonnets de glace, afin de n'avoir pas un transport au cerveau ; malgré cette précaution beaucoup étaient frappés de congestion. L'empereur Nicolas venait un quart d'heure par jour examiner le travail, il se frottait les mains en voyant qu'il avançait ; les morts et les mourants étaient à ses yeux un vrai détail dont il ne daignait pas s'occuper, n'était-il pas naturel du reste que ses sujets souffrent pour lui !

Et les Russes appellent leur czar, le petit père ! Des milliers d'hommes étant morts à la peine, d'autres milliers y ayant souffert et pris de graves maladies, le palais a été achevé, l'Empereur s'y est installé le cœur léger, les courtisans y ont chanté ses louanges, des femmes couvertes de diamants ont dansé dans ses grands et somptueux salons. Ainsi va le monde, l'autocratie opère des miracles, mais c'est aux dépens de la vie d'une multitude d'êtres humains ; ces miracles me font horreur et ce palais d'hiver me donne le frisson.

L'intérieur du palais d'hiver est fort beau, le parquet est une merveille ; il y a des planchers de bois travaillés en forme de mosaïque qui sont remarquables. Le Russe, du reste, travaille le bois avec un sentiment très artistique ; il y a dans de simples maisons bourgeoises des armoires, des bahuts pouvant hardiment rivaliser avec ces vieux bahuts que nous payons si chers à l'hôtel des ventes.

La chapelle du palais est petite, mais ses lambris sont éblouissants d'or et de pierreries ; assister à un service religieux dans cette église, y entendre chanter les chœurs, vaut pour un mélomane la peine de faire le fatigant voyage de Russie ; jamais je n'ai entendu musique aussi divine, l'ensemble est admirable, et elle se distingue par un profond sentiment religieux ; c'est bien l'accent que doit avoir l'âme humaine en s'élevant vers son Dieu, et les voix sont d'une beauté incomparable. Le Slave est musicien de nature ; idéaliste et rêveur, il a trouvé mieux que personne le caractère que doit avoir la musique religieuse et aussi la manière dont elle doit être exécutée.

Que les mélomanes aillent entendre chanter à la chapelle du palais et au couvent de Sergus et, j'en suis sûre, ils seront de mon avis.

Dans une superbe serre, sorte de jardin d'hiver, s'étale toute la flore exotique ; des fontaines font entendre leur doux murmure, des statues de marbre blanc se cachent dans de verts bosquets. Il y a une *Vénus de Médicis* dans le costume... que vous savez, et qui porte sur une inscription placée sur son socle la mention qu'elle a été offerte par le pape des catholiques à Pierre Ier ; ce pape envoyant cette belle nudité à un schismatique..., c'est... original.

Le palais d'hiver donne en façade sur la place de l'Amirauté, où se trouvent jetés, amoncelés, semés, tous les monuments que je vais vous décrire, et qui pourtant a un air démeublée ; ceci vous fera comprendre la dimension de cette place. En face du palais se trouve l'Amirauté, sorte de temple grec avec double rangée de colonnes ; une aiguille, flèche fine comme un paratonnerre, s'élève au-dessus de lui à une hauteur prodigieuse, elle est dorée en or pur avec les ducats d'or que les Etats-Unis de Hollande avaient envoyés à Pierre Ier.

L'église Saint-Isaac avec son péristyle et son dôme colossal occupe un des angles faisant face au palais d'hiver; plusieurs ministères, construits aussi en forme de temples païens, entourent cette place; même les commis sont logés dans des temples!

A l'angle qui se trouve vers la Néva, sur un bloc énorme de roche est huché un cheval qui se cabre; il a l'air d'être prêt à dégringoler du roc, on craint de le recevoir sur la tête, mais on se rassure en apercevant un serpent qui s'enroule à sa jambe et le retient... Pourquoi ce serpent sur ce rocher? pourquoi resserre-t-il de ses anneaux la jambe de ce coursier? Peut-être, tout est possible, l'artiste qui a fait cette œuvre le savait-il, moi, je n'ai jamais pu le deviner. Sur le cheval se tient farouche le czar de pierre, Pierre le Grand; il lève un bras protecteur sur la ville de Pétersbourg, mais avec un geste de menace qui s'adresse sans doute à la vieille Moscou; une inscription porte ces trois mots : « A Pierre Ier Catherine II. »

Cette czarine était une femme d'un esprit éminent, aussi en trois mots elle a su dire ceci : Tu étais grand, je suis grande; tu avais du génie, j'ai du génie; tu étais puissant, je suis puissante; cette statue que je t'élève avec l'argent de mon peuple redira ces trois vérités aux générations futures.

Au milieu de la place se dresse la colonne Alexandre; elle est plus haute que celle de la place Vendôme; son fût, d'un seul morceau de granit, est le plus énorme bloc que mains d'hommes aient travaillé.

Le Sénat, palais païen avec péristyles, colonnes et frontons, se trouve encore sur cette place ; en face du palais impérial, et donnant issue dans la Morskoï, on admire une arcade en demi-cercle, surmontée d'un char attelé de six chevaux de front, le tout en bronze doré.

Récapitulons, si vous le voulez bien, les monuments construits sur cette seule place : le palais d'hiver, l'église Saint-Isaac de dimensions colossales, le palais de l'Amirauté, celui du Sénat, trois ministères, la colonne Alexandre, le bloc de rochers, le Cheval et Pierre Ier, l'Arc de triomphe ; et malgré cette profusion de monuments on a dû planter quelques arbres pour meubler un peu la place !

Derrière le palais Michel il y a une autre place qui est aussi vaste que notre Champ de Mars.

La profusion est le bon goût du Russe, l'immensité est le caractère distinctif de cette nation.

La perspective Newski a une lieue de long et 50 mètres de large, c'est une des rues les plus animées de la capitale, elle aussi possède bon nombre de monuments[1] ; tout au bout il y a le couvent d'Alexandre Newski, le monastère est immense, l'église est belle. Le tombeau de saint Newski est une vraie curiosité, il vaut son pesant... d'argent ; on peut l'appeler précieux, l'autel est en argent massif, il est surmonté d'une pyramide en argent massif qui s'élève jusqu'au dôme du temple. On ne saurait dire que cette œuvre d'art est sans valeur.

1. Nous donnerons les dessins de ces principaux monuments avec leur légende dans le courant de ce voyage.

Les églises de toutes les communions étrangères sont sur la perspective Newski, église catholique, église arménienne, église luthérienne et l'église hollandaise; tous ces temples n'ont rien de remarquable comme architecture.

Le palais Anitschkoff, demeure du grand-duc héritier, se trouve placé en face du pont du même nom; le théâtre Alexandre, construction grecque, orne aussi cette rue; la Bibliothèque impériale se trouve sur le square de Catherine. Le monument de la bibliothèque est aussi bourgeois que possible, et la statue de Catherine II, qui s'élève au milieu du square, est un chef-d'œuvre de mauvais goût comme exécution de la statue au point de vue de l'art... l'artiste a montré plus de malice que de bon goût en plaçant autour du socle de la statue les principaux favoris de cette czarine, dont les amours coupables sont ainsi gravés à jamais dans la pierre. Le peuple dans son langage grossier donne un vilain nom à ce square.

C'est encore sur la perspective Newski que se trouve le Gostenoï-dvor, grand bazar populaire, qui a un cachet tout à fait russe; enfin un des plus jolis monuments, selon moi, de Pétersbourg, la cathédrale du Kasan, se trouve aussi sur cette voie.

L'aspect de Pétersbourg, à défaut d'admiration, fait naître l'étonnement; si ce n'est pas parfaitement beau, c'est complètement étrange.

La couleur ocre passe en Russie comme l'indice de sentiments conservateurs et les propriétaires s'empressent de prendre cette sage enseigne, ils font badigeonner leur maison de couleur rhubarbe; les dômes des églises sont dorés, les aiguilles qui les

Cathédrale du Kasan, bâtie, comme on le voit, sur le plan de Saint-Pierre de Rome.

surmontent sont dorées aussi, quelques églises ont des dômes peints couleur vert choux; pendant six mois le sol est blanc, ces trois couleurs avec cette blancheur pour cadre font un singulier effet.

La ville taillée sur ce vaste patron étant très peu peuplée, elle paraît toujours déserte; lorsque la cour s'y trouve, il y règne une certaine agitation, les courtisans vont au palais, en reviennent, les officiers circulent affairés. Lorsque la cour est absente on croirait parcourir une ville atteinte de la peste.

Le penseur considère cette ville avec autant de curiosité que d'intérêt, car devinant la pensée de son fondateur, il comprend que cette cité n'est autre chose qu'une espérance taillée dans le granit. Pierre Ier après avoir jeté un regard sur le passé de sa patrie, se sentit pris d'un morne découragement; enfin, son énergie se réveillant, il voulut détruire le passé, édifier l'avenir. Il décapita Moscou, fonda Pétersbourg sur le coin de terre qui, par la Baltique, jette un regard vers l'Europe, indiquant par là sa volonté ferme de créer une civilisation européenne; il a taillé cette volonté dans le roc et dans le granit.

Les autres capitales du monde se sont bâties lentement, elles ont mis des siècles à s'embellir; la capitale russe a surgi brusquement, avec ses sphinx, ses pilastres et ses colonnes, du limon de la Néva. Elle est le résultat de l'effort puissant de la volonté d'un seul homme, elle représente la puissance humaine luttant victorieusement contre les forces de la nature.

Mais, l'homme sera-t-il toujours le plus fort?

that is the question. Il est à craindre qu'un jour l'élément eau prenne une terrible revanche. En automne et au printemps le canon, servant de cloche d'alarme, a toujours l'air d'annoncer la fin de cette ville, de sonner son glas funèbre; c'est par un coup de canon qu'on annonce le débordement de la Néva, et alors chacun tremble; les riches propriétaires jettent un regard consterné sur les merveilles artistiques qui sont réunies chez eux et sur leur palais de marbre, tout cela sera peut-être la proie de l'eau... et de tout ce luxe il ne restera qu'un souvenir, se disent-ils.

Dans le xviiie siècle sept inondations ont failli détruire cette ville.

Le 10 septembre 1777, l'eau de la Néva est montée de onze pieds, la crue arriva rapide et imprévue au milieu de la nuit; les bateaux, même d'un fort tonnage, furent jetés sur les quais, d'autres furent entraînés en pleins champs; plus de mille personnes furent noyées, leurs cadavres allèrent dans la Baltique, quelques-uns furent retrouvés dans la campagne où l'eau les avait portés.

En novembre 1824, les eaux de la Néva repoussées de leur embouchure par un vent furieux, s'élevèrent en vagues formidables, elles étaient refoulées vers leur source, emportant les ponts, entraînant les bateaux. Cette masse effrayante s'abattit soudain dans la ville, arrivant jusqu'au deuxième étage des palais; les débris des ponts heurtaient les maisons, les bateaux à moitié brisés s'engageaient dans les rues, la population surprise cherchait en vain le salut sur l'impériale des voitures, bientôt les chevaux, noyés, tombaient, l'eau ne tardait pas à dépasser la hauteur des carrosses, des grappes humaines s'accrochaient aux arbres, qui se brisaient sous le poids, entraînant des centaines de malheureux dans le gouffre…Les croix, les pierres des cimetières heurtaient dans la ville les nombreux cadavres, nouvelles victimes de la mort.

Cela dura douze heures, et douze heures de mortelles angoisses; vers le soir les eaux se retirèrent, la ville dut rester toute la nuit plongée dans l'obscurité; des maisons s'étaient écroulées, les victimes se comptaient par centaines. Muni de lanternes, chacun, barbotant dans la vase, allait à la recherche des siens; beaucoup n'eurent pas même la suprême consolation de retrouver le cadavre des êtres qui leur étaient chers. Le lendemain, le soleil éclaira un spectacle lugubre; la ville elle-même menaçait ruine, les maisons qui avaient résisté au torrent impétueux étaient ébranlées, les quais de granit avaient été ravagés.

Pertes énormes d'argent, et près de mille êtres humains noyés.

En 1827 et en 1830, nouvelles crues; en 1862, autres inondations. Chaque année, du reste, que ce soit au moment de la débâcle des glaces, ou en automne, le canon fait tressaillir les habitants de cette cité, qui a ses petites inondations périodiques; ainsi les sous-sols sont régulièrement visités par les eaux deux fois par an; les pauvres s'y logent pourtant, les loyers de ces réduits malsains étant les seuls abordables pour leur misère.

Les vieux Russes, ennemis jurés de la civilisation européenne, disent que Dieu lui-même souffle sur les eaux de la Néva afin qu'elles viennent détruire cette ville cosmopolite et impie, et noyer ces audacieux étrangers non orthodoxes qui osent souiller le sol russe.

Qui sera le plus fort... de l'élément eau ou du granit? Dieu seul le sait.

Marchand ambulant, de thé.

CHAPITRE II

LES QUATRE ASPECTS DE PÉTERSBOURG

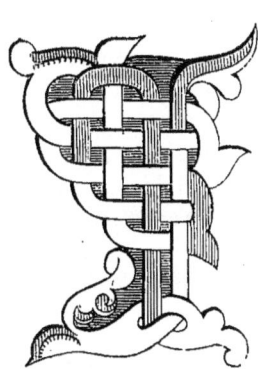ÉTERSBOURG a quatre aspects distincts et bien différents ; son aspect change avec les saisons et je dois vous la présenter en hiver, au printemps, en été et en automne, pour vous faire faire sa connaissance complète.

Mais d'abord, pour être un bon cicerone, laissez-moi vous dire un mot de la douane, des hôtels et de la police ; ceci fait, nous mènerons, lecteurs, vous en imagination, et moi en souvenir, la vie bruyante et agitée que mène en hiver le grand monde russe, et nous étudierons la physionomie de cette capitale de l'empire des glaces.

La douane russe est bien la plus déplaisante de

toutes les douanes, elle pousse au grotesque la manie de fureter dans vos effets et de saisir les objets qui pourtant vous semblent le moins passibles de payer droit d'entrée.

Mais ce que l'autocratie fait surtout saisir avec un soin méticuleux, c'est la pensée fixée sur le papier; livres, journaux, chiffons de papier, sont aux yeux d'Argus des douaniers, des ennemis dangereux. Pensez donc, si on allait introduire dans la sainte Russie un de ces écrits à idées libérales, osant soutenir que les peuples ont des droits et que tout homme a non seulement le droit, mais encore le devoir de penser, de réfléchir et de raisonner! Ce serait affreux; aussi, avec un entrain diabolique, les hommes de la douane s'emparent de vos livres, vous assurant du reste que la censure vous les rendra dès qu'elle aura acquis la preuve qu'ils ne sont pas dangereux; ils déplient vos chaussures, remplacent les journaux qui les enveloppent par des feuilles de papier blanc.

Tout objet de toilette, robes, gants, chapeaux, qui ne porte pas les marques d'une certaine usure, paye l'entrée; j'ai vu les douaniers saisir une poupée qu'une fillette portait dans ses bras; en vain la mère a-t-elle dit que c'était un joujou donné à l'enfant pour la distraire pendant la route, il a fallu payer, la poupée ayant un petit air frais et neuf.

Cette douane, si rigoureuse, exaspère; mais, pour être juste, je dois convenir que tous les gens très riches de Russie, allant dépenser leur argent loin de leur patrie et y achetant tous leurs vêtements et bijoux, si les droits d'entrée n'étaient pas excessifs et perçus avec rigueur, le budget de l'État perdrait par trop.

Une étude curieuse à faire pendant le trajet de Paris à Pétersbourg, c'est celle de l'humeur des Russes. En quittant la capitale de la France, ils sont gais, communicatifs, ils plaisantent agréablement le régime de l'autocratie et le climat de la Russie ; aux approches de la frontière de leur patrie, ils ne se permettent plus de juger le régime autoritaire, seul le climat est encore attaqué par eux ; mais, la frontière russe dépassée, ils n'osent même plus trouver le froid désagréable, ils deviennent muets ; ayez le tact de ne pas leur rappeler les opinions qu'ils ont émises, afin de leur éviter l'ennui de vous dire que jamais ils n'ont dit chose semblable… Ils étaient en vacances ; à présent ils sont sous la férule du maître, la classe va commencer.

Il y a trois grands hôtels à Pétersbourg : l'hôtel de France, dirigé par M. Croissant, un Français ; l'hôtel Demouth, sur le canal, et le grand hôtel d'Europe, situé au coin de la rue Michel et de la perspective Newski. Les prix y sont très élevés ; je payai, dans le dernier de ces hôtels, six roubles par jour, pour deux pièces au troisième, nourriture non comprise.

Vous le savez, le rouble argent vaut 4 francs, le rouble papier suit les variations du cours, qui le mettent tantôt à 3 fr. 80, pour le faire descendre à 2 fr. 75. Le voyageur pratique doit emporter beaucoup d'or en Russie, il le change pour du papier, il gagne au change et il diminue ainsi les frais d'un séjour fort coûteux.

La table d'hôte est peu dans les mœurs ; en tout cas une femme comme il faut ne doit pas y dîner, il faut manger dans son appartement, et le moindre repas vous revient à trois ou quatre roubles. On peut établir ceci : ce qui coûte un franc à Paris, coûte un rouble à Pétersbourg.

En arrivant dans un hôtel et même chez une famille amie, vous devez envoyer bien vite votre passeport à la police, et pourtant vous n'avez pu franchir la frontière qu'après l'avoir montré aux policiers qui s'y trouvent; deux ou trois jours après, un homme de cette police vient chez vous et vous fait subir le petit interrogatoire suivant :

— Que venez-vous faire?

— Avez-vous un but caché ou avoué?

— Comptez-vous rester longtemps? Fixez le nombre de jours?

Notez que, pour obtenir un billet à la gare de Moscou, vous devez encore montrer votre passeport, et que vous ne pouvez obtenir un billet pour quitter la Russie sans montrer votre passeport ; ce papier étant resté entre les mains des hommes de la police, vous devez le réclamer trois jours avant celui que vous avez fixé pour votre départ, car on ne vous le rend qu'après avoir fait une minutieuse enquête pour savoir si vous n'avez aucune dette, si vous avez payé bien intégralement tous vos fournisseurs. Tant pis pour vous si une affaire pressée, si la maladie d'un parent, exigent votre prompt départ; mais cette mesure est sage, elle préserve bien l'intérêt des marchands ; si elle était adoptée à Paris, nos commerçants, si confiants pour l'étranger, seraient moins volés.

Voici l'aspect de Pétersbourg pendant l'hiver : un blanc tapis de neige bien durcie, ayant un mètre et parfois un mètre cinquante d'épaisseur, recouvre le sol ; les toits ont à supporter cette même masse neigeuse, les arbres sont blancs, la façade couleur rhubarbe des maisons et l'or des aiguilles des dômes se détachent criards sur cette blancheur. Des nuées de corbeaux noirs s'abattent sur la ville ; l'œil, fatigué du blanc, voit avec plaisir ces petits points sombres ; des gros moineaux, avec une chaude robe de plumes épaisses et toujours hérissées, s'abattent sur la neige, dévorant ce que les chevaux y laissent tomber. Les pigeons sont innombrables en Russie, ils sont considérés comme le symbole du Saint-Esprit, et sont sacrés pour tous les orthodoxes ; on leur donne à manger, on ne les tue jamais, ils peuvent donc multiplier à l'aise.

Si vous regardez la ville de la tour de la Douma, par exemple, vous ne voyez que monticules de neige d'inégale hauteur, et dominant ces blanches petites montagnes, des dômes reluisants d'or et des aiguilles dorées ; ce tableau est étrange et bizarre.

Les rues, comme je l'ai dit, sont larges, les maisons basses, l'homme aurait dû éprouver le besoin de se grandir un peu ; le sol des rues étant transformé en mares puantes et boueuses en automne et au printemps, il aurait dû inventer des véhicules très hauts. Eh bien! les carrossiers russes n'ont cherché qu'une chose, faire les voitures les plus basses possibles, si bien que l'homme glisse à ras de terre, derrière la queue des chevaux, ce qui le rapetisse et lui enlève beaucoup de son prestige. Je suppose qu'il a été guidé par un sentiment de courtisanerie, le czar allant ordinairement en carrosse, le Russe rampe à ras-terre, pour montrer à son maître qu'en toute circonstance il se fait petit devant lui.

La drowski, voiture russe, consiste en une banquette avec un petit dossier très bas, un immense garde-crotte en cuir vernis, et quatre roues. De loin, cet attelage représente un insecte courant sur terre, les ailes déployées ; les jambes du cocher touchent les jarrets du cheval ; la seconde banquette est tellement rapprochée de celle du cocher, qu'au moindre cahot le voyageur heurte sa figure dans le dos du cocher ; le pavé étant inégal, semé de trous et de monticules, les chevaux étant souvent lancés à toute vitesse, se tenir en drowski est presque aussi difficile que de se tenir sur une corde raide. Le siège est à peine assez large pour une personne, souvent deux et même trois y sont assises sur un seul côté ; lorsque ce sont des femmes, elles se cramponnent au cocher; celui-ci fouette ses chevaux, la voiture est jetée d'une hauteur dans un trou, les vêtements des femmes volent de droite et de gauche, le cheval domine ces êtres humains ainsi cahotés ; c'est grotesque, mais peu digne.

Les drowski ne servent que dans les saisons où le sol n'est point encore durci par la neige et la glace ; en hiver, le traîneau est le seul véhicule commode, car dans les voitures fermées la glace forme couche sur les vitres, ce qui a deux inconvénients, celui d'emprisonner le voyageur qui ne voit plus au dehors et que le cocher peut conduire où il veut. Le second inconvénient, plus grave encore, est que, lorsque vous venez pour ouvrir la portière, le verre des vitres se brise et vous blesse.

Les chevaux russes ont pour eux la rapidité, mais ils n'ont pas la force, et ceci explique les attelages à deux et à trois chevaux ; dans ces derniers, le cheyal principal, celui du brancard, a la tête passée dans un demi-cercle assez élevé et ne le touchant pas ; les diverses parties des harnais s'adaptent à ce bois d'une façon élégante, une sonnette est attachée à ce demi-cerceau. Le second cheval, attaché hors mains, est encore plus libre que le timonier ; il porte la tête en dehors, il a l'encolure ployée à gauche, et il galope alors même que son compagnon ne fait que trotter ; on l'appelle le furieux.

L'ancienne drowski consistait en une planche posée en long, supportée par quatre ressorts placés de longueur, sur quatre roues ; les hommes se mettaient à cheval sur cette planche. La drowski moderne et civilisée a le banc en travers, il est posé sur une petite caisse forme tilbury, qui est soutenue par quatre ressorts portés par quatre essieux ; ces ressorts ont l'inconvénient de se briser comme verre, si bien qu'on devrait appeler ces voitures des casse-cou, ou des voitures à belles-mères.

Il y a encore une sorte de petit char-à-banc, sans ressort, avec un banc non rembourré, qu'on nomme kibitka ; on s'en sert dans l'intérieur de la Russie, c'est l'équipage ordinaire des feldjägers, courriers allant porter les ordres de l'empereur en province. Ils doivent ne prendre aucun repos, ne s'arrêter en route que le temps absolument nécessaire pour faire changer les chevaux et avaler quelques tasses de thé ; ils arrivent moulus, brisés, à leur destination, et ils sentent que le service du bon petit père manque de douceur.

Pétersbourg n'est, à vrai dire, qu'une vaste dépendance de la cour.

La cour est un centre qui rayonne sur tout et sur qui tout aboutit.

Le czar est le soleil devant qui tout se prosterne; il est la tête de 75 millions d'êtres qui, décapités, n'ont plus que le droit de se mouvoir pour exécuter machinalement les ordres qu'on leur donne. Alors qu'on invente des machines parlantes, l'autocratie s'applique à faire des hommes automates.

Le mouvement en Russie se fait autour des palais: fonctionnaires et courtisans s'y rendent d'un air préoccupé; les uns en sortent joyeux, le maître a daigné leur sourire; les autres s'en éloignent l'air morne et sombre, le maître a froncé les sourcils, et ils savent qu'un froncement de sourcils suffit pour envoyer un homme à la forteresse ou en Sibérie.

A côté de la cour centrale et impériale, il y a les petites cours des grandes-duchesses, et enfin les cours de la main gauche. Autour de celles-là, il y a aussi une certaine agitation; le reste de la ville est calme.

La famille impériale est très nombreuse, et la Russie a fort à faire pour bâtir des palais pour tous les princes et princesses; ces palais ornent la ville, c'est vrai, mais ils grèvent le budget d'une rude façon.

L'Allemagne a choisi la Russie comme mère nourricière de ses innombrables et blondes princesses, et elle est fort satisfaite, je pense, de se décharger de ce soin onéreux sur sa voisine.

Ces jeunes filles, tant qu'elles vivent dans leur patrie, pratiquent la vertueuse simplicité; mais comme elles se dédommagent lorsque, par un changement de religion et par un mariage, elles sont devenues Russes !

S'il était possible d'additionner exactement le budget de la cour centrale, ceux de toutes les cours satellites, ceux des cours des favorites, celui de la police secrète, on arriverait à un total si énorme que ceci expliquerait le piteux état des finances russes.

Il y a cinq grands théâtres à Pétersbourg. On sait par les journaux avec quelle galanterie et avec quelle générosité nos charmantes actrices sont reçues en Russie ; mais ce dont on ne peut se faire une idée sans l'avoir vu, c'est de la chambrée de ces théâtres : le costume civil n'étant porté en Russie que par les coiffeurs, tous les spectateurs ont des uniformes éblouissants ; des décorations, des rubans et des plaques brillent sur leurs poitrines ; les spectatrices sont mises avec autant de goût que de richesse. La femme russe surpasse peut-être la Parisienne dans l'art de la toilette ; elle possède une suprême élégance, si bien qu'au spectacle la chambrée charme autant les yeux que la scène.

A la porte des théâtres, le coup d'œil est bizarre. Autour de grands feux allumés par les soins de la police, se pressent tous les cochers ; les flammes rouges du brasier éclairent d'une façon sinistre leur longue sarafane et leur barbe parsemée de glaçons ; ils sautent, dansent et rient ; on les prendrait pour les démons de l'enfer polaire.

Quelquefois, des âmes charitables leur font servir du thé et de l'eau-de-vie ; ces soirs-là, leur gaieté ne connaît plus de bornes.

Voici le costume que portent les ouvriers, petits

marchands, cochers et portefaix : En été, une sorte de chapeau carré plat, à bords aplatis, plus large d'en haut que d'en bas. Cette coiffure sied bien aux vieux comme aux jeunes ; ils aiment l'ornementation, souvent ils mettent un galon ou une plume à leur chapeau. Ils portent tous la barbe longue ; on voit des vieillards ayant une barbe argentée qui leur descend jusqu'à la taille et qui leur donne un faux air de patriarches de la Bible. Pendant l'hiver, ils remplacent le chapeau par un bonnet fourré, et par-dessus ce bonnet un vieux châle qu'ils attachent à la bonne femme derrière le dos.

Ils portent les cheveux longs par devant et retombant en tire-bouchons de chaque côté des joues, coupés courts sur le dessus et derrière la tête ; cette coiffure pourrait s'appeler : à la guillotine, d'autant plus qu'ils ne mettent jamais de cravate et que leur cafetan, coupé à ras du cou, n'a pas de col ; le cafetan est une sorte de longue robe persane en drap très ample. Les couleurs qu'ils adoptent de préférence sont le chamois, le bleu et le vert bouteille ; ils serrent ce vêtement autour des reins par une ceinture en soie ou en laine de couleur voyante, mais pourtant s'harmonisant bien avec la couleur de la robe ; ils portent de larges bottes arrondies par le bout ; pendant l'hiver, ils mettent au-dessus de la sarafane une pelisse fourrée.

Les paysans portent une pelisse en peaux de mouton, la toison est en dehors.

Il est facile aux peuples vivant dans des pays au climat tempéré d'être propres, mais avec le froid intense de la Russie, la propreté est presque impossible aux pauvres ; dans leur taudis, les fenêtres sont calfeutrées de façon à ne pas laisser pénétrer l'air, un immense poêle répand une chaleur asphyxiante; la fumée, l'odeur de la cuisine, les odeurs *sui generis* s'amassent, elles forment une atmosphère épaisse et fade, la chaleur devient humide, les murs suintent, l'horrible vermine éclôt en hiver en Russie comme elle éclôt au mois d'août en Egypte ; ces insectes immondes aiment la fourrure, ils s'y installent, y multiplient, si bien que les Russes promènent avec eux tous ceux qui ne forment pas des dessins fantaisistes sur les murs de leur chambre. Il faut se tenir à distance de la pelisse de l'isvowchik (cocher) et de la peau de mouton du moujick (paysan), car toutes les hideuses variétés de la vermine y pullulent.

La race slave est belle : taille haute et très élégante, attaches fines, les yeux bleu foncé, le regard rêveur, amer parfois. Mais à Pétersbourg, les races sont tellement mêlées, qu'il faut se bien garder de juger du type slave par les hommes qu'on y voit ; c'est la ville cosmopolite, sa race est cosmopolite, elle a été formée par les Finnois ou Tchoudes, les Suédois, les Allemands, les Livoniens ; les Lapons et les Kalmouks ont même un peu travaillé à cette race, ainsi que les Tatares.

L'empereur Nicolas disait que les distances étaient les plus grands fléaux de la Russie ; cette remarque était très juste: comme je l'ai dit, l'immensité du territoire russe est une des principales causes de faiblesse pour cet empire, et la distance, même à Pétersbourg, fait obstacle à bien des choses ; souvent une visite à faire équivaut à un voyage; la troïka; attelage à trois chevaux, et les attelages à quatre chevaux, conduits par un cocher et un postillon, sont bien plus une nécessité du mauvais pavé et de la longueur des courses qu'un luxe. Aller à pied est impossible; aussi, pauvres comme riches, tout le monde va l'hiver en traîneau. Sauf sur la perspective Newski, rendez-vous de tous les désœuvrés et de toutes les petites dames, on ne rencontre que de rares piétons; les maisons, dans de certains quartiers, étant séparées les unes des autres par des enclos, des terrains vagues, en sortant du centre, Pétersbourg rappelle le steppe.

Les palais, les églises y sont nombreux, mais tout cela se trouve un peu pêle-mêle avec d'horribles bicoques en bois; le cabaret hideux est à côté de l'église reluisante d'or, la froide caserne s'adosse au palais somptueux et grec; pour rendre le contraste moins frappant, il est vrai qu'on a orné la caserne d'un péristyle! Cette agglomération de masures de bois, de sphinx de granit, de colonnes, de temples païens, de chalets suisses, dans cette plaine coupée d'espaces vides, forme un tout étrange, bizarre, mais non complètement beau.

Le vieux Russe, le rascolnick, celui qui proteste contre la civilisation européenne, persiste à vivre dans une maison en bois; elle est grande, confortable, mais le bois est une protestation contre l'Europe impie.

Beaucoup de rues sont pavées en bois, et l'on s'étonne de la fréquence des incendies; on se plaît à les attribuer aux nihilistes! En Turquie, où les constructions de bois sont aussi nombreuses, quoiqu'il n'y ait pas le moindre nihiliste, des incendies terribles détruisent souvent des quartiers entiers.

TRAINEAU DE PAYSAN.

L'aspect des rues pendant les jours de fête est original, mais dégoûtant; pour s'amuser, le peuple russe boit à se griser et mange à être forcé de restituer. Il n'y a ni colonnes Rambuteau, ni établissements à trois sous, si bien que le moujick blesse les yeux d'une singulière façon, tandis que les oreilles sont choquées par ses propos orduriers; il est impossible aux femmes de sortir à pied ces jours-là, et en voiture elles doivent baisser constamment les yeux. Des gardovoï parcourent les rues; ils ramassent les ivrognes qui ont roulé sur la glace, ils les placent dans des traîneaux : quelquefois cinq ou six ivrognes sont tassés les uns sur les autres dans le même véhicule; on les porte au corps de garde; ceux qui ne sont pas relevés à temps ne se réveillent que dans l'autre monde.

On peut dire que non seulement l'ivresse n'est pas punie, mais qu'elle est même encouragée en Russie; l'impôt sur l'alcool rentre directement dans la cassette impériale, aussi les cabarets sont-ils innombrables et la police a-t-elle pour les consommateurs des soins tout maternels.

Comme tout doit être sanctifié, on voit dans tous les cabarets de saintes images devant lesquelles brûle une petite lampe, et le moujick se grise, jure, tient des discours indécents devant les emblèmes de la religion!

Si le Français, l'Italien ou l'Espagnol ruiné dit qu'il a mangé sa fortune, il se sert d'une expression impropre, mais le Russe peut en toute vérité affirmer qu'il mange et boit sa fortune. C'est bien le peuple le moins sobre du monde, comme aussi le plus grivois dans ses discours; on a dit que le latin en ses mots brave l'honnêteté, on peut hardiment dire que le Russe fait plus que la braver, il l'insulte; les jurons du peuple sont d'un sale à écœurer ; il ne soupçonne même pas les charmes de cette vertu charmante qu'on nomme pudeur; pour s'en convaincre, il n'y a qu'à parcourir une ville russe; les colonnes faisant défaut, les hommes pourraient au moins tourner le dos aux passants et faire face à la muraille; mais ils ne prennent pas cette précaution, ils restent au milieu de la place ou de la rue et font ce que la nature leur impose parfois l'abligation de faire, préoccupés d'une seule chose... blesser la pudeur le plus possible.

La fête des Katchelis, qui a lieu pendant le carnaval, sur la grande place Isaac, a un cachet bien russe ; elle offre aux curieux un aspect original et un sujet d'étude. La place est couverte de montagnes russes, de théâtres forains, de ménageries, de baraques de toute espèce. Le peuple s'y précipite en foule joyeuse et turbulente; le grand monde vient s'y promener en traîneaux ; c'est à peu près le seul jour où les riches marchands se montrent ; ceux qui ont de par les Guildes droit à deux chevaux, s'étalent orgueilleusement dans de riches traîneaux drapés dans de belles fourrures. Le type particulier de la riche marchande russe, c'est un embonpoint phénoménal dont elle paraît très fière ; elle a l'air de dire à la foule : Il faut avoir les moyens de manger à satiété pour arriver à ce volume corporel !

La cour vient aussi se promener aux Katchelis, ce qui contribue à donner plus d'éclat encore à cette fête populaire. Mais la chose peut-être la plus étrange de Pétersbourg, celle qui n'a pas d'équivalent comme originalité de coup d'œil, dans toute l'Europe, c'est le marché qui se tient à Noël sur la grande place de la Sennaïa ; là, sur des tables, sont rangés des cochons, des veaux entiers, des bœufs coupés en deux, à coups de hache ; sur d'autres tables sont amoncelés des poissons gelés, qui arrivent de quatre cents lieues ; à côté, on voit des pyramides de faisans venant d'Autriche, des jambons venant de l'intérieur de la Russie. Pétersbourg est forcée de s'approvisionner à trois et quatre cents lieues de distance.

On voit comme vendeurs tous les types englobés dans l'empire russe, depuis le Lapon jusqu'au Samoyède ; aussi le pittoresque y brille d'un vif éclat. Toutes les ménagères viennent acheter là leurs provisions d'hiver ; l'une fait placer à côté d'elle, sur son traîneau, un veau ; une autre emporte un cochon ; une troisième un quart de bœuf. Elles traversent la ville avec ces singuliers compagnons de voiture ; j'ai vu même des hommes du peuple emporter à bras le corps un veau entier. On enterre cette viande, qui est déjà gelée, dans de la neige ; elle peut se conserver ainsi plusieurs mois.

La Néva offre, elle aussi, en hiver, un spectacle très pittoresque ; c'est au moment des courses, qui ont lieu sur la surface unie et plane de ses eaux glacées. Des Lapons amènent à Pétersbourg des attelages de rennes ; ils organisent des courses qui présentent un attrait de singularité, celui de la sauvagerie polaire singeant les amusements des peuples civilisés.

On appelle un bel hiver, en Russie, celui où le froid se maintient entre 18 et 25 degrés au-dessous de zéro ; et, de fait, cette contrée marécageuse n'est supportable que lorsque la neige, bien durcie, forme une couche épaisse et dure sur le sol. Mais une erreur très accréditée est celle qu'on souffre du froid dans cette contrée, tandis qu'en réalité on n'y souffre que de la chaleur intense et malsaine qu'on trouve dans toutes les maisons, aussi bien dans le palais que dans la cabane du pauvre... Cette chaleur humide et l'air impur qu'on respire rendent anémiques, surtout les enfants et les femmes. Si bien que le printemps arrivant, le peuple russe éprouve le besoin d'aller respirer l'air des champs à pleins poumons. Dans les rues, l'air est sec, le froid rigoureux ; mais, comme on a le bon esprit de se vêtir en conséquence, on supporte ce climat glacial sans prendre ni rhume ni bronchite. Les hommes mettent au-dessus de leurs fines bottes des caoutchoucs doublés en flanelle, qui montent au-dessus de la cheville et qui tiennent les pieds très chauds ; en entrant dans les maisons, ils les quittent dans l'antichambre et ils arrivent au salon finement chaussés. D'autres mettent par-dessus leurs chaussures de grandes bottes fourrées ; la pelisse descend jusqu'aux pieds, son col rabattu garantit le cou et les oreilles ; la tête est préservée du froid par un bon gros bonnet de fourrure. Les femmes mettent aux pieds de grosses bottes de fourrure par-dessus leurs élégantes bottines. Elles ont une grande pelisse qui les enveloppe entièrement, elles portent un gracieux et chaud bonnet de fourrure ; et ensuite, pour bien préserver le cou, les oreilles et une partie du visage des âcres caresses de la bise, elles s'enveloppent la tête dans un immense châle de laine d'un tissu si fin et d'une laine si souple, qu'un châle ayant deux mètres carrés passe dans une bague ; ceux-là, il est vrai, coûtent quatre ou cinq mille francs. Mais avec cent cinquante ou deux cents francs, on en possède un qui, pour n'être pas une merveille de finesse, est joli et chaud. Après l'avoir passé plusieurs fois sur la tête, la mode veut qu'on l'attache derrière, les bouts retombant sur le dos.

Ainsi vêtue, une femme peut affronter un froid de vingt-cinq degrés ; en rentrant chez elle, bien vite elle se débarrasse de tout cela dans l'antichambre. Dans toute sa maison, depuis le plus petit couloir jusqu'à la chambre à coucher, elle trouve une température uniforme de 16 à 19 degrés de chaleur ; elle peut s'asseoir près d'une fenêtre sans rien craindre, toutes les ouvertures ayant double porte et double fenêtre, étant bien calfeutrées et ne laissant passer aucun filet d'air. En France, c'est surtout dans les appartements qu'on s'enrhume.

Si elle va en visite, les domestiques de la maison où elle est la débarrassent de ses bottes et de ses fourrures ; elle entre dans les salons en taille et en cheveux, avec des chaussures intactes. Nous, en France, nous sommes bien les gens les moins pratiques du globe, et pas du tout industrieux. Ainsi, nous avons des hivers très froids et nous gelons dans nos maisons, tout en dépensant beaucoup pour le chauffage... Il serait si facile de faire mettre des doubles portes et des doubles fenêtres, et de faire poser dans les antichambres, par exemple, de ces grands poêles en faïence, de la hauteur de l'appartement, et qui chauffent deux et trois pièces à la fois. Mais la sainte routine est là qu'il faut conserver

VUE DE LA NÉVA EN FACE LE QUAI ANGLAIS
Le dôme que l'on aperçoit est celui de Saint-Isaac.

et s'enrhumer chez soi, entre une cheminée qui vous brûle la figure et une porte ou une fenêtre qui vous glace le dos.

Nous devons aussi nous astreindre à suivre le tyran anonyme et insaisissable qu'on nomme mode, et alors que nous avons 10 et 12 degrés de froid et quelquefois davantage, porter des chapeaux ne nous couvrant que le chignon, la gorge et les oreilles nues, avoir des petites bottines aux pieds et prendre des bronchites, des rhumes et des fluxions de poitrine. Les Russes disent qu'ils gèlent chez nous ; ils ont raison. Pour moi, dès que le froid devient rigoureux, je songe à aller en Russie.

Nous sommes, nous Français, les victimes du froid, nous le subissons bêtement ; les Russes le font servir à augmenter le nombre de leurs jouissances. Ainsi bien douillettement enveloppés de fourrures, assis dans un gracieux traîneau, emportés par de bons chevaux, ils éprouvent un bien-être ineffable à avoir chaud tandis que le ciel et la terre grelottent.

Chez eux, dans des appartements spacieux, ils se font une température douce et uniforme ; les femmes restent en peignoir de mousseline, tandis qu'elles voient par les fenêtres la neige tomber, tomber toujours, et recouvrir les toits et les rues d'un blanc et hivernal manteau, elles se frottent les mains et disent : Quelle charmante chose que le froid !

Mais, si l'hiver est une belle saison à Pétersbourg, le printemps, l'automne et l'été y sont horribles. En janvier ou février, il faut déjà songer à ce maudit dégel ; on doit faire casser la glace qui se trouve dans les rues et la faire transporter hors la ville, sans quoi, le dégel arrivant, cette masse de glace transformerait les rues en ruisseaux boueux et les places en immenses marais. Ce sont les paysans finnois qui arrivent dans la ville pour faire ce travail ; ils viennent couchés dans leurs traîneaux de bois, qui ont un peu la forme d'une barque ; ils doivent se nourrir, fournir les pelles, les piques et le traîneau, et ils gagnent à peu près un franc par jour. En mars, cinq ou six mille paysans sont occupés à ce travail ; les rues sont impraticables. On casse aussi la glace qui est sur les toits, et les passants en reçoivent des blocs énormes sur la tête. Les portiers la cassent devant leur porte et vous lancent les morceaux dans les jambes ; si on se permet de leur faire une observation, l'avalanche d'injures s'ajoute à celle de glaçons.

Le dégel partiel arrive, il pleut, il neige, il grêle, un vent violent vous cingle le visage ; c'est un gâchis indescriptible. La ville n'ayant pas d'égouts, l'eau ne peut s'écouler, elle forme des étangs d'un mètre de profondeur ; à la lettre, on peut se noyer dans Pétersbourg, en tout cas on est éclaboussé des pieds à la tête. Comme les canards et les bêtes de saint Antoine seraient heureux si on leur abandonnait cette ville !

Presque toutes les maisons ont de grandes cours dans lesquelles on jette, pendant l'hiver, toutes sortes d'immondices ; la chaleur arrivant, elles deviennent des foyers d'infection.

Enfin, les vents deviennent impétueux et froids, la glace de la Néva fait entendre des craquements formidables... c'est le moment terrible, celui des inondations ; les Pétersbourgeois anxieux se demandent si leur ville va disparaître ou si l'eau, leur ennemie, leur accordera un sursis d'un an !

La glace se fend, s'ébranle, des blocs énormes se mettent en mouvement. Le canon tonne, il annonce que la Néva a bien passé (expression consacrée). Le peuple joyeux accourt sur les rives du fleuve, des intrépides mettent une barque à l'eau, pour pouvoir dire que les premiers ils ont traversé la Néva ; c'est une folie dangereuse, car souvent des blocs retardataires arrivent du lac Ladoga et peuvent broyer leur fragile embarcation.

Dans les bas quartiers de la ville, les inondations sont annuelles, les tchinoïskis (petits employés) les habitent, afin de payer moins cher de loyer. Pendant une quinzaine de jours, ils vivent dans des transes continuelles ; leurs hardes en paquets, prêtes à être emportées, ils écoutent si le canon ne va pas leur apprendre qu'ils doivent fuir leur logis.

En mai commencent les nuits sans ombres, les nuits ensoleillées. Ce phénomène magique est dans sa plénitude du 8 juin au 8 juillet ; c'est pour la Russie six semaines de fêtes et de parties joyeuses, pauvres et riches veulent contempler le spectacle sublime que leur offre l'artiste Dieu.

C'est à la pointe des îles faisant face à Cronstadt qu'on doit aller pour jouir de ce spectacle dans toute sa grandiose poésie ; on voit l'astre roi s'enfoncer dans les flots, laissant sur l'onde comme une longue traînée de poudre d'or, et dans l'espace une longue traînée de lumière. Ce n'est plus le soleil, c'est son reflet ; ce n'est plus le jour qui illumine la terre, c'est une sorte de crépuscule lumineux qui donne aux hommes et aux choses un aspect fantastique. Des lueurs étranges se montrent de ci et de là, elles promettent une orgie de lumière ; on attend, l'âme est prise d'une sorte d'angoisse, s'attendant à des féeries brillantes. Rien ne vient, les lueurs donnent toujours une lumière rappelant celle de la lumière électrique, tout se dessine vaguement, on se croirait entouré de spectres ou dans un théâtre donnant une gigantesque féerie... Le théâtre est la terre. Dieu est l'auteur de la féerie!

Ce crépuscule dure deux heures environ ; puis, soudain, au nord se montrent des teintes brillantes et safranées, elles annoncent l'aurore, le jour vient de finir et déjà il arrive !

Les oiseaux, les insectes, ont eu à peine le temps de s'endormir, le soleil vient leur battre le réveil, ils se mettent à voleter effarés, ne comprenant pas pourquoi la nuit a été aussi courte.

La lune, le soleil, les nuits polaires, l'atmosphère lumineuse, les crépuscules dorés, voilà pour la poésie. Mais avec la chaleur, la prose horrible vient ; l'été est asphyxiant à Pétersbourg, on respire des miasmes impurs ; pendant le jour on subit une chaleur de 25 et 30 degrés, et dès le coucher du soleil on grelotte sous l'action d'un brouillard épais et glacial.

Les ruisseaux représentent les égouts absents ; le canal et les marais avoisinant la ville empestent l'air d'émanations putrides.

La cour quitte la ville, c'est le signal attendu avec impatience, la capitale se vide par enchantement, chacun fait ses préparatifs avec une dextérité vertigineuse ; les riches s'en vont à l'étranger, les bourgeois, les banquiers, les employés louent une campagne dans les environs.

Le peuple ne loue jamais son taudis que pour dix

mois. A la fin du printemps les pauvres gens ont tellement souffert dans leur bouge insalubre, qu'ils sont épuisés ; leurs enfants, hâves et pâles, ressemblent à ces fleurs coupées qui s'étiolent depuis huit jours dans des vases. Ces petits êtres ont besoin, pour renaître à la vie, de l'air pur des champs, c'est pourquoi leurs parents s'en vont passer avec eux trois mois chez les paysans finnois. On les voit quitter la ville famille par famille, hommes, femmes et enfants marchent gaiement autour d'une charrette sur laquelle gisent pêle-mêle leur mobilier et leurs hardes.

Les quelques personnes retenues à Pétersbourg vont chaque jour respirer l'air à la pointe des îles... J'aurais dû dire l'humidité, car on devrait appeler ces îles le royaume des crapauds, en été, et le royaume des loups, en hiver.

Et pourtant les Russes ont construit dans ces sauvages parages des cottages, des chalets et des villas somptueuses ; ils ont transformé le marécage en un parc, qui est compris dans l'enceinte de Pétersbourg ; mais pour y arriver il faut traverser un quartier populeux qui attriste l'œil par ses sales petites bicoques, et qui attriste le cœur par la misère qui est peinte sur le visage et sur les vêtements des habitants.

Pendant neuf mois de l'année ces riches villas sont ensevelies sous la neige ou sous l'eau, le parc redevient marais ; mais pendant les trois mois d'été, les îles ont l'aspect que devraient avoir les séjours enchanteurs des fées, s'ils existaient.

Une nature factice et luxuriante est greffée sur la naturelle ; les fleurs y sont à profusion, les chalets

CATHÉDRALE DE SAINT-ISAAC A SAINT-PÉTERSBOURG

sont cachés par d'épais rideaux d'arbustes et de fleurs rares. Tous les styles de l'Europe et de l'Asie sont représentés dans ces constructions princières ; le parc est un agréable composé de lacs, de prairies, de bosquets, de canaux, de grandes allées formées de bouleaux alignés et de miniatures de petites forêts de petits pins ; comme tapis, des crapauds et des grenouilles.

C'est frais, c'est gracieux, le regard est charmé par les belles dames qui se promènent en ravissante toilette donnant le bras à des militaires en brillants uniformes. La nature ici fait un cadre harmonieux aux promeneuses.

L'impératrice y possède un chalet, et les îles, lorsque la cour s'y trouve, deviennent un séjour officiel où règne l'étiquette.

Il y a un théâtre d'été qui est très coquet ; de la salle on entend le murmure des rivières factices, tandis que par les fenêtres entrent les parfums de la riche flore implantée dans ce parc et maintenue par des efforts incessants.

On mène aux îles la vie qu'on mène à Pétersbourg l'hiver ; on s'y lève tard, on y fait trois toilettes par jour, on s'y visite en cérémonie, et l'on y joue toute la nuit.

Même en juillet et août, les soirées sont si humides et si brumeuses que dès huit heures le soir il faut s'envelopper de fourrures.

A la fin d'août, la pluie commence à tomber fine, drue ; les arbres se dépouillent de leurs feuilles, la nature réelle se montre, la factice s'évanouit comme un beau rêve à peine entrevu ; les riches habitants des îles font entasser à la hâte mobilier et atours dans des charrettes, et ils rentrent dans leurs palais. Les loups et les ours reviennent prendre possession de leur domaine.

A Péterhoff, il y a aussi un palais impérial. Lorsque l'empereur y passe l'été, le grand monde des courtisans va habiter dans les cottages environnants, très nombreux et très confortables.

Le palais de Péterhoff est imposant d'aspect; il est bâti sur une terrasse élevée de soixante pieds qui fait montagne dans ce pays de plaines; on y jouit d'un horizon immense : on aperçoit la Baltique, on peut distinguer les navires qui glissent sur ses flots bleus. Au pied de cette superbe construction commence un vaste parc dont les belles allées descendent jusqu'à la mer. Les jours de fêtes le parc est illuminé; les vaisseaux de guerre, rangés en ligne, en face du palais, sont illuminés aussi, le spectacle est magique et grandiose.

Ces jours-là, l'autocratie permet à son peuple de venir assister à la féerie des illuminations, et le peuple russe se comporte avec un tact discret égal à celui des courtisans consommés.

En plus du palais, il y a dans le parc un petit cottage gothique qui appartient à l'empereur; c'est une maison anglaise bien ombragée et entourée de fleurs; l'intérieur est confortable, mais tout bourgeois.

Péterhoff, tout comme les îles, n'a qu'un règne de trois mois; l'hiver, il est revêtu de son blanc linceul et il devient d'une morne tristesse.

Dès septembre, à Pétersbourg, les nuits sont froides et sombres, le ciel est noir, la pluie glaciale vous transit, le vent vous cingle le visage; les rues sont larges, mal éclairées; la ville est encore privée des grands seigneurs, qui se gardent bien de retourner chez eux en automne. Il y a peu de piétons, pas de voitures; les fenêtres des palais ne reflètent aucune joyeuse clarté. Pétersbourg est un sépulcre. Les seuls bruits qui viennent parfois troubler le silence de ce tombeau, sont les clapotements des roues des voitures dans l'eau des mares et le bruit de la pluie qui tombe par rafales. Par moments une voix humaine s'élève, celle d'un cocher insultant un autre cocher au passage, histoire de s'amuser un peu.

En octobre, ciel plus noir encore; la neige alterne avec la pluie. Enfin la pluie cesse, la neige tombe à gros flocons serrés et drus; elle tombe sans trêve ni repos, elle obscurcit l'atmosphère par sa blancheur, on n'y voit pas à deux pas devant soi. Elle commence par former un blanc tapis, c'est la belle saison qui revient; mais si, par malheur, le thermomètre monte et s'il se produit un petit dégel, alors le gâchis est encore indescriptible.

Enfin le froid devient rigoureux, la neige se durcit en tombant, le blanc tapis s'épaissit, les traîneaux remplacent les drowsky. Hourra pour la neige! Le high-life commence, le grand monde accourt de tous les points de l'Europe où il s'était éparpillé; la ville s'anime, les salons s'ouvrent, c'est la belle saison pour les riches.

Mais pour le pauvre, c'est autre chose! S'il est dans la rue, il s'aperçoit que ses bottes déchirées laissent ses pieds exposés à l'air glacial; d'une main bleuie et à moitié gelée, il ramène sa vieille pelisse tout en lambeaux sur sa poitrine, et il acquiert la triste conviction qu'elle le garantit très mal des âcres baisers de la froidure : il a froid, très froid.

LES QUAIS DE LA NÉVA A PÉTERSBOURG

La misère, dans les pays au climat rigoureux, est d'une poignante désespérance; elle est terrible à supporter et bien triste à voir; le philosophe se dit en la voyant que pour imposer une vie si amère à certains peuples, il faut que le divin Créateur ait de bien grandes compensations à leur donner dans l'autre monde.

CHAPITRE III.

LE GRAND MONDE RUSSE.

La société russe offre une étude particulièrement intéressante et curieuse, par la raison qu'elle représente une organisation unique dans le monde.

Alors qu'au XIXᵉ siècle, l'Europe entière, en fait de noblesse, commence à ne plus apprécier que celle des sentiments ; lorsqu'un homme s'appelant Martin, tout court, qu'il soit fils d'un paysan ou d'un bourgeois, s'il est bien élevé, instruit, intelligent et honnête homme, marche de pair avec les grands seigneurs, et tandis que les hommes portant les plus grands noms de l'Europe ne croient point déchoir en s'adonnant à l'industrie et à la finance, la Russie est encore le pays des castes et des préjugés: banquiers, agents de change, commerçants et marchands ne peuvent pénétrer dans la société qui reste le domaine exclusif de la noblesse.

Le préjugé est poussé si loin que, parle-t-on d'un négociant ou d'un marchand à un Russe noble, il prend un petit air de hautain mépris et vous répond:

— Oh! c'est un marchand!

J'ai même bien souvent entendu cette phrase extraordinaire et typique : un Français peu au courant des idées russes, disait à un grand seigneur de ce pays :

— J'ai été très lié avec un de vos compatriotes M. un tel... le connaissez-vous ?

Le grand seigneur répondait :

— Un tel... mais ce n'est pas un Russe.

— Mais, ripostait le Français, il m'a dit qu'il était né à Moscou et de parents moscovites.

— C'est bien possible, mais c'est un marchand.

Ceci était dit de façon à sous-entendre... *ce n'est qu'un marchand...* Même la plus haute aristocratie d'Europe n'a jamais eu cette morgue.

En critiquant les préjugés russes, je suis d'autant plus à l'aise, que les écrivains et les artistes sont traités sur un pied d'égalité par la noblesse russe.

Il m'a paru intéressant de jeter un regard indiscret sur le passé des grands seigneurs de cette contrée, afin de voir si leur origine était telle qu'elle pût excuser ce grand dédain envers le bourgeois.

J'ai étudié tous les documents relatifs à leur histoire, et ce que j'y ai découvert m'a prouvé que la noblesse russe est un peu la bouteille à l'encre. Remonter à l'origine des illustres familles est impossible et voici pourquoi. Jusqu'à Ivan III, les boyards sont des guerriers, des grands chefs militaires, à qui les Ruricks ont donné des titres, des terres et une certaine puissance, en reconnaissance des services qu'ils leur ont rendus ; mais Ivan III, ce Machiavel hyperboréen, a fait ce qu'ont fait Ferdinand V en Espagne, Henri VIII en Angleterre, et Louis XI en France, il a commencé une lutte terrible contre les boyards, il les a exilés, les a massacrés, les a dépouillés et il a donné leurs titres et leurs terres à des créatures à lui... et ces nouveaux nobles substitués aux premiers ont eu une descendance !

Ivan IV, ce tigre couronné, a fait, lui, une vraie hécatombe de boyards. Pour avoir assez de bourreaux à ses ordres pour cette triste besogne, il s'était fait une garde d'honneur composée de tous les bandits et aventuriers de son pays, il leur avait donné le nom d'opritchinikis.

Les opritchinikis avaient mission de faire bouillir les nobles dans des marmites, de les faire monter sur les bûchers ; les massacres se faisaient en grand, car dans un seul jour Ivan IV fit tuer huit cents boyards, et huit jours après, se ravisant, il se dit que détruire les loups n'était point assez et qu'il fallait étouffer les louves et les louveteaux ; il donna un ordre à ses misérables opritchinikis, et dans la nuit, ces hommes cernèrent les maisons des veuves de ces boyards, ils enfoncèrent les portes et, à coups de fouet, ils forcèrent ces femmes ainsi que leurs enfants à sauter tout nus de leur lit, à descendre dans la rue. Il faisait un froid de 28 degrés! A coups de fouet encore ils poussèrent ces pauvres créatures vers la place du Kremlin, où les attendait Ivan entouré de son état-major d'officiers d'opritchinikis... Le monstre s'amusa à considérer un instant ce spectacle affreux, de femmes et d'enfants nus, affolés d'épouvante, bleuis par le froid et par les coups de fouet; lorsque sa barbarie fut rassasiée, il donna l'ordre de chasser à coups de fouet ce troupeau humain dans une des forêts qui environnent Moscou.

L'ordre fut exécuté, huit cents femmes et deux ou trois mille enfants furent dévorés par les ours et les loups.

Ce fait est historique.

Ivan IV pilla les maisons de ses victimes, il prit pour lui l'or et les bijoux, et il donna à ses bourreaux, les opritchinikis, les propriétés et les titres des boyards massacrés.

Ces bandits anoblis par ce crime monstrueux ont eu, eux aussi, une descendance!

Boris Godounoff, l'usurpateur tatar qui a succédé à Ivan IV, a continué la guerre contre les boyards et, lui aussi, a donné des titres de noblesse à de vulgaires ambitieux qui l'avaient aidé à faire assassiner le jeune fils d'Ivan IV, et à faire passer au fil de l'épée tous les habitants de la ville d'Onglisch qui avait été témoin de ce crime!

Les nouveaux anoblis ont aussi laissé une descendance.

Fœdor, le troisième des Romanofs et le frère aîné de Pierre Ier, ennuyé des réclamations des nobles dépossédés, ne sachant plus s'y reconnaître, entre les anoblis et les anciens nobles, entre les vrais et les faux nobles, leur donna à tous l'ordre de venir à jour et heure dits au palais, avec leurs titres en main; ils arrivèrent avec empressement, Fœdor les attendait, assisté de l'évêque orthodoxe. Il prit les titres, les plaça à côté de lui sur une table. Lorsqu'ils furent tous amoncelés les uns sur les autres, le souverain fit un signe au prêtre qui prit la parole, et dans un long discours fit le procès de la noblesse russe, prouva que son origine n'était ni glorieuse ni patriotique. Les nobles, formés par l'autocratie à toujours applaudir à ses actes et à ses paroles, applaudirent les paroles de l'évêque; alors Fœdor prenant tous les titres les jeta dans le feu en disant : « Voilà la seule chose due à ces paperasses. » Les nobles applaudirent encore !

Depuis cette époque, plus de parchemins, plus moyen de distinguer les descendants des familles dépouillées de ceux des familles usurpatrices. Il est difficile de reconnaître les fils des anciens boyards, de ceux des aventuriers au service d'Ivan IV.

Il est vrai que la destruction de ces parchemins permet à tout Russe de se dire descendant d'un neveu de Rurick; pour n'avoir pas à le prouver, il a un excellent prétexte.

Pierre Ier, ainsi débarrassé d'une noblesse gênante pour son autocratie, a pensé qu'il lui serait commode de n'avoir pour sujets que des soldats, et pour nobles que ceux que sa faveur anoblirait, et il a non seulement centralisé tout le pouvoir en ses mains, mais il s'est arrogé le droit de fixer la valeur humaine, de lui donner un numéro, et d'assigner aux soixante-quinze millions d'êtres humains auxquels il commandait le rang social qu'ils devaient occuper dans la société. Par cette invention merveilleuse, l'homme naît zéro en Russie, l'autocrate lui cloue, par caprice ou faveur, un numéro sur le dos, et le pouvoir lui dit : Malheureux, misérable créature, par toi-même tu n'es rien ; ma bonté seule peut te donner une valeur. Sois donc souple et courtisan.

Mais au point de vue de l'intérêt et de l'agrément du despote, le tchinn, établi par Pierre Ier et perfectionné par Catherine II, est une invention merveilleuse ; elle divise tous les Russes en deux armées, la militaire et la civile, toutes les deux soumises à la rigoureuse discipline militaire... La Russie n'est plus qu'un vaste camp ; l'autocrate est le général en chef, faisant tout marcher au pas et tambour battant.

Tous les Russes ne sont plus que des automates devant exécuter sans raisonner les ordres reçus... si bien que l'ingénieur, l'architecte, l'avocat, l'employé ne sont que des soldats ou des officiers, passibles des lois militaires et pouvant être envoyés soldats à vie dans une compagnie disciplinaire, comme minimum des peines encourues.

Le tchinn, comme vous allez le voir, offre plus d'un agrément encore au souverain, il lui donne le droit de fixer la valeur humaine, le rang à tenir dans la société ; il lui permet de dénoblir qui bon lui semble.

Voici comment se pratique cette chose étonnante : Le tchinn se compose de quatorze classes qui englobent tous les hommes, depuis le ministre jusqu'au sacristain ; chacune de ces classes est assimilée à un grade dans l'armée. Ainsi les ministres et les hauts fonctionnaires sont des généraux civils.

Un chimiste distingué est général en chimie ; les plus petits employés, les étudiants non titrés et les sacristains font partie de la dernière des catégories du tchinn, et ils sont assimilés aux sergents et caporaux.

Seuls les marchands, négociants, trafiquants, banquiers et financiers sont en dehors du tchinn ; mais nous verrons tout à l'heure qu'ils n'ont pas échappé à la manie de classification.

Tous les Russes compris dans une des quatorze catégories du tchinn sont nobles de plein droit, mais ceux-là seuls appartenant aux trois premières catégories jouissent des privilèges attachés à la noblesse.

Comme on peut monter d'une classe à l'autre, on peut dire que la noblesse est ouverte dans cet empire.

La faveur, aveugle souvent, remplace le hasard, tout aussi aveugle, de la naissance.

Grâce au tchinn, beaucoup de personnes, on le voit, peuvent se dire nobles en Russie. Ce serait là, il me semble, une raison pour diminuer la morgue superbe de cette noblesse! Il n'en est rien. Cette noblesse retombe, écrasante et impitoyable, sur ceux qui restent en dehors de ces quatorze catégories, et le plus infime commis d'un ministère traite du haut de sa grandeur et de ses manches de serge verte le commerçant et le marchand!

Mais cette classification par le tchinn a paru insuffisante à ce pays des formalités inutiles et de l'ordre produisant un désordre incommensurable... la noblesse a été encore numérotée :

Noblesse numéro 1, celle octroyée par le czar.

Noblesse numéro 2, la militaire.

Noblesse numéro 3, la personnelle, c'est-à-dire

celle que confère le grade obtenu dans le tchinn.

Noblesse numéro 4, celle des familles titrées qui se sont naturalisées russes.

Noblesse numéro 5, celle des familles descendant des anciens boyards.

Noblesse numéro 6, qui tient à la magistrature.

Grâce à cette *ordromanie*, il n'est pas nécessaire d'avoir recours à un almanach armorial ou à d'Hozier, et pas de discussion possible. Chacun a son numéro, la valeur de chacun est cotée ; peut-être un jour l'autocratie leur ordonnera-t-elle de le porter imprimé au milieu du dos, ce fameux numéro.

La loi dit que les nobles sont exempts des peines corporelles ; mais cette même loi ajoute que tout homme ayant commis une faute doit être dégradé de son rang. On le dégrade, et on le bâtonne après... et l'on dit fièrement : le noble n'est pas soumis aux peines corporelles ! En jouant sur les mots, on arrive à dissimuler bien des choses !

Les marchands, commerçants et financiers, pour être en dehors du fameux tchinn, n'ont point échappé, comme je l'ai déjà dit, à la manie des classifications ; ils sont, eux, divisés en trois guildes ou catégories. Tout homme qui veut établir un commerce, une industrie ou une banque doit prêter serment, par écrit, de fidélité à l'empereur ; ensuite, par écrit encore, il doit déclarer le chiffre de la somme dont il dispose. Ceux qui ont cinquante mille roubles et au-dessus (le rouble argent vaut quatre francs) sont inscrits dans le premier guilde ; ils peuvent ouvrir banque, office d'agent de change, posséder fabrique, bateaux sur mer et sur fleuve ; ils ont droit à un carrosse à deux chevaux.

Ceux qui possèdent au-dessous de cinquante mille roubles sont classés dans le deuxième guilde ; ils peuvent avoir magasin, industrie, posséder des fabriques, mais ils n'ont pas droit aux bateaux sur mer, les fleuves seuls leur sont accessibles, et ils ne peuvent mettre qu'un cheval à leur carrosse.

Ceux qui ne possèdent que quinze mille roubles et au-dessous ne peuvent que tenir commerce de détail, cabarets et bains. A ceux-ci, on ne permet qu'un cheval de selle.

Voilà une autocratie qui s'étend à tout ; elle étouffe tout, elle réduit l'homme, la plus belle création de Dieu, à la plus dégradée des situations, celle de simple chose, de marionnette qu'on fait mouvoir au moyen d'une ficelle.

La grande Catherine crut faire beaucoup pour la bourgeoisie en faisant une loi qui stipule que le fils de l'homme appartenant depuis un an au premier guilde pourra entrer dans l'administration.

La Russie est une école de soixante-quinze millions d'écoliers, et le czar est le maître unique fixant la valeur, le rang, donnant un numéro d'ordre, fixant l'uniforme, réglant le luxe ; il est la seule tête de l'empire... Si cette tête a une fièvre chaude, malheur au peuple !

Dans cette école, les fonctionnaires sont les pions, distribuant, d'après les ordres du maître d'école, les retenues, les arrêts et les punitions ; seulement, dans cette école-là, on fusille, on pend, on déporte et on knoute.

Mais en laissant de côté toutes ces classifications officielles et en bien étudiant le grand monde russe, on découvre trois classes distinctes et bien marquées : celle des courtisans, celle des rascolniks ou vieux croyants, et celle des Russes cosmopolites.

Dans la catégorie des courtisans se trouvent tous les Russes d'origine allemande, tous ces Prussiens venus à la suite de Catherine II et du duc de Holstein Gottorf, devenu Pierre III. On les appelle en Russie les *Miemtzi*.

L'empereur Paul Ier a indiqué fort bien la position exacte faite aux gentilshommes et aux courtisans russes, en disant : « L'homme puissant est celui à qui l'empereur parle, et sa puissance dure autant que la parole qu'il entend. »

En effet, dans ce pays, l'homme à qui l'empereur a daigné sourire est tout ; mais s'il est reçu le lendemain avec un froncement de sourcils, il n'est plus rien.

Aussi le courtisan russe est bien un des plus serviles du monde ; ce n'est point un reproche que je lui adresse, je constate une vérité, voilà tout, et je me rends compte qu'être indépendant en Russie est, hélas ! difficile : on y risque sa vie, sa fortune, sa liberté, et tout le monde n'a pas en soi l'étoffe d'un martyr.

On peut avoir un certain courage, et pourtant préférer s'incliner bien bas devant l'autocrate que d'aller mourir lentement, mais d'une mort horrible, dans une froide forteresse.

Et lorsque tout dépend d'un homme ; lorsque, sans lui, on ne peut rien être, on devient un vulgaire quémandeur ; et, si pour obtenir il faut se courber bien bas, on prend petit à petit l'habitude de se plier en deux ; puis vient un moment, où on s'est tant et tant courbé que le pli est pris, se redresser n'est pas possible.

Vous le savez : un jour, la grande Catherine traversait son empire ; arrivant dans une province du centre, elle fut frappée de l'aspect désolé et morne du paysage, on ne voyait de chaque côté de la route que steppes arides et déserts ; elle dit à ses courtisans combien ce paysage lui semblait lugubre. L'an d'après elle fit le même voyage, et soudain elle fut très étonnée d'apercevoir de tous côtés des arbres verdoyants et des cottages riants. — Mais il me semble, dit-elle, qu'il n'y avait là, l'an dernier, que des steppes.

— Oui, lui répondirent les courtisans, mais pour charmer les yeux de Votre Majesté un miracle s'est opéré. Catherine sourit à cette agréable flatterie ; elle préféra croire au miracle que d'aller constater qu'elle n'avait devant les yeux qu'un décor d'opéra, des arbres et des chalets en carton.

Les courtisans, aujourd'hui, sont encore de cette école, et ils opèrent chaque jour de semblables miracles. Pour plaire au czar, ils lui montrent un trompeur mirage; la vérité déplairait, ils la cachent avec soin et ils débitent des mensonges agréables. C'est ainsi que la Russie marche à un désastre, à un effondrement fatal.

A propos du mouvement révolutionnaire, un malentendu existe entre le czar et les nihilistes. Alexandre dit : Eh quoi! le peuple russe a subi l'autocratie de sang des Ivans... il a subi l'autocratie de fer de Pierre Ier, il s'est agenouillé devant Paul Ier. Nicolas leur a imposé une volonté implacable, s'attaquant **aux choses graves comme aux détails,** puisque le

Russe, par le seul fait de fumer dans la rue, était conduit en prison et devait payer une amende... Il a déporté des provinces et des régiments entiers... Moi, j'ai aboli le servage, j'ai accordé certaines libertés, je suis bon et humain, et les nihilistes choisissent mon règne pour révolutionner l'Empire !

Alexandre II a raison, il est un accident heureux et bienfaisant pour la Russie qui n'avait jamais eu de souverain aussi bon, aussi juste, parlant par système comparatif. Mais si les nihilistes pouvaient se faire entendre de lui, ils lui diraient ceci : Ce n'est pas à vous que nous faisons la guerre ; c'est à l'autocratie. Nous voulons désarmer les Ivans de l'avenir, la force des choses seule fait que nous choisissons votre règne... dans le passé, nous souffrions ignorant que les autres peuples vivaient libres et heureux. Pierre Ier a renversé la muraille de Chine qui nous cachait les autres peuples, nous avons entrevu les rayons brillants de l'astre liberté, ils nous ont éblouis, charmés, nous sommes altérés de liberté, nous jouons notre vie pour la conquérir. L'autocratie a voulu rendre la Russie une nation européenne, il faut qu'elle soit logique avec elle-même et qu'elle nous donne un gouvernement européen.

Voilà ce que les nihilistes diraient s'ils pouvaient se faire entendre de l'empereur. Mais, entre lui et eux, les courtisans font une muraille de Chine... les Niemtzi surtout poussent à la répression implacable : plaire, s'enrichir est leur seule ambition.

Le courtisan a été de tout temps un être malfaisant, responsable de tous les désastres, en empêchant toujours la voix éplorée du peuple d'arriver jusqu'au souverain. J'en suis convaincue, si les courtisans disaient la vérité sur la situation actuelle, Alexandre II qui a des sentiments généreux et bons, briserait lui-même cette chose indigne de notre siècle, qu'on nomme autocratie ; il donnerait à son peuple une constitution européenne. Au lieu de conseiller ce qui sauverait leur patrie, par basse flatterie, ils écrasent ceux qui attaquent l'autocratie. J'en appelle à ce souverain lui-même que je sais libéral et intelligent... est-ce de notre siècle, un régime qui fait du chef de la nation une sorte de Dieu terrestre ?... n'est-il pas imprudent à un être humain et faillible d'accepter une aussi lourde responsabilité ?

Voici les articles que les prédécesseurs d'Alexandre II ont intercalés dans le catéchisme orthodoxe. Pierre Ier s'étant fait pape et czar, il lui a été facile de faire ajouter les articles suivants au catéchisme gréco-russe :

Demande. — D'après le Christ, comment doit-on considérer l'autocratie ?

Réponse. — Comme procédant directement de Dieu.

D. — D'après notre sainte religion, que doivent les sujets à l'autocratie ?

R. — L'adoration, la soumission, l'obéissance passive, la fidélité, le payement des impôts, le service militaire, l'amour, des prières pour le bonheur du czar, et des actions de grâce à la divinité pour nous l'avoir donné.

D. — Comment faut-il adorer l'autocrate ?

R. — Par tous les moyens que l'homme possède, par les paroles, par les signes, les démarches, les actions et enfin dans le plus intime du cœur.

4.

Ce catéchisme, inventé par un pape-czar ou par un czar-pape, est un trait de génie ; c'est au nom du Christ qu'il ordonne qu'on l'adore, comme un Dieu terrestre ; il veut plus que de l'obéissance, il exige l'amour en même temps que l'impôt !

Mais en toute conscience, un monarque lui-même pourra-t-il espérer que ce catéchisme puisse résister à la lumière du xix° siècle ? Notez que les Russes se moquent de nous, si nous croyons à l'infaillibilité de notre Pape !

Ivan IV demandait exactement la même chose à ses sujets. — Ainsi, il prépare un jour une expédition guerrière, ses sujets se demandaient s'il allait punir les Tartares ou châtier Battori. C'est contre Novgorod, calme et tranquille, qu'il marche, suivi de ses bandits d'opritchinikis et des strélitz. Il arrive un soir, vers les dix heures, dans cette cité ; il prend le glaive à la main et il se rue sur les curieux accourus à sa rencontre, sa soldatesque l'imite. Enfants, femmes, vieillards, nul n'est épargné, les cris des victimes attirent dans la rue ceux qui étaient dans leur maison. Les annales de Pskof estiment à soixante mille le nombre des victimes.

Savez-vous ce que fait ce monstre en quittant la ville à laquelle il vient de faire une si sanglante visite ?

Il ordonne aux habitants échappés au massacre d'adresser des prières à Dieu pour qu'il conserve les jours du dieu Ivan ; et... chose incroyable mais historique, les Novgodoriens coururent dans leur église, et se prosternant à genoux ils demandèrent au ciel de daigner conserver en santé leur bon petit père Ivan IV.

Les bons exemples ne manquent pas aux courtisans russes, le passé les forme au présent comme on voit.

Une autre fois ce Tartuffe sanguinaire condamne une vingtaine de boyards à être brûlés vifs, deux parviennent à se sauver en Lithuanie, et Ivan IV leur écrit de longues lettres pour se plaindre de leur mauvaise foi : « Eh quoi ! vous me volez, leur dit-il, une vie qui m'appartient, et dont je puis disposer à mon gré ! je vous ai condamnés au supplice et vous avez osé fuir ! N'avez-vous donc aucune crainte de Dieu ? Ne comprenez-vous pas qu'en agissant ainsi vous perdez votre âme ? C'est au nom de votre salut éternel que je vous engage à venir monter sur le bûcher que j'ai fait préparer pour vous. »

(Cette lettre, rapportée sans doute en Russie après la mort d'Ivan IV, est à la bibliothèque de Moscou.)

Les boyards, en vrais mécréants, ne revinrent pas; les courtisans firent chorus avec le dieu Ivan IV pour flétrir l'impiété de ces deux nihilistes du temps.

Certes, Alexandre II doit frémir d'indignation en lisant l'histoire russe, mais que, la main sur la conscience et n'écoutant que son cœur et non ses courtisans, il comprenne qu'avec le système de l'autocratie tel qu'il existe, un Ivan IV serait encore possible, il aurait les armes nécessaires pour recommencer les crimes de l'autre et le peuple n'aurait aucune arme pour se protéger. D'un trait de plume il a aboli le servage du peuple ; si d'un trait de plume il transformait ses 75 millions de sujets en 75 millions d'hommes libres et heureux, sous un gouvernement constitutionnel, il ferait un grand acte de justice et d'humanité, il s'écrirait une page bien glorieuse dans l'histoire.

Hélas! mon humble voix ne peut aller jusqu'à lui, les courtisans plus autocrates que l'autocrate, lui disent le contraire, et le mal empire.

Je le déplore d'autant plus, que le peuple russe est bon, intelligent ; il a une foule de qualités sympathiques.

L'empereur Alexandre II est, je le répète encore, bon et généreux... et le sang coule... par le seul fait d'un système si déplorable qu'il entrave même le bon vouloir du chef.

L'histoire russe nous apprend que ces courtisans si aplatis ont quelquefois étranglé leur dieu terrestre : c'est là un genre de courage horrible ; tandis que le courage de parler franchement serait digne et noble.

Les Rascolnicks, ou vieux croyants, sont des conservateurs enragés pour qui toute innovation est une œuvre de Satan, tout changement un crime et un malheur. Pour eux la sagesse suprême consiste à tout conserver, même la barbarie ; le fils doit vivre comme son père a vécu, adorer ce qu'il a adoré.

Ils pleurent encore leur antique robe persane, et leur grande barbe de capucins. Ils jurent que Pierre Ier n'était autre que Lucifer incarné dans un corps d'homme. On pourrait croire qu'ils lui reprochent d'avoir massacré les strélitz et empoisonné son fils. Non, pour ces deux crimes ils ont une grande indulgence, mais ils lui en veulent d'avoir attiré l'étranger en Russie, et d'avoir permis aux Russes d'aller à l'étranger.

Ils prennent à la lettre les paroles de la Bible :
« Ne frayez pas avec les mécréants. »

Ils sont naturellement les justes, et nous sommes, nous, les mécréants au contact impur.

Un jour, je causais avec un de ces Rascolniks :

— Connaissez-vous la France ? lui dis-je.

— Ma femme a été très malade, me répondit-il, les médecins m'ont dit que si je ne la conduisais pas dans un climat chaud elle mourrait ; je me suis décidé à la mener passer un hiver à Nice. Sans cette raison majeure, croyez bien que jamais je n'aurais quitté ma patrie.

— Mais, monsieur, on peut voyager et pourtant aimer sa patrie, lui dis-je.

— Oui, madame, mais un vieux croyant comme moi aime trop sa religion pour désobéir à ses commandements sans y être forcé.

— Eh quoi ! voyager est donc un péché d'après la religion gréco-russe ?

— Oui, me dit-il, car nous devons obéir à la Bible qui nous ordonne de ne pas frayer avec les hérétiques.

— Est-ce pour suivre l'exemple des hommes de la Bible, que vous vous grisez comme le bon père Noé et que vous vous adonnez aux vices que signalent la Bible ?

Sans répondre à ma riposte, le Rascolnik me parla ainsi :

— Moi, madame, je fais la prière chaque soir à haute voix devant tous mes domestiques; si je vais à Moscou, je paye un prêtre pour qu'il vienne bénir la voiture où je vais monter... Voyez-vous beaucoup de Français faire cela ?

— Aucun, monsieur ; pour prier ils se cachent, Dieu ayant dit qu'en fait d'œuvres saintes, la main gauche doit ignorer ce que fait l main droite ; et pour ce qui est de la prière que v sfaites faire dans la voiture du chemin de fer, la p   plus que l'amour de Dieu pourrait bien vous guider.

Avec des variantes, j'ai eu semblable conversation avec plus de cent Rascolniks.

Ces vieux croyants ne vont pas à la cour, ils détestent la famille impériale à cause de son origine étrangère ; ils ont en horreur tous les Russes d'origine étrangère et en plus grande horreur encore ces Russes cosmopolites qui passent la moitié de leur vie à l'étranger.

Ils boudent le progrès, vivent dans leur maison de bois, le bois étant le symbole du passé. Pétersbourg est pour eux une ville maudite, un nid d'étrangers mécréants, zamorskoi-gniesdo... Il y a, en effet, un cinquième d'étrangers dans la population de Pétersbourg, et la moitié de ce cinquième est allemand. Chaque jour les Rascolniks prient Dieu de détruire cette ville impie.

Quelques-uns d'entre eux sont dans le mouvement révolutionnaire. Mais ces nihilistes-ci veulent détruire le présent pour rétablir la barbarie antique.

Pour ces hommes, leur patrie est la plus belle contrée du monde ; ils sont si chauvins, qu'ils se fâchent si vous insinuez que le climat y est rigoureux. Pendant mon dernier séjour en Russie, il faisait un gentil petit froid de 25 à 30 degrés au-dessous de zéro; dès que je trouvais la bise un peu, beaucoup glaciale, des Rascolniks m'affirmaient que les journaux ne parlaient que de gens morts de froid sur le boulevard des Italiens.

A côté de leur haine ridicule pour tout progrès et pour tout ce qui n'est pas Russe, les vieux croyants se distinguent par un sentiment honorable... un patriotisme ardent qui va jusqu'au sacrifice de la vie et de la fortune.

Le Russe cosmopolite est gai, spirituel, il blague agréablement sa patrie, et parodiant le piou-piou français, il dit :

— Deux mètres de neige, trente degrés de froid, peut-on appeler cela une patrie.

On serait par trop sévère pour la Russie, si on la jugeait d'après l'opinion des Russes cosmopolites.

Ils se divisent en deux classes, les premiers sont ceux qui n'ont plus de biens en Russie, qui ont placé leur fortune chez nous, et qui sont indépendants, ayant fini leur service ; ceux-là parlent librement des mœurs et du caractère russes, ils osent même critiquer le gouvernement ; si vous leur demandez leur opinion sur la Russie, voici ce qu'ils vous répondent :

« Notre pays était destiné par Dieu aux ours et aux loups : l'homme est venu déposséder ces animaux, mais il en est bien puni : pendant six mois il barbotte dans des marécages puants, et pendant les autres six mois de l'année il vit enseveli sous la neige. — Nos compatriotes sont des barbares singeant des hommes civilisés, leur ressemblant comme la charge ressemble à l'original ; ils passent leur vie à boire, à se griser et à jouer. Pour eux tricher est un art; en fait d'amour ils pratiquent toutes les débauches — ils sont knoutés et contents. »

Dans la deuxième catégorie de Russes cosmopolites se trouvent ceux qui n'attendent plus rien de la cour, qui ont fini leur service mais qui ont encore des propriétés en Russie, ou qui touchent des pensions de la cour.

Ceux-ci parlent assez franchement devant les Français, mais ils deviennent réservés dès qu'un de leurs compatriotes entre... Ils ont raison, le métier de mouchard étant exercé par des hommes du monde, ils courraient risque d'être dénoncés à la troisième section et de voir confisquer leurs biens ou supprimer leur pension.

La police envoie beaucoup d'agents à l'étranger afin de surveiller les cosmopolites ; malheur à eux s'ils affichent des idées libérales, de retour en Russie ils deviendront des coupables sans culpabilité. Une jolie invention encore de l'autocratie !

Notez que le coupable sans culpabilité est traité aussi sévèrement que le coupable avec culpabilité. Connaissez-vous rien de plus effrayant que ce crime impalpable, impossible à nier et qui vous fait pendre?

Le Russe vivant à Paris depuis longtemps a exactement le caractère et la civilisation du Français, ce qui prouve qu'un jour la race slave, libre et heureuse, fera luire une grande civilisation dans les régions polaires.

En Russie, le tchinn est appliqué même à la vie mondaine!

Ainsi, il y a le cercle de la grande noblesse, accessible seulement aux nobles des premières catégories; il y a le cercle de la petite noblesse, pour les nobles à numéro moindre; les artistes ont leur cercle; les grands marchands, ceux appartenant à la première guilde, ont aussi le leur, somptueux, reluisant d'or, éblouissant de lumières.

Les deux guildes inférieures ont aussi leur cercle, appelé cercle des petits marchands ; de telle sorte que les castes, parquées dans des lieux distincts, vivent sans contact aucun avec ceux qui sont plus haut placés qu'eux dans le catalogue officiel.

On le voit, la Russie est de plus d'un siècle en arrière.

Les cercles russes ne sont pas le privilège exclusif des hommes ; les femmes et les enfants y ont leur entrée, ce sont de vrais cercles de famille ; grâce à eux les petits employés, les gens peu fortunés peuvent, à peu de frais, se payer toutes les distractions qui, en France, par exemple, restent le privilège des favoris de la fortune. Tous les cercles comptant quatre ou cinq mille membres, avec une faible cotisation on arrive à former une forte somme, et tous ces cercles, admirablement agencés, dans de superbes locaux, ont des salles de concert, des salles de bal, un restaurant, un café et une bibliothèque.

Si une famille peu aisée et mal logée a une politesse à rendre, elle invite à son cercle, où avec une somme modique elle offre un bon dîner et reçoit dans des salons luxueux ; pour une somme très minime toute la famille peut venir au concert, ou à une représentation théâtrale.

Pour les enfants, ces cercles sont un réel bienfait, il y a bal d'enfants, tombola, arbres de Noël, et les fils des petits employés s'amusent autant que les fils des seigneurs, et les mamans n'ont pas le crève-cœur de se dire : Les enfants des riches ont des distractions, tandis que les miens en sont, hélas ! sevrés.

Tous ces cercles donnent des bals parés et des bals masqués, les jeunes gens qui se sont connus dès leur enfance ne se perdent pas de vue, l'amitié se change un jour en amour, et ces cercles remplacent très avantageusement nos maisons de mariage. Ils sont une précieuse ressource pour les veufs, les vieilles filles, les célibataires et pour tous ceux n'ayant pas un intérieur confortable; ils viennent y passer les dimanches et leurs soirées et ne rentrent dans leur triste logis que pour y dormir.

On y joue, mais sauf au cercle de la grande noblesse et à celui des grands marchands on ne joue pas gros jeu, les femmes jouent entre elles à la *préférence*, jeu de cartes fort à la mode en Russie.

Le Slave a un peu dans le sang de cette chaleur âcre et intense, que cause la glace; il est extrême en tout, c'est un Français plus ardent au bien comme au mal. Pour la première fois, il est venu en France sous la régence de Louis XV; les mœurs élégantes mais faciles de cette cour l'ont charmé, il les a rapportées et, conservateur enragé, il les possède encore, les petits soupers Louis XV sont jusqu'à ce jour en grande faveur en Russie.

Il est joueur endiablé, il se ruine avec une désinvolture et un sang-froid remarquables, se faisant sauter la cervelle lorsqu'il a perdu son dernier billet de mille francs.

Moscou, la ville sainte des Rascolniks, est encore plus éprouvée que Pétersbourg par la folie du jeu; ses innombrables cabarets sont remplis jusqu'à cinq heures du matin par une foule d'hommes qui se ruinent en faisant sauter des bouchons de champagne, et en compagnie des filles au cœur de roc et à la soif inextinguible de l'or.

Ceci n'empêche pas les Moscovites de parler sans cesse de la démoralisation de Pétersbourg ; la haine est grande entre la capitale ancienne et la capitale nouvelle.

Les riches marchands de Moscou feraient pâlir de dépit nos viveurs parisiens ; cette ville aux maisons basses, ayant de grands jardins, de larges rues, est morne, déserte, elle a l'air d'un vaste cimetière; seuls des cabarets s'échappent de brillants rayons de lumière et des éclats de rire... Le bruit de toute la vie se concentre dans ces centres d'orgie.

La femme russe possède à un suprême degré le don de captiver l'attention et d'attirer les hommages, elle a une originalité charmante, une élégance native, beaucoup de distinction. Ses manières sont cordiales ; elle est naturellement grande dame, elle n'a pas cette roideur guindée de la bourgeoise posant pour la femme du monde ; elle possède enfin ce *je ne sais quoi* qui plaît.

Elle connaît à merveille l'art d'augmenter sa beauté par une toilette seyante; la nature lui a donné un teint ravissant et des cheveux admirables comme nuance et comme profusion. J'ai vu en Russie les plus belles chevelures du monde, les unes de ce blond chaud, peint par l'école italienne ; les autres d'un blond pâle, rappelant le vieil or.

Comme partout, les femmes en Russie se divisent en plusieurs catégories distinctes; il y a la femme futile et mondaine, celle de ces régions hyperboréennes ne se distingue de sa sœur de France que par une plus grande ardeur au plaisir ; peu entraînée par la passion, beaucoup par la tête, si elle est infidèle à son époux, c'est pour s'amuser et non parce qu'elle aime.

Mais il est en Russie une classe de femmes très instruites, savantes même, qui donnent une haute opinion de la race slave ; elles connaissent à fond les langues et les littératures européennes, quelques-unes parlent grec et latin; il y a des jeunes filles revenant de Dresde avec leur diplôme de bachelier ès lettres, ès sciences, et même docteur en mathématiques. Toutes ces femmes, bien loin de rappeler les précieuses ridicules de Molière, restent des femmes, bien femmes et charmantes. On peut affirmer qu'en général en Russie, la femme est plus instruite que l'homme, et je crois qu'au moral elle lui est supérieure aussi.

Une des choses curieuses de cet empire où la liberté est le merle blanc, c'est que la charité est laissée à l'initiative privée qui, non entravée, fait merveille. Elle est organisée en majeure partie par les femmes; l'une d'elles, madame Philosofow a installé des sortes de phalanstères ; dans l'un une femme est logée et nourrie pour six copecks par jour (le copeck vaut un peu moins d'un sou) et si elle le désire, elle peut payer cette somme en faisant une ou deux heures de travail pour la maison, elle peut y vivre avec ses enfants, elle est éclairée et chauffée pour ce prix et si son enfant a moins de trois ans, elle n'a rien à payer pour lui.

Les vieilles femmes sans famille peuvent se retirer dans un couvent; selon la somme dont elles disposent elles peuvent avoir une petite maison à elles seules, ou une chambre, et la nourriture à une table commune. La somme une fois donnée, elles n'ont plus de pension à payer, mais à leur mort, cette mort arriverait-elle le lendemain, la somme versée reste au couvent ; c'est une sorte de compagnie d'assurance qui permet de donner beaucoup pour peu aux survivants.

En versant deux mille cinq cents francs ou trois mille francs par exemple, on peut assurer contre la faim et le froid un vieillard, en lui donnant une chambre dans un couvent.

Ces pensionnaires peuvent sortir et sont libres de vivre à leur guise.

Comme œuvre de charité s'adressant aux mendiants, la France fait beaucoup, mais elle ne sait rien faire pour ceux qui ne veulent pas mendier et pour ceux qui ont trop peu pour vivre et trop pour demander. A ce point de vue, il y aurait beaucoup de choses excellentes à copier en Russie, mais tous les gouvernements qui se succèdent chez nous, ont la manie de vouloir tout faire, chemins de fer, charité, et ils prouvent la vérité du proverbe : Qui trop embrasse, mal étreint.

La Russie, tout comme la Pologne, a eu ses femmes héroïques et sublimes. Des femmes riches, adulées, voyant soudain leur mari arrêté pour crime d'État, jugés et condamnés à aller en Sibérie travailler aux mines comme galériens, n'ont pas hésité à les suivre et à aller partager leur vie de souffrance et de misère dans cet enfer de glace.

La loi leur accordait le divorce, leur maintenait le titre et le rang que le mariage leur avait donnés ; mais comprenant les vrais devoirs de l'épouse, elles ont voulu rester dans l'infortune la compagne de l'époux de leur choix. Elle serait longue la liste de ces femmes admirables qui sont allées mourir dans cette Sibérie de malheur. Honneur à elles.

De toutes les diverses catégories qui composent le grand monde russe, il est sorti des hommes de valeur, qui ont formé la noblesse de l'intelligence et des sentiments, une belle et grande noblesse celle-là, et qui peut marcher de pair avec la grande noblesse d'Europe.

Cette noblesse commence à devenir une puissance; ses idées sont élevées, généreuses et libérales ; elle montre hautement sa haine pour le passé, sa pitié pour le présent et sa foi en l'avenir; elle dit : Ne jugez pas la Russie par ce qu'elle est, mais par ce qu'elle pourrait être, par ce qu'elle sera un jour.

Les hommes de cette nouvelle noblesse ont pris la plume comme arme de combat, et ils attaquent les vieux vices, les barbares et antiques préjugés et aussi l'autocratie.

A ces écrivains-là, il faut autant de courage que de talent. car au lieu de leur donner la croix, on les met sur la croix, si bien que la liste des martyrs de la pensée est déjà fort longue.

Je vais consacrer le chapitre suivant à ces hommes et à leurs écrits.

MONUMENT DE PIERRE LE GRAND, PAR FALCONNET, SUR LA PLACE DE L'AMIRAUTÉ, A PÉTERSBOURG.

CHAPITRE IV

LA LITTÉRATURE SLAVE

La littérature est l'âme de la nation ; elle nous apprend si l'âme est saine, pure et vaillante, ou si elle est débile, basse et corrompue.

Elle nous apprend cela sûrement, on pourrait même dire mathématiquement.

La vie de l'homme est un drame qui se noue ici-bas et qui se dénoue là-haut.

Mais la vie des peuples est un drame qui se noue et qui se dénoue ici-bas ; nous voyons les peuples à leur naissance, à leur apogée et nous assistons à leur décadence, nous connaissons les fautes et le châtiment, et nous pouvons, en étudiant l'histoire des peuples, avoir comme un pressentiment de la loi divine. Nulle étude n'est plus utile à l'homme qui comprend qu'il a été créé pour regarder en haut.

Une légende, une comédie, un volume de poésies nous apprennent souvent mieux la vie passée d'un peuple que les historiens, qui trop souvent dans un peuple ne voient que le souverain et les guerres qu'il a faites, et ne nous parlent que des faits passés à la cour, des actions d'éclat ou d'infamie accomplies par les hommes officiels.

Aussi les curieux, ceux qui veulent bien connaître la valeur morale d'un peuple, doivent étudier avec soin ses œuvres littéraires sans dédaigner les légendes, ces voix venues de loin vers nous. Certains savants affectent de traiter la poésie d'art agréable mais inutile. Hume, le grand philosophe, lui a rendu justice, il a dit : « La poésie a donné un grand essor à la pensée humaine, c'est dans le cerveau humain que Dieu a déposé le germe de toutes les sciences et de tous les secrets de l'infini; sous la vibration harmonieuse du vers, le cerveau reçoit un choc électrique qui fait mûrir le germe, la pensée se forme, elle se dégage, elle devient active et créatrice, suivant ainsi la mission qu'elle a reçue qui est de concourir au progrès humain. »

Le philosophe écossais Leslie a, lui, réhabilité l'imagination un peu trop dédaignée par certains faux savants. « On l'appelle, dit-il, la folle du logis, c'est la sage qu'il faudrait dire et même la savante, car l'imagination est créatrice, inventrice, elle est étincelle; c'est l'étincelle divine que Dieu a déposée en nous; ceux qui cultivent les sciences doivent l'écouter attentivement et chercher à la développer, elle embellit et agrandit le champ des études, même des études scientifiques, et les poètes sont des observateurs consommés, leurs observations réunies forment un trésor de vérités qui ne le cède en rien aux vérités de la science, et la science doit en tirer parti. »

MAISON DE HALTE. — TRAINEAU DE VOYAGE.

Non seulement la littérature représente l'état moral et physique d'un peuple, mais encore, comme nous l'ont dit ces deux philosophes, toutes les œuvres de l'imagination ont une utilité scientifique.

Je ne saurais donc vous donner une étude complète sur la Russie sans vous parler longuement de la littérature slave. Ces écrivains, si décriés par certains bourgeois, incapables de comprendre la mission que ces hommes remplissent, sont en définitive l'élite du peuple, ils sont penseurs et historiens. Non seulement Molière a fustigé les vices et les travers des hommes de son siècle, mais il a rempli, inconsciemment peut-être, une grande mission, celle d'apprendre aux siècles à venir ce qu'étaient les hommes de son époque; il a été un parfait historien.

En Russie, tout, sauf le despotisme, date d'hier, journalisme, critique, histoire, roman, théâtre; mais constatons à sa louange qu'elle a courageusement essayé de regagner le temps perdu, elle a produit dans les diverses branches de la littérature des œuvres remarquables, pouvant lutter avec celles des nations civilisées d'Europe, ce qui prouve la puissance des forces intellectuelles qu'elle renferme.

Les Slaves ont une nature rêveuse, un peu portée au merveilleux, ils subissent l'influence des aspects naturels de leur sauvage patrie, et c'est la nature plus que l'homme qu'ils ont divinisé. Leur mythologie, la dernière venue aussi, a emprunté aux Germains plusieurs de leurs mythes. *Voukodlak* n'est autre que ce vampire venant dans les sombres et froides nuits d'hiver sucer le sang des humains endormis, et auxquels ils donnent un sommeil plus profond, afin de pouvoir se désaltérer à leur sang, plus à l'aise.

Les *Roussalkas* sont les blondes et gracieuses filles des eaux, dansant sous le ciel étoilé des nuits d'été. Leur création la plus originale est celle du rossignol meurtrier, qui tantôt hurle en bête fauve et tantôt siffle comme le serpent, il joue un grand rôle dans leurs chants et légendes, et malheur au voyageur égaré, la nuit, dans la forêt, lorsqu'il entend hurler le *soloveï-rasboïnik*.

Leur mythologie parle sans cesse d'affreuses sorcières jouant aux humains les plus mauvais tours. Baba-Yaga est la plus horrible de toutes; à elle seule elle a commis plus de crimes que Lucifer.

Leur *Leschi* était une sorte de satyre ou faune. N'ayant pas eu le secours de l'écriture, la tradition a conservé le souvenir de ces êtres fabuleux à travers vingt siècles, et la foi aux sorciers et sorcières, malgré le christianisme et la civilisation, est restée si vivace dans l'esprit slave, qu'aujourd'hui encore nul métier n'est plus lucratif, en Russie, que celui de sorcier ou de sorcière.

Les principaux dieux des anciens Slaves étaient Dajbog ou le soleil, Lada, son épouse, qui était considérée par eux comme les Grecs considéraient leur Vénus; Péroune, le dieu des éclairs, du tonnerre, le Jupiter des anciens, et *Morana*, déesse de la pâle mort.

Jusqu'à la fin du xe siècle les Russes n'ont eu pour fixer leurs pensées qu'une sorte de caractère hiéroglyphique qu'ils traçaient sur des petites planches de bois bien polies. Devenus chrétiens au xe siècle, ils voulurent posséder les traductions des livres sacrés, les Slaves du Danube déjà chrétiens avaient ces livres traduits en slavon ; les Popes les apportèrent en Russie et pendant plusieurs siècles l'usage se continua de n'employer que la langue slavone qui devint langue liturgique, comme chez nous le latin; elle devint aussi la langue littéraire, et jusqu'au **commencement du xviiie siècle elle a été la seule** langue écrite; l'alphabet prit le nom de cyrillique de saint Cyrille, qui l'a inventé au IXe siècle.

Tous les ouvrages étant écrits dans une langue inconnue à la masse, leur diffusion devenait impossible; seuls, les prêtres et quelques savants pouvaient les lire; cette littérature fut toute byzantine.

Les premières œuvres littéraires russes sont dues à la plume d'écrivains religieux, elles se composent des sermons, paraboles, homélies et polémiques religieux. Un moine du fameux couvent de Petchersky, Nestor, doit être considéré comme le premier annaliste russe ; il a eu l'excellente pensée de réunir toutes les légendes, les chroniques et même les chants populaires des siècles précédents, ce qui a permis de reconstituer l'histoire des temps primitifs et de connaître la vie et les actions des premiers des Ruricks.

Le couvent de Petchersky, qui a donné beaucoup de moines très instruits à la Russie, est situé à Kieff, dans un lieu montagneux rempli de cavernes et de cryptes nommées en russe Petchera, de là le nom donné à ce couvent de Petchersky. Au XIIe siècle, le grand prince Monomake a écrit une œuvre remarquable comme fond et comme style sous le nom : *Instruction à mes enfants.*

Le code de *Yaroslaf* et *Les chants d'Igor* forment tout le bagage littéraire du siècle suivant ; *Les chants d'Igor* sont une sorte de poème épique, d'un auteur inconnu, qui relate la campagne désastreuse du grand prince Igor Sviatoslawitch contre la tribu de Polovtzi, qui dévastait toutes les provinces du Midi.

Ces chants ou *piesnas* ont un caractère fier, national et belliqueux ; leur auteur était sans doute un de ces bardes qui faisaient partie de la *droujéna* (garde d'honneur des grands princes).

On le voit, les débuts n'étaient pas très brillants, le joug tatar qui a pesé plus de deux siècles sur cette contrée est venu, dès l'an 1222, arrêter toute tendance littéraire, et ces deux siècles d'asservissement ne sont marqués que par quelques chroniques écrites par des moines : *Vie d'Alexandre Newski*, *Récit de la bataille de Koulekio*, la *Légende du combat contre Mamaï*, le *Meurtre de Michel de tver*, etc.

Enfin, au xvie siècle, le moine Maxime le Grec, qui avait étudié en Italie la littérature classique et moderne, de retour en Russie, reçut du grand prince Vassili IV la mission de mettre en ordre les anciens manuscrits grecs et slavons qui se trouvaient éparpillés dans les bibliothèques des grands princes. Non seulement il s'acquitta de cette mission, mais encore il écrivit cent trente-huit ouvrages de polémique religieuse, de morale et d'idées sociales ; il dicta le *Stoglava* (cent chapitres), dans lequel il signalait les mauvaises tendances du clergé, sa démoralisation, le manque d'écoles et, par conséquent, l'ignorance du peuple russe.

Maxime avait puisé en Italie des idées qui pouvaient passer pour très libérales, comparées à celles qui dominaient en Russie. Aussi le clergé de cette contrée le prit-il en haine. S'étant en outre attiré la colère de Vassili IV en combattant son divorce, ce moine alla expier dans un sombre monastère ces deux crimes.

L'écrivain le plus parfait comme style et comme

originalité de la fin de cette période est Ivan IV, dit le Cruel. Ce monstre, assoiffé de sang, maniait la plume avec un grand talent. J'ai parlé déjà de sa lettre aux boyards, qui avaient le mauvais goût de ne pas venir monter sur le bûcher que ce prince leur avait préparé, lettre précieusement conservée dans la bibliothèque de Moscou ; mais il a laissé d'autres œuvres littéraires qui dénotent un esprit brillant et mordant et une grande adresse à manier la raillerie. Sous forme de lettre, il a adressé au prieur du couvent de Biélozersk une satire sanglante, tout en étant très fine, de la vie de débauche et d'*abétissement* que menaient les moines dans leur riche couvent. Certains passages font songer au *Lutrin* de Boileau.

Néron était musicien et acteur ; cette bête féroce d'Ivan IV avait des instincts littéraires... C'est triste... On aimerait à se dire que ces monstres légendaires, ayant par leurs forfaits déshonoré l'espèce humaine, avaient une intelligence bornée et une nature bestiale. On en veut presque à l'histoire de nous apprendre qu'ils avaient, au contraire, une intelligence supérieure.

Le prince Kourski, en nous donnant la vie d'Ivan IV, nous a donné la preuve de ce fait honteux pour l'humanité... Ivan le Cruel avait de l'esprit et de l'instruction... C'est même lui qui a fait établir la première imprimerie en Russie.

C'est un prêtre encore qui fournit le manuscrit le plus curieux à celui qui veut étudier l'histoire de la vie russe jusqu'au XVIe siècle ; le moine Sylvestre a écrit le *Domostroï* ou l'organisation de la vie domestique.

Ce document nous montre le chef de famille comme étant un tyran implacable; sa volonté est de fer, aucune entrave ne l'arrête, il a presque droit de vie et de mort sur sa femme et ses enfants; ceux-ci à quarante ans même ne peuvent se marier sans son consentement; à vingt-cinq ans ils peuvent encore être fustigés à coups de verges par le père ou sur ses ordres; la femme est l'esclave de son mari, elle vit en recluse chez elle, tandis que les hommes entre eux se livrent à des orgies sans fin; elle n'apparait dans aucunes fêtes ni cérémonies, on peut dire qu'elle n'est que la première servante du logis.

Avec le rigorisme des théologiens byzantins, le moine Sylvestre condamne la musique, les beaux-arts, les spectacles; il appelle ces nobles délassements des œuvres sataniques, et il fulmine surtout contre tout ce qui est étranger.

C'est encore un moine, Siméon de Polotzk, qui a écrit les deux premières comédies : une intitulée l'*Enfant prodigue* et l'autre *Nabuchodonosor*. Ce religieux, on le voit, protestait contre les arrêts du moine Sylvestre. Si les savants ne s'entendent pas toujours, très souvent aussi un prêtre dit exactement le contraire de ce qu'un autre prêtre a dit.

La Russie méridionale avait perdu son influence politique dès que la capitale de l'empire avait été transportée au Nord; mais elle avait gardé l'influence intellectuelle; plus rapprochée de l'empire grec, elle recevait quelques rayons de ce centre de lumière... et c'est de Kieff que sont sortis les premiers essais littéraires russes.

Pierre Ier, étant venu en France, put apprécier la littérature française par les chefs-d'œuvre des Corneille, Racine, Molière, et de toute la pléiade de nos grands hommes, devenus nos classiques ; il comprit qu'une nation sans littérature est une nation dont l'âme est encore plongée dans le sommeil, et il attira des savants dans son pays, il fonda des écoles, il se fit le protecteur des idées nouvelles, il déclara une guerre à mort aux vieux préjugés, ennemis de la science. Les princesses, filles et sœurs de ce czar, s'amusèrent à composer des comédies qu'elles firent jouer à la cour, au grand scandale du clergé orthodoxe.

Un homme d'une rare intelligence, Lomonossof, alla s'instruire en Allemagne, et, de retour dans sa patrie, il mit sa plume et son talent au service de la civilisation européenne. Il fit d'abord des odes remarquables, dont l'une d'elles, *Dieu*, a eu l'honneur d'être traduite dans toutes les langues, même en chinois ; passant du panégyrique et de l'ode à un travail plus utile, il chercha à épurer la langue et à la dégager du slavon ; il écrivit une grammaire et une rhétorique, il a enfin rendu à la langue russe le même service que Boileau a rendu à la langue française.

Lomonossof est né en 1711 et mort en 1765.

Soumorokof a fait connaître à sa patrie les œuvres de Corneille, Racine et Voltaire, et il a composé plusieurs tragédies qui ont de grandes qualités, une verve mordante et fine, mais qui ne sont pas du tout scéniques.

Irédiakovski a traduit l'*Art poétique* de Boileau, qui est ainsi devenu, pour les Russes comme pour nous, la règle du bon goût et du *bien faire*.

Catherine II a été le premier écrivain satirique de

la Russie, et cela, sans doute, par la bonne raison que pour se permettre la satire dans ce pays, il faut être... l'autocrate lui-même; ses *Contes réels et imaginaires* ont de la verve, du mordant, la fine raillerie s'y marie à l'âpre critique.

L'exemple venant de haut, plusieurs auteurs s'adonnèrent aux études critiques; Stcherbatof écrivit un pamphlet virulent, intitulé : *De la corruption des mœurs en Russie*.

Il se fonda des revues périodiques, le *Messager de Saint-Pétersbourg* et le *Guide des amateurs de littérature*. Cette dernière revue était dirigée par la célèbre princesse d'Aschkof, qui était présidente de l'Académie des sciences.

Ces revues vulgarisaient en Russie les idées françaises du xviii° siècle et faisaient connaître les théories de nos encyclopédistes. Deux femmes, Catherine II et la princesse d'Aschkof, ont puissamment contribué à cette œuvre; les premières elles ont vanté les idées grandes et généreuses des philosophes français, mais Catherine, fort libérale en théorie, était fort despote en ses actes. Ce manque de logique est plus excusable, après tout, chez une autocrate que chez un républicain, et nous voyons chaque jour des libéraux, arrivant au pouvoir, devenir des partisans des régimes à poigne.

Du milieu du xviii° siècle jusqu'à nos jours, en un siècle, par conséquent, la Russie a donné naissance à des hommes d'élite qui ont produit des œuvres remarquables, pouvant hardiment se comparer aux œuvres générales des grandes nations d'Europe.

Lomonossoff, avons-nous dit, a rendu à la langue russe le même service que Boileau à la langue française. Par une excellente grammaire et par une bonne rhétorique, il l'a dégagée du slavon d'église, il l'a épurée et il a tracé de main de maître les règles du bon goût.

Lomonossoff avait une intelligence supérieure et un esprit apte aussi bien à créer le Parnasse hyperboréen qu'à s'appliquer aux sciences naturelles. Cet écrivain prouve la force et la puissance du génie. Lorsque Dieu a déposé l'étincelle divine en un cerveau humain, l'élu, pour remplir sa mission, sait vaincre tous les obstacles, il fait des miracles. Lomonossoff l'a prouvé. Fils d'un pauvre pêcheur du gouvernement d'Arkhangel, il savait à peine lire, il vivait dans un milieu ignorant et grossier. Un jour, une bible tombe sous ses yeux; il lut avidement ces pages écrites en un style élevé; il voulut apprendre : la science était pour lui le fruit défendu; mais, avec une persévérance héroïque, il lui déroba tous ses secrets. Pour cela, il quitta sa patrie et vint en Allemagne. Pauvre, il devait gagner sa vie tout en s'instruisant. Il était si avide de savoir qu'il étudia tout, poésie, philosophie, physique, chimie, beaux-arts et métallurgie; puis il retourna dans sa patrie, où il a laissé des œuvres remarquables dans toutes ces diverses sciences. Le premier il a assujetti à la rime la langue russe, qui est une des plus riches et des plus harmonieuses du monde; il a composé des odes fort belles, plusieurs poésies sacrées d'une grande élévation de sentiments, entre autres ses *Méditations sur la grandeur de Dieu*, qui ont été traduites dans toutes les langues.

Soumakoff a rendu à sa patrie le grand service de lui faire connaître les œuvres de Racine, Corneille et Voltaire ; il s'est essayé aussi dans la littérature dramatique : il a laissé une tragédie intitulée *Khoref, Sinave et Trouvor*, qui est peu scénique, mais qui a de grandes qualités de style et des situations neuves et heureuses.

Le Slave est généralement âpre et mordant dans la critique ; on sent qu'il a tant souffert, que son ironie en est devenue sanglante. Soumakoff, dans sa tragédie, fait moins de la fine raillerie que du pamphlet.

Trédiakovski n'a guère laissé de lui qu'une excellente traduction en russe de l'*Art poétique* de Boileau.

Par un hasard singulier, ces trois hommes sont nés à quatre et cinq ans à peine de distance. Lomonossoff est né en 1711, Soumakoff en 1714 et Trédiakovski en 1708. Le XVIII° siècle se hâtait ; arrivé à son milieu de vie, il a donné naissance à une vraie pléiade de grands hommes. C'est d'abord Derjavine, qui a manié la langue russe avec une adresse merveilleuse ; il a su la rendre souple, douce et agréable à l'oreille, et parfois énergique et forte.

Grâce à ce fameux tchinn établi par Pierre Ier, le grand poète dut d'abord servir pendant dix ans, en commençant par être simple soldat pour devenir sous-officier ; puis il entra dans l'administration, fut secrétaire d'État sous Catherine II et ministre sous Alexandre Ier.

Sa carrière littéraire date de l'époque de ses grandeurs ; bon courtisan, il composa une ode, *Félitia*, en l'honneur de sa souveraine, ce qui lui a valu le surnom de Barde de Catherine.

Ses deux odes les plus appréciées sont celle intitulée *Dieu* et celle composée sur la mort du prince Mitchersky.

Tout en cultivant la poésie religieuse, il s'est adonné à une poésie plus que profane ; c'est lui qui a créé en Russie le genre anacréontique.

Karamzine s'est essayé dans plusieurs genres; les *Lettres persanes* lui ont inspiré ses *Lettres d'un voyageur russe*, que je trouve moins fastidieuses que les lettres de Montesquieu ; puis il a écrit quelques nouvelles empreintes d'un sentimentalisme tout allemand. Enfin, il a trouvé sa vraie voie, il a étudié tous les documents épars sur le passé de la Russie, et il a doté sa patrie d'une excellente histoire de Russie, qui est écrite avec une grande indépendance d'idées ; il est vrai qu'il a eu la chance de l'écrire sous Alexandre Ier, qui avait des idées assez libérales.

Karamzine avait appartenu pendant un certain temps au *martinisme* ou à la *Société des Amis*. Cette société s'était formée dans le but de réagir contre les idées de scepticisme religieux, qui s'était introduit dans la haute société sous Catherine II et sous l'influence de Voltaire et de Diderot. Les *Amis* voulaient répandre l'instruction religieuse dans les masses et inspirer au peuple le goût de l'histoire nationale. Novikof était le président de cette société; il obtint, en 1778, l'autorisation de fonder un séminaire pédagogique, et, en 1783, celle de créer une imprimerie exclusivement destinée à imprimer les livres religieux, les livres d'enseignement et ceux traitant de l'histoire.

Un grand nombre de jeunes gens entrèrent dans le martinisme. Alors le pouvoir prit peur, pensant que les *martins* en voulaient à l'autocratie; la société fut dissoute, et Novikof fut enfermé dans la sombre prison de Schlüsselbourg.

La Russie est l'enfer des penseurs, et l'autocratie joue assez bien le rôle de Lucifer, chargé de tourmenter ces voleurs de science.

Joukowski a débuté par traduire les auteurs grecs, puis il a traduit l'Arioste, Pétrarque, Boccace. Il a composé des œuvres patriotiques, *les Chants du barde sur la tombe du Slave victorieux*, et *le Barde dans le camp des guerriers russes* sont des odes d'un grand style, très mouvementées, et des vers harmonieux et brillants.

Joukowski avait à un haut degré cette tendance slave à aimer le surnaturel et le merveilleux ; sa nature rêveuse était bien fille de ce pays morne voué à la neige et aux glaces. Il aimait Schiller, Gœthe et admirait Byron. Il a composé une ballade intitulée *Loudmila*, où le fantastique et le surnaturel jouent un grand rôle.

Batiouchkof fut, lui aussi, un poète anthologique. Dans ses poésies, il s'est distingué par une versification d'une rare perfection. C'était un adorateur de la forme plutôt qu'un grand penseur.

Un modeste petit employé, un Russe de la huitième catégorie du tchinn, Krylof, a pu longtemps étudier l'espèce humaine avec ses vices et ses travers. On a dit qu'il n'était pas de grands hommes pour un valet de chambre; le petit employé voit, lui aussi, et par leurs côtés peu brillants, les hauts fonctionnaires, et s'il a l'esprit observateur il devient savant dans la connaissance de l'humanité. Krylof avait une grande intelligence, l'esprit observateur et légèrement porté à la satire. Ayant péniblement gravi les échelons du tchinn, il se trouva un jour, et par un hasard heureux, employé à la bibliothèque de Pétersbourg ; là, il eut des livres et des loisirs pour les lire. C'est pendant cette période de sa vie qu'il a composé son recueil de fables. Quelques critiques ont insinué qu'il avait imité avec talent Ésope et Lafontaine ; moi je trouve qu'il n'a imité personne ; il est resté lui ; ses fables sont bien russes. Lafontaine a la raillerie fine et remplie de bonhomie, tandis que Krylof a le style vulgaire, mais d'une rare énergie. On peut dire que le premier aux vices des Russes il présenta le miroir.

Ses locutions et ses idiotismes sont devenus populaires, et le peuple russe est, à bon droit, fier du petit père Krylof.

Tout comme en France, la lutte a été vive en Russie entre les classiques et les romantiques. Derjavine, Krylof, Schakhovskoï et Schichkof appartenaient à la première école ; ils ont fondé une revue intitulée : *Entretiens des amateurs de la langue russe*, qui leur servait d'organe pour attaquer le romantisme, dont les principaux chefs étaient Bloudof, d'Aschkoff, Ouvarof, Tourguenief et Pouchkine. Ceux-ci se constituèrent en société sous le nom d'Arzamas, et ils répondirent aux attaques des classiques par un feu roulant de satires acerbes et de fines épigrammes. Tous les membres de cette société prenaient le titre de Son Excellence, un des gais génies de l'Arzamas.

Pour être reçu dans ce joyeux cénacle, il fallait subir une foule d'épreuves, parodie de celles imposées aux francs-maçons.

Joukovski écrivait en hexamètres les comptes rendus des séances de l'Arzamas, et ces comptes rendus nous prouvent qu'il se dépensait plus d'esprit dans ces réunions que dans beaucoup de celles de la Société des gens de lettres.

La fin du xviii° siècle a produit les deux plus grands écrivains de la Russie, Griboïédof, qui est né en 1794, et Pouchkine, né en 1799.

Griboïédof appartenait à la haute société moscovite. Comme tout Russe doit le faire, il débuta dans la carrière des armes ; il fut cornette dans le fameux régiment de Soltykof. Né écrivain et penseur et devoir être soldat, avoir à subir cette discipline de fer, c'est triste! et notre futur grand homme supporta assez mal sa position de hussard ; il s'épuisa en vains efforts pour quitter cet état. Ce ne fut qu'après six ans de service qu'on lui permit de donner sa démission. Il entra au ministère des affaires étrangères. Il était bien de sa personne, très instruit, très bon musicien ; il eut un grand succès dans les salons de Pétersbourg. Tout en s'adonnant aux ardeurs, aux plaisirs de la vie mondaine, il donna essor à ses instincts littéraires, et il composa deux petites pièces de théâtre. Mais, aux yeux de l'autocratie, écrire c'est un tort quand ce n'est pas un crime. Pourtant, comme Griboïédof promettait d'être un charmant diplomate, au lieu de l'envoyer tenir compagnie à Novikof, on l'expédia en Perse comme secrétaire à la légation russe.

Jusqu'à ce moment, Alexandre Griboïédof avait une nature ardente aux plaisirs, il voyait la vie en rose. Après son long exil en Perse, nous le verrons revenir morose, aigri et sceptique.

La lettre qu'il écrit à son ami Biégitchef nous donne une idée du genre d'esprit de cet écrivain avant son séjour à Téhéran. « Figure-toi qu'on veut m'envoyer... où? tu ne sais pas? eh bien! en Perse! J'ai beau refuser... il faut obéir... Hier, j'ai fait observer au ministre, avec toute l'éloquence que me permettait ma connaissance du français, qu'il serait cruel de me forcer à user ma jeunesse au milieu de ces sauvages asiatiques, cruel de quitter mes parents et mes amis, cruel de renoncer aux succès littéraires qui m'attendent inévitablement, ainsi qu'à mes relations avec les lettrés et avec les jolies femmes auxquelles je pouvais plaire. Ne ris pas ; je suis jeune, musicien, facile à m'amouracher. Je dis souvent des bêtises ; que fallait-il encore lui dire ? « L'isolement vous permettra de perfectionner votre talent, m'a-t-il dit. — Nullement, Excellence, les poètes et les auteurs ont besoin d'auditeurs ; il n'y en a pas en Perse. » Nous nous sommes entretenus quelques moments. Ce qu'il y a de plus amusant, c'est que je lui répétais avec insistance que je n'avais aucune ambition, ce qui ne m'empêchait pas de demander, comme condition de mon départ, un avancement rapide. Mon cher Stépane, tu es un garçon d'esprit, bien qu'officier dans les chevaliers-gardes ; que penses-tu de tout cela ? »

On le voit, il est gai, mais il regrette de voir sa carrière littéraire brisée dès le début. En Perse, l'ennui, le spleen mortel s'empare de lui ; il apprend le persan pour se distraire, il essaye d'écrire ; mais, comme il l'a si bien dit, l'auteur a besoin d'un contact intellectuel, et il n'a autour de lui que des sauvages illettrés.

En Perse, dans un milieu où fleurit la barbarie asiatique, Griboïédof devint taciturne, son caractère tourna au morose ; il ne quitta cet exil que pour être envoyé en Grucie ; mais là, au moins, il fut auprès d'Ermoloff, il put échanger ses idées, causer avec un homme instruit. Aussi son esprit se réveilla ; le goût littéraire reprit le dessus, il écrivit plusieurs essais de quelque valeur.

En 1823, il obtint enfin un congé, et il alla le passer à Moscou ; son esprit était mûr, ses instincts d'observateur s'étaient développés, il regarda autour de lui, il étudia la société de la ville sacrosainte des vieux croyants, et, de main de maître, il a peint les vices, les travers et les ridicules qui étaient les plus choquants ou les plus comiques.

Tout comme l'a fait notre grand Molière, il a donné la vie à ses personnages, il a créé des types qui seront aussi immortels en Russie, que le seront en France les types de Tartufe, d'Arpagon, de Célimène ou de Georges Dandin ; il a eu comme un pressentiment que sa fine satire lui vaudrait bon nombre d'ennemis et beaucoup d'ennuis, et il l'a intitulée : *Le malheur d'avoir de l'esprit*. Cette comédie est remarquable d'humeur, de vérité et de talent ; Michel Zagoulaïeff, un Russe, rédacteur du *Golos*, et qui écrit aussi purement le français que sa propre langue, en a fait paraître une traduction en vers français dans *la Revue contemporaine*.

Je conseille à mes lecteurs de se procurer cette livraison ; mais je vais donner quelques extraits pour ceux qui ne voudront pas se donner la peine de rechercher cette revue.

Au moment où Griboïédof écrivait sa pièce, la

cour de Pétersbourg avait oublié 1812 et 1815 ; elle était encore engouée des mœurs et des usages étrangers, les grands seigneurs ne parlaient que français, ils affectaient un grand dédain pour tout ce qui était russe, ils s'intitulaient libéraux ; mais Moscou se souvenait et nourrissait une haine implacable contre tout ce qui était étranger; on appelait les Moscovites les rétrogrades, mais quelques fonctionnaires et quelques nobles avaient pris à la cour les idées dites libérales ; la ville était donc divisée en deux camps ennemis, les libéraux et les rétrogrades.

Griboïédof montre l'exagération de la haine chez les rétrogrades, le ridicule du cosmopolitisme poussé à l'excès chez les libéraux, et il met à nu les secrètes lâchetés, la rapacité des juges et des fonctionnaires, la vanité d'une noblesse qui manquait de vertu et d'instruction ; sa plume est mordante, âpre et incisive. Aussi, comme le *Tartufe* de Molière, excita-t-elle autant d'effroi que de colère dans les salons de Moscou, tandis que dans ceux de Pétersbourg on s'arrachait des fragments de copie qu'on lisait avec une joie non dissimulée.

La censure, par sa sottise, est une. Qu'elle fonctionne à Pétersbourg ou à Paris, avoir de l'esprit est un crime qu'elle ne peut pardonner, elle n'autorise, par sympathie sans doute, que les œuvres ternes. Elle a refusé jadis son visa à *Tartufe ;* de nos jours elle l'a refusé à des comédies remarquables qui, sans une volonté souveraine et intelligente, seraient restées inconnues au public. En 1823, les censeurs russes interdirent les représentations du *Malheur d'avoir de l'esprit.* Le gouvernement défendit même à Griboïédof de la faire imprimer ; je me suis demandé souvent l'utilité de la censure. Je songe à ceci : c'est peut-être la médiocrité qui a intérêt au maintien de cette institution, afin d'empêcher la valeur de se faire jour.

J'emprunte à M. Courrière les extraits suivants de cette comédie, dont voici le canevas : un haut et riche fonctionnaire moscovite, Famoussof, veut marier sa fille Sophie au colonel Ikalozoub, qui est bien en cour et en bonne passe d'avancement ; mais Sophie, jeune fille gâtée et fort capricieuse, est déjà amoureuse du secrétaire de son père, Moltchaline. Sur ces entrefaites, son ancien ami d'enfance, Ichatzky, arrive d'un long voyage à l'étranger ; il surprend celle qu'il aimait en rendez-vous avec Moltchaline. Les reproches qu'il lui adresse réveillent le père, qui arrive en hâte, prend Ichatzky pour le séducteur, le chasse et envoie sa fille en exil chez une vieille tante de province. L'intrigue est à peu près nulle, mais les portraits peints sont des chefs-d'œuvre. Famoussof est le type accompli de ce riche fonctionnaire moscovite, mesurant la valeur d'un homme à la hauteur de son grade, à l'avancement qu'il peut espérer et au nombre de ses décorations. Voici le petit discours qu'il tient à Ichatzky :

« Vous autres, vous êtes pleins d'orgueil ! mais
« savez-vous comment se comportaient vos pères ?
« Instruisez-vous en vous modelant sur les anciens ;
« voir par exemple mon oncle. Ce n'est pas dans
« une vaisselle d'argent, mais dans une vaisselle d'or
« qu'il mangeait. Il avait cent valets à son service.
« Il était tout chamarré de décorations et menait

« grand train. Il passa sa vie à la cour! Ce n'était
« pas comme aujourd'hui ! C'était du temps de l'im-
« pératrice Catherine ! Tous alors étaient des per-
« sonnages de quarante pouds (un poud vaut qua-
« rante livres). Il savait s'incliner, il savait aussi
« faire le grand seigneur! Il avait l'air sérieux et
« important. Mais, quand il était de service, il ex-
« cellait à faire des courbettes. Un jour, en recu-
« lant, il lui arriva de tomber, et il faillit se casser
« le cou ; Sa Majesté l'en récompensa par un sou-
« rire, oui, elle daigna sourire ! Que fit-il? il se re-
« leva et voulut saluer, mais il tomba une seconde
« fois. Il l'avait fait exprès. On n'en rit que plus fort.
« Il recommença une troisième fois. — Qu'en pen-
« ses-tu? A ton avis, c'était ridicule. D'après moi,
« c'était très spirituel. Sa première chute était une
« maladresse, ses deux secondes une flatterie. Aussi
« dès ce jour fut-il plus souvent invité à la partie
« de whist de Sa Majesté. Et qui, à la cour, enten-
« dait les mots les plus flatteurs? mon oncle Maxime
« Pétrowitch. »

Ceci nous donne la note exacte de la courtisanerie russe ; s'humilier, se faire petit, s'exercer de
bonne heure à la gymnastique des courbettes.

Moltchaline est portraituré par Griboïédof avec
une plume qui rappelle celle de Balzac. Il est pauvre, mais ambitieux ; pour arriver, tous les moyens
sont bons, il se fait le favori des vieilles femmes, il
porte leurs chiens, les compare à des fleurs brillantes, il est toujours auprès d'elles, leur donne le
bras, les accable de soins, de prévenances. Pour
réussir, dit-il, il faut plaire à tous, au maître de la
maison, au chef sous les ordres duquel vous servez,

6.

au laquais qui brosse ses habits, au suisse, au concierge, et même au chien du concierge. On doit, en fait d'opinion, n'avoir que celle des gens dont on a besoin. Sa devise est : modération et exactitude.

Il ne voit dans l'amour qu'il a su inspirer à la belle Sophie que la chance de faire un bon mariage. Si elle était pauvre, dit-il, j'aurais passé à côté d'elle sans la remarquer.

Mᵐᵉ Tougooukhovsky, qui possède une collection de six filles à marier, et qui fait une chasse acharnée aux maris, est un type aussi amusant que vrai ; elle suit du regard les yeux des jeunes gens, dès que l'un d'eux fixe un instant une de ses filles... — Prince... Prince, dit-elle à son mari, va vite l'inviter à nos soirées. L'invitation est faite et acceptée. Soudain la mère apprend que le jeune homme n'a ni fortune ni bel emploi. Alors elle s'écrie : Inutile... Vite, vite, écris-lui que, pour tel ou tel motif, nous ne recevrons pas.

La vieille tante de la jeune Sophie est, elle aussi, un type assez bien réussi de la vieille femme à petit chien ; celle-ci a de plus une négresse qu'elle traîne partout après elle et dont elle fait parade.

Répétilof est le chef des *gommeux* moscovites, de ce qu'on nomme en cette ville *la jeunesse dorée*. Ces jeunes fous ont la passion de l'anglomanie et du libéralisme, ils singent les Anglais même en parlant, et ils avalent la moitié des syllabes et sifflent l'autre moitié ; la barbe étant le cachet distinctif du vieux russe, ils sont toujours rasés de frais. Ils dépensent le peu d'esprit qu'ils ont en railleries contre tout ce qui est russe et en louanges exagérées vers tout ce qui est étranger.

L'un d'eux est le type caricature de l'homme pensant avoir en lui le génie d'Homère, jeune encore après quatre mille ans ; il a fait paraître un article intitulé : *Aperçu sur quelque chose*, qui ne contient que des phrases vides de sens, mais il se *gobe* lui-même, et il essaye de se faire *gober* aux autres.

Un autre pose en Américain, il se donne le titre de : *l'homme pratique ;* mais, au lieu d'arriver par le travail et par l'intelligence, comme le font les hommes du nouveau monde, il se fait détrousseur de nuit dans les rues mal éclairées de Moscou, il triche au jeu, il vole enfin, tout en parlant sans cesse d'honneur et de probité.

Tous ces jeunes gens ont formé un club, le club anglais, où ils discutent de tout, avec un cerveau vide... Surtout, dit Répétilof, faisons du bruit, le bruit mène à tout, même à la célébrité.

Ichatzky est le compère de la revue, son esprit est railleur et le sarcasme lui est habituel, l'auteur lui a donné la mission de fustiger cette société hypocrite et ridicule ; il s'en acquitte avec une ironie sanglante, ses traits sont à l'emporte-pièce.

Famoussof, lui, fait sa fameuse tirade sur l'utilité et la nécessité des courbettes, et voici en quels termes lui répond Ichatzky :

« Oui, vous pouvez dire en soupirant que le monde commence à s'abêtir, lorsque vous comparez le siècle actuel au siècle passé. Il n'y a pas longtemps, et cependant c'est difficile de le croire, comme chacun se distinguait en courbant l'échine, et comme on se prosternait à cœur joie. Quand il fallait, on se couchait dans la poussière, et l'homme haut placé était couvert d'adulation. C'était le siècle de la crainte et de la servilité. Je ne veux pas vous parler de mon oncle. A quoi bon troubler ses cendres ! Mais aujourd'hui qui oserait, dans son ardeur servile, risquer son cou pour se rendre ridicule ? A cette époque, les vieillards envieux de ces tours de force, et tout tremblants dans leur vieille peau, disaient : Ah ! si je pouvais en faire autant ! Mais maintenant, bien qu'il y ait des gens capables de s'avilir, on a peur d'être ridicule et la honte vous retient. »

— Oh ! mon Dieu ! s'écrie Famoussof, c'est un carbonaro.

— Non, poursuit Ichatzky, le siècle actuel est bien changé.

— C'est un homme dangereux, murmure le vieux Russe.

— Chacun, dit le libéral, respire plus librement et ne tient pas à faire des tours de bouffon sur le plancher, ou à bâiller en regardant le plafond chez ses protecteurs, à leur faire visite pour se taire, s'incliner, dîner, présenter une chaise, ramasser un mouchoir.

— Ciel ! s'écrie Famoussof... Malheureux, vous allez prêcher l'indépendance !

Ichatzky s'anime, et il fait la superbe tirade suivante :

« Où sont-ils, ces pères de la patrie, que nous devons regarder comme des modèles de vertu ? Ne sont-ce pas ceux qui, enrichis par le pillage, ont trouvé des parents et des amis pour les défendre ? qui ont construit de magnifiques palais, qu'ils souillent de leurs débauches et de leurs prodigalités ? A qui, à Moscou, les dîners, les soupers et les bals n'ont-ils pas fermé la bouche? N'est-ce pas celui-là chez qui vous nous meniez pour des raisons inconnues? ce Nestor des illustres vauriens, qui était entouré d'une foule de serviteurs? A l'heure des débauches et des querelles, ils lui ont souvent sauvé la vie et l'honneur; et lui, il les échange contre trois chiens de chasse? Est-ce cet autre, qui enlève dans une voiture une foule d'enfants arrachés à leurs parents, et qui, ne rêvant qu'amours et zéphirs, força Moscou à admirer leur beauté? Mais les créanciers n'ayant pas accordé de délai, les amours et les zéphirs furent vendus. Ce sont ces vieillards que nous devons respecter?

« Voilà nos censeurs sévères? Mais qu'il se trouve un jeune homme ne demandant ni places ni avancements, qu'il étudie et qu'il ait soif de science, ou qu'il aime tout ce qu'il y a de beau et d'élevé dans les arts! ils crient tout de suite : « Au feu! à la garde! » et il passe pour un rêveur dangereux! L'uniforme! l'uniforme seul! Il cache du reste leurs faiblesses et leur pauvreté d'esprit! Leurs femmes et leurs filles raffolent de l'uniforme! Lorsqu'un officier de la garde ou un courtisan vient ici, les femmes crient: hourrah! et jettent leurs bonnets en l'air! »

On le voit, Griboïédof est sévère pour les vices et les travers de ses compatriotes. Aussi le prince Galitzin, alors gouverneur de cette ville, s'écria avec colère que cette comédie n'était qu'une pasquinade contre Moscou... En guise des applaudissements du public, il eut les grincements de dents des portraiturés et leur sourde haine.

Il rêve gloire, et il ne peut même donner la vie de l'impression à son œuvre capitale ; un morne désespoir s'empare de lui, et il écrit à son ami Biégitchef :

« Je m'ennuie, je m'attriste, je voulais me distraire en prenant la plume ; mais, à quoi bon ? Il est temps de mourir. J'ai déjà parcouru la moitié de mon existence ; je serai bientôt bête comme mes nobles compatriotes... Je ne sais pourquoi je tarde d'en finir ? Dis ce que tu veux, si cela dure encore, je ne veux plus être patient, c'est une vertu que je laisse aux bêtes de labour. Je t'en prie, dis-moi ce que je dois faire pour me sauver de la folie ou d'un coup de revolver ? »

Pour le guérir de la manie de s'occuper des vices et des ridicules des Russes, et pour lui apprendre que la pensée n'a pas droit de cité dans cet empire, on le renvoya se battre au Caucase, puis on le renvoya encore en Perse.

En 1829, Griboïédof mourait assassiné par des sauvages.

L'autocratie, en faisant un soldat de ce poète, a étouffé un génie qui aurait produit de grandes œuvres.

Voir la force brutale écraser la force intellectuelle est une chose triste et irritante.

Voici ce que Pouschkine, qui était dans ce moment exilé au Caucase, a écrit sur cette mort :

« Ayant traversé la rivière, je rencontrai un chariot attelé d'une paire de bœufs et conduit par quelques Gruciens.

« — D'où venez-vous ? leur demandai-je.

« — De Téhéran.

« — Que menez-vous là ?

« — Griboïédof.

« Je ne m'attendais pas, en le quittant, à le rencontrer encore une fois. »

Grâce à cette autocratie, ennemie de la pensée, Griboïédof n'a produit qu'un chef-d'œuvre : *Goré-at-ouma*, ou le Malheur d'avoir trop d'esprit ; s'il avait vécu dans un pays libre, tout comme Molière, il aurait laissé des œuvres remarquables et nombreuses.

Sa vie a été douloureuse. Se sentant en lui le germe d'un grand génie, il n'a pas eu même la joie de voir représenter sa *comédie* ; il a fini, massacré en Perse par des barbares.

Encore une mauvaise action à l'actif de cette autocratie digne des siècles barbares, mais qui n'est plus à la hauteur de la civilisation de notre XIXe siècle.

Nous allons maintenant étudier la littérature vraiment nationale, et ici nous verrons encore la pensée écrasée par un pouvoir tyrannique.

Si l'on peut comparer Krylof à Lafontaine, Griboïédof à Molière, on peut dire que Pouchkine a été le Victor Hugo de la Russie.

Les œuvres de ce poète sont grandes et nobles, remplies de pensées humanitaires et libérales ; ses vers ont une harmonie douce à l'oreille, son style est pur et pourtant brillant ; tout ce qu'il a écrit a un cachet de personnalité et d'originalité, et cet écrivain a fondé l'école nationale russe, il s'est toujours inspiré des souffrances du peuple, du sort cruel qui est son triste lot ici-bas. Il n'a pas chanté pour le seul plaisir de chanter, mais il a chanté pour faire entendre les gémissements et les cris de douleur du peuple esclave.

L'âme affolée de la Russie semble s'être incarnée dans Pouchkine, qui est la plus brillante incarnation du génie slave.

La vie de ce poète fut un court et douloureux drame. Par sa mère, il descendait du général nègre Annibal, qui fut le favori de Pierre Ier. Il avait donc dans le sang un peu de l'ardeur des hommes noirs. Du côté paternel, il descendait d'une famille de grande noblesse. Son père, Serge Pouchkine, était un Russe cosmopolite, gai, fort amateur des plaisirs et voyageant toujours à l'étranger. Le poète fut élevé d'abord par deux femmes, sa mère et sa grand'mère, qui développèrent en lui l'amour de ce peuple russe si bon par sa nature et vicié, hélas ! par un long servage ; il eut aussi un professeur français qui lui donna de bonne heure les notions de cette saine liberté à laquelle a droit l'être humain, créé à la ressemblance de Dieu, puisqu'il a, lui aussi, une âme immortelle.

Il est né en 1799. Dans sa dernière année de vie, le XVIIIe siècle, par une suprême coquetterie, avait donné le jour à un génie qui devait illuminer de sa gloire tout le siècle suivant.

A l'âge de douze ans, Pouchkine fut mis dans le lycée de Tsarskoé-Sélo, qui était dirigé par un homme d'une grande valeur, par A. Tourguénief. Ce lycée était une véritable école littéraire ; les élèves s'amusaient à publier des journaux et des revues, sous forme de manuscrit ; ils faisaient des sonnets, s'adonnaient aux bouts-rimés ; ils abordaient même le roman. Dans ce milieu favorable, les instincts poétiques de Pouchkine se réveillèrent de bonne heure, et, nouveau point de contact avec notre grand Victor Hugo, dès l'âge de dix-sept ans il avait déjà un nom dans la littérature. Les poésies qu'il publia dans le *Messager d'Europe* lui attirèrent les justes félicitations de Karamsine et de Derjavine; Joukowski devint, dès ce début, son admirateur et son ami.

A dix-huit ans il quitta le collège, entra aux affaires étrangères, et il se lança, avec toute la violence du sang arabe, dans le tourbillon de la vie mondaine ; mais il faisait trois parts égales de son temps, il en donnait une au plaisir, la deuxième au travail, la troisième au sommeil réparateur. Il habitait un tout petit logis, coquet mais modeste, qui donne sur la Fontanha. J'ai remarqué avec regret l'absence de toute plaque de marbre sur la porte de cette maison où Pouchkine a composé son premier chef-d'œuvre, *Rouslane et Loudmila*.

Le poète a choisi le sujet de ce poème dans la poésie populaire ; hardiment il a rompu avec les classiques, amoureux des vieilles théories, et avec les traducteurs, et il a produit une œuvre indépendante et réellement russe.

Le prince Rouslane, son principal personnage, est le héros d'une vieille légende de la Russie méridionale ; Loudmila est la fille du grand prince Vladimir. Le surnaturel, les vieilles sorcières, les fées gentilles et les chevaliers sans peur, jouent les principaux rôles dans ce poème. Le poète n'a suivi d'autres règles que sa fantaisie, mais il a dépensé une verve endiablée, un brio étonnant ; il a établi des contrastes heureux, passant, avec savoir et goût, de la tendresse aux sentiments belliqueux, et de la fine satire aux sentiments sérieux et graves.

Le canevas de ce poème pourrait faire une superbe féerie à brillants décors et à scénario drôle et amusant. Le prince Rouslane vient d'épouser Loudmila; il est amoureux fou, l'heure du berger va sonner pour lui, lorsque soudain le tonnerre fait entendre sa formidable voix, la lampe s'éteint dans la chambre nuptiale, mais l'éclair l'illumine de minute en minute... On sent le soufre, des ombres noires, venues de l'enfer sans doute, se promènent dans la chambre en hurlant et en grinçant des dents. Le silence se fait enfin, l'époux rallume la lampe, mais il constate, avec autant de douleur que d'étonnement, que sa gentille épouse a disparu.

Le père de Rouslane, irrité contre ce maladroit époux qui s'est laissé enlever sa femme à sa barbe, promet la main de sa fille à celui qui le premier la retrouvera. Rouslane se met en campagne, mais deux rivaux, amoureux aussi de la belle princesse, partent à sa recherche : c'est le rusé Salstaf et le beau Rogdaï.

Le poète improvise une série de combats rappelant Roland le Furieux; il invente les aventures les plus abracadabrantes, puis il nous montre Loudmila, triste et dolente, prisonnière dans un château enchanté; elle a été enlevée par un quatrième amoureux de sa beauté, l'affreux nain-sorcier Tchernomor.

Elle s'approche de la fenêtre grillée, et ses yeux errent tristement dans le brumeux lointain. Tout est désert. La plaine, cachée sous la neige, ressemble à un brillant tapis; les sommets des mornes collines sont recouverts d'une blancheur uniforme. On ne voit au loin la fumée d'aucun toit, ni la silhouette d'aucun voyageur se projeter sur la neige ; le cor bruyant ne fait pas entendre ses joyeuses fanfares dans les montagnes désertes ; de temps en temps, le vent, avec des sifflements mélancoliques, tourbillonne dans la plaine. Le nain s'ingénie pour toucher le cœur de Loudmila ; il lui offre des fleurs, des perles ; il lui parle amour. Triste et dolente, elle regarde toujours si son époux bien-aimé ne va pas venir la délivrer.

Un jour enfin, Rouslane arrive ; il a renversé mille obstacles, tué un de ses rivaux. Il vient délivrer sa tendre Loudmila. Le son du cor retentit à la porte du château, un combat homérique s'engage entre lui et Tchernomor. Enfin l'époux, suivant le conseil que lui a donné un savant ermite, coupe la barbe du nain-sorcier et lui ôte ainsi son pouvoir magique, mais pas assez promptement pour l'empêcher de jeter un charme sur Loudmila, qui s'endort d'un long sommeil léthargique.

Le caractère de Loudmila, tantôt gaie, tantôt rêveuse et amoureuse, est esquissé avec une grâce et une délicatesse infinies.

Pouchkine a montré en ce poème l'imagination coloriste de l'Arabe et la nature rêveuse du Slave, très amateur du merveilleux.

Son poème fut un étonnement et une révélation pour la Russie, qui comprit qu'un grand poète lui était né.

Bientôt Pouchkine aborde un sujet plus sérieux ; il écrit une ode patriotique et libérale, intitulée : *Liberté*. On se la passe manuscrite de main en main ; on la lit, on la loue, on l'applaudit. L'opposition était déjà fort à la mode en ce moment, et voici ce que M. Gallet de Kulture raconte à ce sujet dans son livre *la Sainte Russie*[1] :

« Il reçut l'ordre de se rendre chez le gouverneur général de Pétersbourg Miloradovitch. Jamais homme n'aborda sans émotion ce centre mystérieux auquel viennent aboutir, avec les quarante-deux sièges et les nombreux quartiers de la ville, les ramifications éparses et insaisissables d'une police qui a élevé à un point qu'il n'est plus donné de dépasser, l'immoralité de l'espionnage, le zèle de l'obéissance et la brutalité silencieuse de la répression.

« Le cœur du jeune poète battait fort lorsqu'il entra chez le gouverneur ; mais l'air souriant de ce dernier le rassura.

« — Vous êtes bien l'auteur de cette pièce ? demanda Miloradovitch en lui présentant un manuscrit.

« — Oui, Excellence.

« — Ce sont là de beaux vers, reprit le gouver-
« neur ; vous avez du talent, monsieur Pouchkine,
« et ne devez point en rester là. Chantez les bou-
« leaux pleureurs, les mélèzes embaumés des îles,
« nos nuits transparentes qui rivalisent avec le so-
« leil, les clairs de lune sur les clochers d'Isaac, les
« flots bleus de la Baltique, les effets de neige dans
« les steppes, les mœurs patriarcales des Isba, l'im-
« mortelle gloire des armées russes ; ce sont là des
« motifs féconds, inépuisables. Quant à la politi-
« que, sachez, jeune homme, qu'elle ne regarde pas
« les poètes. Sa Majesté a lu vos vers, elle pouvait

1. Garnier frères, 6, rue des Saints-Pères, 1875.

« vous traiter en criminel d'État ; elle ne l'a pas
« voulu : vous en serez quitte pour une légère cor-
« rection.

« — Une correction ! répéta le poète indigné.

« — Oh ! moins que rien, une pénitence de jeune
« fille, trente coups de verges.

« — Mais la honte !

« — Jeune homme, reprit sévèrement Milorado-
« vitch, il ne peut y avoir de honte à se soumettre
« aux ordres de l'empereur. »

« Et, prenant le bras du poète, il le mena vers une
porte pratiquée au fond de son cabinet.

« — Entrez, lui dit-il, et tranquillisez-vous ; ce
« sera l'affaire d'un instant. »

« Pouchkine pénétra dans une salle basse, étroite, à peine éclairée par une lucarne pratiquée au plafond. Un fauteuil à bascule occupait le centre de la pièce ; deux soldats se tenaient de chaque côté du fauteuil, raides, immobiles et armés de longues baguettes pliantes qui, sans avoir l'effet prompt et meurtrier du knout, peuvent à la rigueur, au moyen d'une simple multiplication, tuer comme lui.

« Un troisième individu, portant les insignes de caporal, semblait présider à l'opération.

« Ce dernier posa la main sur l'épaule de Pouchkine ; sa redingote, son gilet lui furent successivement enlevés, et l'exécuteur abaissa son pantalon jusqu'à la hauteur des bottes.

« Mais Pouchkine, saisi d'une idée subite, repoussa vivement le caporal, releva son pantalon, et s'enfuit dans le bureau du bon ordre.

« — Pardon, Excellence, mais vous n'avez pas dit

s'il était spécifié dans l'arrêt de Sa Majesté que l'exécution se ferait avec ou sans pantalon.

« — Qu'importe? dit Miloradovitch.

« — Cela peut vous être indifférent, mais cela
« m'importe beaucoup, à moi.

« La question causa quelque embarras au gouverneur, car les instructions impériales n'avaient pas prévu le cas ; mais la logique russe lui vint en aide.

« — L'empereur, répondit-il, a ordonné de frap-
« per fort et de faire mal, donc c'est sans pan-
« talon. »

« Et, avec la même politesse, il reconduisit Pouchkine, plus mort que vif, jusqu'à la porte du cabinet ; puis, ayant jeté un regard mécontent sur les trois hommes, il se retira.

« Les soldats comprirent la signification de ce regard ; en un instant le poète fut déshabillé, assis et renversé par la bascule.

« Il n'endura pas son supplice avec le calme d'un stoïcien ; il ne se souvint en ce moment ni de la goutte de Posidonius, ni des douze livres de Marc-Aurèle ; il poussa des cris horribles. Les exécuteurs, courroucés de sa délicatesse, se montrèrent sans pitié.

« Un Anglais, victime d'un acte arbitraire, disait à l'officier chargé de l'exécuter : « Mon ami, que je
« vous plains d'être Russe. »

Voilà ce que raconte M. de Kulture, qui a été bien placé pour connaître la vérité.

Lors de mon premier voyage en Russie, en 1864, un homme très haut placé, un Russe, m'a conté la même chose, il m'a même montré le fameux fauteuil à bascule. La princesse O..., qui avait beaucoup connu Pouchkine et Lermontof, m'a affirmé ce fait honteux, le génie battu par la force brutale. En Russie, ce fait est connu de tous et m'a été conté cent fois, les auteurs allemands et anglais en parlent.

Mais, par la meilleure de toutes les raisons, je n'étais point encore sur notre planète, je n'ai pas vu cette exécution, et en Russie, les arrêts de ce genre sont tenus secrets, on ne les conserve pas écrits; ceux qui les connaissent se taisent par prudence. Il m'est impossible de dire si ce fait est vrai ou faux, et d'affirmer que M. de Kulture l'a inventé, que le Russe en question et la princesse O... ont menti, et que tous les gens qui affirment ce fait se trompent.

Pourquoi auraient-ils inventé cela?

M. de Kulture n'a jamais été démenti, que je sache!

Pouchkine, dans ses mémoires secrets, en parle lui-même. Tout fait donc supposer qu'il est vrai.

Et enfin, donner les verges était de mode en Russie il y a quelque vingt ans à peine. L'autocratie les faisait donner à ceux dont elle était mécontente; le père de famille les faisait administrer à ses enfants. Souvent, en causant de cet usage barbare, des hommes aussi parfaitement honorables que grands seigneurs m'ont avoué qu'ils avaient été battus à coups de verges par leurs pères alors qu'ils avaient déjà de dix-huit à vingt ans.

Depuis Alexandre II, les mœurs se sont adoucies en Russie. Pourtant, les marchands du Gostinoï-dvor (bazar populaire) exigent encore que leurs femmes, le jour de leur mariage, leur offrent un paquet de verges, cadeau symbolique qui signifie :

« Mon seigneur, je te reconnais le droit de me battre. »

Que Pouchkine ait été ou non fustigé, sa dignité n'a pu recevoir aucune atteinte ; la pierre inerte ou brutale qui tombe sur vous vous fait souffrir, mais ne saurait vous faire injure ; la force brutale ne saurait insulter la force intellectuelle. Ce fait, s'il est vrai, est honteux, mais pas pour Pouchkine.

Le grand seigneur français qui menaçait Molière du bâton se déshonorait, lui, sans atteindre l'honneur de Molière.

Ce qui ne peut être mis en doute, c'est qu'après son ode à la Liberté, Pouchkine fut envoyé en exil à Peschenef et ensuite au Caucase. L'extrait suivant d'une pièce de vers, composée par lui en exil, semble prouver la vérité du traitement que lui aurait fait infliger Miloradovitch :

« Un poète inspiré chantait en touchant d'une manière insouciante mais habile, les cordes de sa lyre ; il chantait, et la foule orgueilleuse et froide l'entourait en qualité de juge.

« Ce peuple profane l'écoutait avec une curiosité stupide, et il disait :

« — Pourquoi tourmente-t-il ainsi les cordes et fatigue-t-il nos oreilles? Quel but se propose-t-il? Ces sons, que racontent-ils, qu'enseignent-ils !

« Vainement il nous fait battre le cœur, il s'en saisit, il fait de nous les jouets de ses caprices, sorcier qu'il est ; son chant est libre et impétueux comme le vent, et comme le vent il est stérile. Qu'y avons-nous gagné ?

« — Tais-toi, populace stupide, esclave volontaire des soucis, des besoins, des misères de chaque jour, ta parole me fait mal au cœur; ver sorti de terre, qu'as-tu de commun avec les enfants du ciel? A toi la nourriture et le gain ! Tu estimerais la statue de l'Apollon du Belvédère d'après le poids du marbre, et le pot où tu fais cuire ta nourriture excite en toi des sentiments plus forts que le Dieu de beauté.

« — Mais si tu es le favori du ciel, si tu es l'envoyé du Seigneur, tu dois mettre ta puissance à notre service. Forme le cœur de tes frères ; nous sommes méticuleux, nous sommes astucieux, impudiques, ingrats; nous nous sentons le cœur de boue, et l'âme remplie de pourriture. Toi, rempli de l'amour du prochain, tu peux nous donner des leçons sévères ; nous promettons de t'écouter.

« — Allez-vous-en ! Que pourrait faire de vous un poète doux et paisible ? Continuez à vous pétrifier tranquillement dans votre bassesse. Lui, il n'a pas la force de vous donner l'âme, et je sens dans votre souffle l'air des tombeaux. Pour vous corriger de vos basses et mauvaises passions, vous avez jusqu'à présent le fouet, le cachot et la hache; cela doit vous suffire, vils esclaves! Dans nos villes, on fait balayer chaque jour les rues, mais avez-vous jamais vu le prêtre quitter le saint sacrifice et prendre le balai, pour faciliter ainsi le chemin de la vie? Ce n'est pas pour exploiter les passions du vulgaire, ce n'est pas pour être utile au public, ce *n'est pas pour lutter avec la main brutale* que nous sommes envoyés ici. Nous vivons d'inspirations, nous les répandons en harmonie ou en prières. »

Il a compris, ce grand Pouchkine, quelle est la vraie mission de l'élu du génie ; il la fait expliquer

7.

par la voix du peuple ; mais lui, l'âme froissée, le dos encore rougi par les coups de verge, il lui répond avec une douloureuse ironie : « Ce n'est pas pour être utile au public, ce n'est pas pour lutter contre *la main brutale* que nous tenons une plume. » On sent qu'il pense aux conseils que lui a donnés Miloradovitch, d'avoir à se contenter de chanter les beautés de la nature et la gloire des armées russes.

Pouchkine, exilé à Kischenef, dans la Russie méridionale, fut attaché au bureau de l'inspecteur général des colonistes. Forcé à un travail de bureaucrate, lui dont la nature ardente avait besoin de mouvement, d'émotion et de liberté, soumis à une surveillance humiliante, tenu en suspicion par les courtisans et par les prudents, il se replia sur lui-même, il s'irrita ; il avait rêvé les triomphes enivrants de la gloire, et c'était l'exil et ses amertumes qui lui étaient réservés !

Cruelle déception !

Son âme la supporta mal, un spleen noir s'emparait de lui, sa nature physique ressentit le contre-coup du triste état de son âme ; après quatre ans de séjour à Kischenef, Pouchkine se mourait. Le général Raievsty se dit qu'il serait honteux pour le pouvoir d'étouffer encore ce génie et il emmena le poète prendre les eaux au Caucase.

Le Caucase est une des régions les plus intéressantes et les plus curieuses du globe, tous les climats d'Europe et tous les terrains du monde s'y trouvent ; au centre, des glaces éternelles et des rochers mornes, les ours, les loups, les chacals, et l'hermine y règnent en maîtres souverains ; les putois, l'orgali, et une infinité d'oiseaux de proie y font entendre leur voix discordante ; au nord, des collines fertiles en blé, et de riches pâturages où errent en liberté les superbes chevaux circassiens ; plus loin, des plaines incultes parsemées d'une flore grossière mais ayant un doux parfum et un brillant coloris.

Au midi de magnifiques vallées et de grandes plaines, où, sous un climat salubre, se développe toute la richesse de la végétation asiatique ; les pentes qui se dirigent vers l'est, l'ouest et le midi, possèdent la luxuriante végétation de la Tauride ; le cèdre, le cyprès, les genévriers rouges, les hêtres, revêtent les flancs des montagnes ; l'amandier, le pêcher, le figuier croissent en abondance dans de chaudes retraites protégées par les rochers formant des serres naturelles. Le cognassier, l'abricotier, le dattier, le jujubier y sont indigènes. Les marais sont ornés de très belles plantes, telles que le rhododendron ponticum et l'azalea pontica.

Les vallées romanesques du Kank sont embaumées par le seringat, le jasmin, le lilas et les roses caucasiennes.

La Géorgie possède de superbes forêts.

Les peuples caucasiens sont barbares, mais ils ont une sauvagerie fière et poétique, et des mœurs bizarres.

Dans le Caucase, Pouchkine se sentit revivre, son âme se dilata, les instincts du poète se réveillèrent en lui ; il fit un poème qui est tout imprégné de l'âpre poésie de ces sites, il est intitulé *Le Prisonnier du Caucase*, il est écrit dans le style byronien ; la teinte noire domine, mais l'amour d'une fille du Caucase illumine d'un rayon radieux ces pages mornes et tristes.

Après avoir dépeint l'Aoul de Tcherkesses, l'auteur y fait arriver soudain le héros du poème, c'est un jeune officier russe, qu'un Tcherkesse a fait prisonnier, on lui met des fers aux pieds, puis on le laisse seul dans l'obscurité de la nuit.

« Longtemps il resta plongé dans une lourde immobilité, déjà le soleil faisait luire sur sa tête ses gais rayons ; la vie se réveillait en lui, réchauffé par la chaleur du soleil ; l'infortuné se soulève doucement, d'un faible regard il examine les alentours, il voit au-dessus de lui une masse de montagnes inaccessibles, nids de ces bandes de brigands, et barrière de la liberté des Tcherkesses.

« Le jeune homme se rappelle qu'il est prisonnier, et semble se réveiller d'un songe affreux... il écoute... Tout à coup ses pieds enchaînés font entendre un cliquetis, ce bruit terrible lui a tout dit : la nature s'assombrit à ses yeux. Adieu, sainte liberté, il est esclave. »

N'est-ce pas là une allusion à son sort?... Les sites du Caucase plaisent à son esprit de poète, mais un mot, aussi bien que les cliquetis des chaînes, peuvent rappeler qu'on est prisonnier, et à ce souvenir la nature s'assombrit à ses yeux et il s'écrie : Adieu, sainte liberté !

Dans les paroles suivantes, il est aussi facile de deviner qu'il a peint le propre état de son âme :

« Il pense, dit-il en parlant du jeune prisonnier, à sa patrie où fièrement et sans souci il entra dans l'ardente jeunesse, où il connut son premier bonheur, aima beaucoup, où la souffrance l'étreignit, où dans les orages de la vie il perdit l'espérance, la joie et le désir. Là-bas il avait appris à connaître les hommes et le monde, et pu apprécier le prix de l'expérience. Il avait trouvé la trahison dans le cœur de ses amis, un songe insensé dans les rêves de l'amour, il avait quitté sa patrie, et volé vers les pays lointains emportant avec lui le joyeux fantôme de la liberté.

« Le jeune prisonnier trouve pourtant un noble dévouement inspiré par l'amour... une jeune Tcherkesse n'a pu le voir sans l'aimer, elle vient le visiter, elle lui apporte à boire et à manger ; le voyant triste et mélancolique elle lui chante les chansons de la Crusie pour endormir sa douleur... C'est un amour chaste et tout virginal que la jeune fille ressent pour lui, et c'est avec une délicatesse infinie qu'elle lui laisse voir combien elle l'aime... Mais le jeune Russe ne peut répondre à cette flamme son cœur est desséché, la Tcherkesse lui dit alors : « Puisque je ne puis être heureuse par toi, je veux « que tu sois libre par moi. »

« Elle lime ses fers, et le conduit vers les rives de la mer « Va... lui dit-elle, et sois heureux... »

Il fuit... Arrivé sur la rive opposée, il se retourne et regarde en arrière, la mer était toute blanche d'écume, mais il ne voit plus la Tcherkesse ni sur le rivage ni sur la montagne ; il l'appelle, seul le bruit léger du vent répond à sa voix. »

Il a dû dire adieu au Caucase ; n'était-il pas un simple prisonnier à qui un pouvoir bienveillant avait permis de venir respirer un peu de vie, dans ces sites montagneux !

Il revint à Kischenef, où il écrivit encore plusieurs souvenirs du Caucase : *les Frères Brigands*, *la Fontaine des Pleurs* et *les Tziganes*. Ce dernier poème fut écrit par lui à la suite d'une escapade qui scandalisa fort son chef le général Inzoff, qui, quoique bienveillant et doux, se crut obligé de lui imposer plusieurs jours d'arrêts pour le punir. Son travail de bureaucrate l'ennuyait, l'idée qu'il était épié, que ses geôliers essayaient même de saisir la pensée qui, rapide, traversait son cerveau, le mettait dans un état de morosité extrême ; il avait soif de liberté et un jour, rencontrant une troupe de Bohémiens, il se joint à eux, endosse leur costume, vit de leur vie errante ; il est heureux d'être libre, tout en étant plus qu'un Tzigane.

Le général Inzoff lança des soldats après lui et comme je l'ai dit, le mit aux arrêts; le poète les supporta gaiement ; dans sa course vagabonde il avait pris provision d'un peu de gaieté, il prit la plume pour écrire le poème *des Tziganes*. Il fait de son héros d'Aléko un libre penseur ayant en horreur les entraves de la civilisation, amoureux de liberté et venant la chercher parmi les Bohémiens.

Voici comment Pouchkine, par la bouche d'Aléko, chante la nature libre et heureuse :

« L'oiseau de Dieu ne connaît ni les soucis, ni le travail, il ne tresse pas péniblement un nid éternel ; pendant de longues nuits, il sommeille sur la branche ; lorsque le beau soleil se lève, l'oiseau, devinant la voix de Dieu, tressaille et chante ; après le gai printemps vient l'été ardent, l'automne tardif apporte le brouillard et la pluie; aux hommes le chagrin, aux hommes l'ennui; l'oiseau s'envole jusqu'au printemps dans les contrées lointaines, dans les pays chauds au delà de la mer bleue. »

Aléko a épousé Zemphyra, une jeune Bohémienne aux regard langoureux, aux grands yeux noirs, il la trouve belle et pourtant la tristesse s'empare de lui... la plaine lui apparaît morne, le ciel lui semble terne ; il possédait ce qu'il avait souhaité, l'espace et la liberté, et cependant son âme inquiète n'était point satisfaite encore.

En homme qui ressent ce qu'il écrit Pouchkine peint admirablement cette inquiétude maladive, mal qui mine certaines âmes d'élite, mal qui fait souffrir et qui tue...

On le sent, l'exil lui pèse ; dans son beau poème sur Ovide, il pleure la mort du poète exilé loin de sa patrie.

Dans son ode à Napoléon, ce n'est pas le conquérant qu'il chante, c'est le grand exilé, le géant cloué par l'Angleterre sur un morne et gigantesque rocher. Je ne puis résister à la tentation de donner tout entière cette ode, grande comme pensées et grande en enseignement philosophique, mais hélas! elle perd de sa beauté à être traduite en une autre langue.

« L'étrange destinée s'est accomplie ; le grand homme est mort. Le règne terrible de Napoléon a disparu dans une sombre captivité. Il n'est plus, ce souverain condamné — cet illustre favori de la victoire. La postérité commence déjà pour cet exilé de l'univers.

« O toi, dont la mémoire ensanglantée remplira encore le monde — tout resplendissant de ta gloire — tu reposes au milieu des flots déserts! tombeau superbe... Sur l'urne qui renferme tes cendres, la haine des peuples s'est arrêtée, et le rayon de l'immortalité brille.

« La France, proie de ta gloire, oubliant ses grandes espérances, fixait son regard enchaîné, sur son éclatant déshonneur. Tu conduisais les glaives à une fête splendide — tout s'écroulait avec fracas devant toi — l'Europe était perdue ; le sommeil du tombeau appesantissait sa tête.

« Russie ! reine belliqueuse ! souviens-toi de tes anciens droits ! Brûle, ô Moscou la grande ! des jours nouveaux ont paru ! Que notre déshonneur de courte durée s'efface ! Russie, bénis Moscou ! c'était la guerre, mais le tombeau fut notre paix !

« Et alors tout a bouillonné comme une tempête ; l'Europe s'est affranchie ; la malédiction des peuples a volé comme un tonnerre sur les pas du tyran. Le géant a vu le bras de la Némésis populaire se lever ; toutes tes offenses ont été payées jusqu'à la dernière, ô tyran !

« Les ravages et les désastres de ses exploits belliqueux ont été rachetés par le chagrin d'un exil sous un ciel étranger, la voile visite l'île du mortel emprisonnement, et le voyageur trace sur une pierre le mot réconciliation.

« Là où fixant les yeux sur les flots, l'exilé se rappelait le bruit des glaives, les effrois glacés du nord, et le ciel de sa France : où quelquefois dans son isolement, oubliant la guerre, le trône et la postérité, seul, seul, il rêvait avec une tristesse amère à son cher fils.

« Qu'il soit déshonoré, l'homme faible, qui en ce jour, ose troubler par des reproches insensés son ombre découronnée ! gloire !... il a montré au peuple russe sa propre destinée : et du sombre exil a légué au monde l'éternelle liberté. »

De Kischenef, Pouchkine fut envoyé, en exil toujours, à Odessa ; il était attaché au comte de Vorontzof, gouverneur général de la Bessarabie ; son nouveau maître le força à un travail régulier et journalier et lui fit subir les dures lois de la discipline; du reste le jugement qu'a porté le comte de Vorontzof sur le grand Pouchkine peut nous donner une idée assez exacte du degré de valeur intellectuelle de ce haut fonctionnaire ; voici ce qu'il écrit à Pétersbourg : « Il serait prudent d'arracher Pouchkine à un milieu enthousiaste dont les éloges pourraient lui faire croire qu'il est un grand écrivain, tandis qu'il n'est en réalité que le faible imitateur d'un original très peu recommandable, lord Byron. »

Pourquoi donner le poste de gouverneur à cet excellent comte de Vorontzof ?... la direction de la censure aurait bien mieux convenu à ses lumières !

Jugez donc ! un homme qui trouve Byron peu recommandable ne peut être qu'un oison, et il est de règle que les oisons reçoivent la mission de couper les ailes aux aigles... Cette censure, digne de passer à l'immortalité, coupa un jour les deux vers suivants dans une pièce de Pouchkine :

« Le sort lui a donné
Peu de jours fortunés. »

Aussi, il se venge de sa bêtise dans la lettre suivante adressée à un de ses amis :

« La censure m'a attrapé sur ces deux vers... je

ne suis pas maître de dire jours mais, la nuit, la nuit, la nuit, au nom du ciel ! lui a envoyé... peu de nuits fortunées... voilà ce qu'il faut dire, car le jour, elle ne les voyait pas, lis le poème. Et pourquoi la nuit serait-elle moins inconvenante que le jour ? Quelle est la moitié des vingt-quatre heures qui est la plus contraire à l'esprit de notre censure, le sais-tu ?... »

J'ai pu trouver la fameuse Ode à la Liberté de Pouchkine; elle est dans un petit volume contenant ses œuvres défendues en Russie, qui est édité à Dresde. Je l'ai fait traduire, et je crois être agréable à mes lecteurs en la leur donnant.

ODE A LA LIBERTÉ.

Fuis, cache-toi loin des yeux, faible reine de la lyre ! où es-tu ? où es-tu ? tourment des rois, fière chanteuse de la liberté ?

Viens, arrache-moi la couronne de lauriers, brise ma lyre trop choyée, je veux chanter la liberté au monde, vaincre le vice sur le trône.

Montre-moi la noble trace de ce Gaulois (André Chénier) à qui, même au milieu de glorieux désastres, tu as inspiré des hymnes hardis.

Favoris du sort passager, tyrans du monde, tremblez !

Et vous, esclaves tombés, soyez courageux, écoutez, soulevez-vous !

Hélas ! où que je tourne mon regard, je vois partout le fouet, partout des chaînes, des lois honteuses d'être méconnues, les larmes désespérées des esclaves. — Je vois partout, au milieu de l'affreux brouillard, la force injuste; le génie terrible de l'esclavage et la fatale passion de la gloire règnent.

Au-dessus de la tête royale, seulement, on n'entend pas les gémissements des hommes.

Là, où fermement et saintement s'établissent les lois puissantes, là où pour tous s'étend leur bouclier, là où leur glaive, serré par les mains fidèles des citoyens, glisse sans jamais choir au-dessus des têtes toutes égales.

Là où, d'en haut, le crime est abattu, où les mains ni vénales ni avides ne sont pas craintives, — là, seulement, les peuples sont heureux.

Puissants ! un jour, la couronne et le trône vous seront donnés par la loi et plus par la race ! vous êtes au-dessus des peuples, mais la loi éternelle sera au-dessus de vous !

Malheur ! malheur ! aux peuples, chez lesquels la loi imprudemment dort.

Malheur ! malheur ! aux peuples, chez lesquels les rois peuvent gouverner la loi !

Je t'appelle comme témoin, toi martyr de fautes glorieuses, toi qui as, dans le bruit de récentes tempêtes, déposé ta tête sur le billot !

En présence de la postérité silencieuse, Louis monte à la mort, il met sa tête couronnée sur le billot ensanglanté par la trahison, la loi se tait, le peuple se tait, la criminelle victime tombe, et le porphyre autocrate gît sur les Gaulois enchaînés.

Scélérat, autocrate, toi et les tiens, je vous hais ; ta *perte*, la *leur*, j'ai tout vu avec une joie cruelle. Sur ton front, les peuples lisent la malédiction, tu *es l'horreur du ciel, la honte de la nature*, un reproche à Dieu !

A l'heure où, sur la Néva troublée, brille l'étoile de minuit ; à l'heure où le doux sommeil alourdit la tête insouciante, le poète plongé dans ses pensées regarde l'affreux palais abandonné à l'oubli, et qui dort au milieu des brouillards ; monument désert d'un tyran.

Sur ces terribles murs, il sent l'œil sombre de *Clio, il voit vivement passer devant ses yeux la dernière* heure de Caligula; il voit décorés de rubans et d'étoiles, *enivrés de vin et de cruauté*, s'avancer les meurtriers qui ont l'insolence sur le visage et la peur dans le cœur.

L'infidèle sentinelle se tait, le pont-levis descend sans bruit, grâce à la main vénale payée par la trahison.

Honte ! horreur ! de nos jours, comme des bêtes féroces les janissaires s'y introduisent, frappent des coups non glorieux, et le bandit couronné meurt.

Écoutez la vérité, rois ! ni peines, ni récompenses, ni l'obscurité des prisons, ni même les autels, ne sont de sûrs remparts pour vous; baissez donc les premiers la tête devant la sainte Custode des lois. Alors, comme des sentinelles se placeront auprès du trône des peuples, la liberté et le repos.

Alex. Pouchkine.

A Pétersbourg, on fut de l'avis du comte de Vorontzof : on pensa que le séjour d'Odessa serait dangereux pour le poète ; mais au lieu de lui permettre de rentrer à Moscou, on l'exila dans une propriété qu'il avait dans le gouvernement de Pskoff. Là (c'est le poète lui-même qui nous l'apprend dans sa correspondance), il fut en butte à mille chagrins et mille tracasseries ; la police avait donné au père la mission de surveiller son fils. Le vieux Pouchkine lui reprochait amèrement la défaveur impériale qu'il avait attirée sur tous les siens. « Tu vas, lui disait-il sans cesse, me faire envoyer avec toi en Sibérie ; tu seras cause que ton frère verra sa carrière brisée. Tu es la honte et le désespoir de notre famille. »

Pouchkine souffrait beaucoup de ces scènes de famille, il ne pouvait se distraire avec les étrangers, car tous ses voisins de campagne le fuyaient comme un pestiféré. Le travail seul lui restait. C'est dans cette retraite qu'il a composé *Oniéguine*, une de ses œuvres les plus remarquables.

Oniéguine n'est pas simplement un héros de roman, c'est un type, et ce type, c'est le Russe se débattant dans une atmosphère froide et lourde, luttant contre l'apathie de la masse ignorante. Le

Russe portraicturé par Pouchkine est riche et de bonne maison, il a reçu une éducation soignée; mais dans ce pays où la pensée est tenue prisonnière, il ne peut donner carrière à son intelligence qui se replie sur elle-même. Il voit le vice, l'injustice et l'ignorance régner autour de lui ; il devient sceptique au bien, sa nature bonne se vicie, l'égoïsme prend le dessus, il se fait un vulgaire lovelace. C'est le type de don Juan, mais du don Juan ayant une personnalité distincte : celui-ci est Russe, bien Russe. Après avoir passé dix ans à gaspiller son cœur et sa jeunesse en galanterie mondaine, ennuyé de tout, même de sa carrière donjuanesque, blasé, plus sceptique que jamais, il va vivre dans son bien. Là, il a pour voisin un jeune homme nommé Lenskoï qui est tout l'opposé de lui, car il a un cœur bon, une nature honnête et une âme de sensitive. Ces deux contrastes, réunis par l'ennui, nous dit Pouchkine, se prennent d'amitié; ils deviennent inséparables, ils vont tous les deux en visite chez un Russe qui a deux filles : l'une, Olga, est naïve, aimante et douce, elle est gaie et rieuse; l'autre, Tatiane, romanesque et sentimentale, est triste et dolente de n'avoir pu rencontrer l'idéal de ses rêves; elle vit repliée sur elle-même, indifférente à tout ce qui se passe autour d'elle.

Olga, mignonne, blanche et rose, est blonde comme les blés, blonde comme un rayon de soleil.

Tatiane, grande, mince, est brune au teint mat et au regard brûlant.

Lenskoï devient amoureux fou d'Olga.

Oniéguine, le blasé, reste indifférent devant ces deux beautés dissemblables mais parfaites.

Cependant, Tatiane, en voyant ce don Juan, pâle, dévasté par la débauche, prend son ennui pour une douleur secrète, elle croit qu'il souffre du même mal qu'elle; le désir de rencontrer l'âme sœur, et croyant avoir enfin rencontré l'idéal rêvé, elle se met à l'adorer. Lui ne comprend pas l'amour qu'il a fait naître dans ce jeune cœur, et il reste indifférent. Tatiane, alors, dans une lettre charmante de candeur, lui avoue son amour.

Oniéguine, d'abord ému par l'aveu de cet amour pur et sincère, finit par se dire qu'il ne peut épouser une petite provinciale, mais il recule devant la séduction, et il répond à sa lettre par un froid sermon dans lequel il lui avoue qu'il ne se sent pas fait pour cette institution prosaïque qu'on nomme mariage, et qu'elle doit se guérir d'un amour sans espoir.

Tatiane lit ces lignes sensées mais glaciales, son cœur est mortellement blessé; pourtant, son illusion est si forte qu'elle aime encore celui qu'elle prend pour une âme incomprise et qui n'est qu'un égoïste blasé. Mais elle refoule son amour dans le plus profond de son cœur. Ses parents l'emmènent à Moscou pour la distraire. Peu de temps après elle se marie dans cette ville à un très grand personnage; belle et intelligente, elle devient la reine de la haute société moscovite.

Oniéguine la revoit, la provinciale est transformée en femme du monde, elle est entourée du triple prestige de la beauté, de l'esprit et d'une haute situation; les instincts du don Juan se réveillent en lui, il lui parle amour.

Pouchkine fait à son héroïne un caractère noble.

et sympathique ; elle ne se montre ni coquette ni heureuse de prendre sa revanche ; elle est femme, naturelle, franche et digne. « Oniéguine, lui dit-elle, je vous aime toujours : à quoi bon mentir ? Tout, hélas ! en moi, vous fait cet aveu. Mais je suis mariée, je me dois à l'honnête homme qui m'a épousée, je me dois à ma réputation et au monde. Ne conservez aucune coupable espérance ; Tatiane est morte pour vous. »

Oniéguine baisse la tête et s'éloigne en silence.

Dans les romans russes, l'adultère n'est pas admis ; ce pays a le divorce inscrit dans ses lois, et le divorce rend l'adultère tellement monstrueux et sans l'ombre d'une excuse, qu'on peut dire qu'il supprime ce crime.

Après son beau roman d'*Oniéguine*, Pouchkine commença à écrire la *Révolte de Pougatscheff*. Cet ouvrage est une histoire claire et concise d'une des périodes de l'histoire de Russie. Il a une grande valeur, tant au point de vue du fond qu'au point de vue de la forme. Ensuite il commence son œuvre capitale, le drame de *Boris Godourof*.

Il était confiné dans sa terre et en exil, lorsque soudain, comme un coup de foudre, éclata la révolution de 1825.

Alexandre Ier était mort. Pestel, Orloff, Rylief, Mouravief apostat, et autres grands seigneurs libéraux préparaient un soulèvement général ; ils voulaient établir une république fédérative. La conspiration avait des ramifications dans toute la Russie ; mais les conjurés n'étaient pas prêts. La mort du czar les obligea à tirer trop tôt l'épée du fourreau ; ils furent vaincus, sept d'entre eux furent pendus, les autres condamnés aux galères, dix mille personnes furent déportées en Sibérie par Nicolas.

Pouchkine était lié avec tous les chefs de cette conjuration, il partageait leurs idées. A la première nouvelle des troubles de Pétersbourg, il monta en chaise de poste pour se rendre dans cette ville, mais soit défaillance, soit triste persuasion que la partie était perdue, il rebroussa chemin au premier relai, et il rentra morne et triste dans son château de Mikhaïlovskoé. Bientôt il apprit l'issue fatale de la conspiration ; il brûla ses mémoires et toute sa correspondance avec les conjurés.

Quelques mois après, Pouchkine écrit à ses amis Joukovsky et Delviz qu'il désire se réconcilier avec le nouvel empereur. Ceux-ci adressent sa requête à Nicolas. Le poète put rentrer à Pétersbourg, mais après avoir signé les lignes suivantes :

« Je m'engage à ne faire désormais partie d'aucune société secrète, quel que soit son nom, et je certifie que je n'ai jamais appartenu ni n'appartiens à aucune société secrète et que je n'ai jamais connu leur existence. »

C'est en mai 1826 que Pouchkine signa cette déclaration ; il avait le génie des grands poètes, mais il n'avait pas la foi héroïque qui fait les martyrs.

Il avait écrit ces mots qui donnent, du reste, une juste idée du caractère de ce grand homme :

« Le poète n'est pas fait pour une vie agitée, ni pour le gain, ni pour les batailles ; il est né pour l'inspiration, pour les sons harmonieux et pour la prière. »

Pour s'étourdir, peut-être pour oublier les victimes de 1825 et ceux de ses amis souffrant en Sibérie, Pouchkine se lança à corps perdu dans tous les plaisirs de la vie mondaine; il n'arriva pas à l'oubli, mais à la satiété et même au dégoût, et il écrit les stances suivantes :

« Que j'erre le long des rues bruyantes, que j'entre dans les temples habités par la foule, que je m'assoie au milieu de jeunes fous, je me laisse aller à mes rêves.

« Je me dis : les années fuient; tous, tant que nous sommes, nous descendrons sous la voûte éternelle, et l'heure de quelqu'un de nous est déjà proche.

« Si je contemple le chêne isolé, je pense : le patriarche des forêts vivra encore après moi, comme il a survécu à mes pères.

« Si je caresse un joli enfant, je pense : adieu ! je te cède la place; c'est à moi de me faner, c'est à toi de fleurir. »

En 1831, Pouchkine se maria. Le drame réel se passa dans son ménage : en 1837, il mourait blessé à mort en duel par le baron Heckeren Dantes.

En sentant venir la mort, il leva les yeux au ciel et dit à ses amis : « Ma vie est finie ! » Il rendit le dernier soupir, et alors sa figure, assombrie depuis longtemps par les ennuis politiques, les ennuis de famille et les angoisses du cœur, reprit une grande sérénité. Voici ce que dit le grand poète Joukovsky en écrivant à Serge Pouchkine tous les détails de la mort de son fils :

« Voilà quelles furent ses dernières paroles : « Tout « est fini ! » Nous restâmes encore longtemps penchés sur lui, silencieux, sans bouger, sans oser violer les secrets de la mort, qui s'accomplissaient devant nous dans toute leur sainteté attendrissante. Lorsque tous furent sortis, je m'assis à ses côtés, et je contemplai longtemps son visage. Sa tête était un peu inclinée. Il m'est impossible de rendre l'expression de sa figure : elle m'était à la fois nouvelle et connue, ce n'était ni le sommeil ni le calme ; je n'y apercevais plus l'expression spirituelle qui autrefois lui était habituelle, ni un sentiment poétique. On y lisait le sentiment d'une pensée grave et étonnante ; cela ressemblait à une vision, à une perception entière, profonde et radieuse. En le contemplant, je voulais lui demander : « Que vois-tu, mon ami ? » Et que m'aurait-il répondu, s'il avait pu revenir à la vie ? Voilà de ces minutes que l'on peut appeler vraiment grandes ! J'ai admiré en ce moment le visage de la mort elle-même ! visage divin, mystérieux et sans voile. Quel sceau elle a gravé sur sa figure ! et comme elle a exprimé en lui, d'une manière étonnante, son mystère et le sien ! »

L'âme de Pouchkine, avant de se dégager de son corps, avait entrevu, sans doute, par les yeux de sa nature humaine, ce monde féerique, ce monde divin, ce monde charmant dans lequel la mort conduit ; il avait vu venir à sa rencontre tous ses amis déjà partis de la terre. Ils lui avaient chuchoté à l'oreille ces mots pleins d'espoir : « Viens avec nous dans ce monde aérien, où l'esprit sans entrave peut s'élancer libre dans les espaces infinis. » Et en voyant la réalité de cette vérité que son âme avait pressentie, la vie des âmes ; son esprit aura été saisi d'une joie calme, sereine, qui a rejailli sur son enveloppe humaine, et sa figure a gardé le sceau de cette douce allégresse.

Si les matérialistes sont de bonne foi, et non de simples poltrons niant l'autre vie par peur, il faut qu'ils n'aient jamais vu mourir personne.

La mort nous livre son secret à la minute suprême. Pour les uns, les méchants et les pervers, une vision terrible met soudain en leurs yeux une épouvante inouïe. Le rideau qui nous cache l'autre monde se déchire ; ils voient le châtiment qui les attend, la peur convulsionne leurs traits, affole leur regard. Pour les hommes de bien, pour les âmes pures, la vision est radieuse ; leur regard, étonné d'abord, ne tarde pas à prendre une expression de joie indéfinissable. Si la douleur et la souffrance de la maladie avaient contracté le visage, sous l'empire de cette vision les traits se détendent, la paix, le calme mettent leurs empreintes sur la figure du mort.

L'agonisant est voyant, aussi ce n'est pas autour de lui qu'il tient fixé son regard ; c'est en haut, c'est vers la patrie où il va s'envoler.

Joukovsky a bien raison de le dire, la mort nous livre son secret à ce moment suprême. Aveugles et malheureux sont ceux qui ne savent pas le voir et le comprendre.

La vie de Pouchkine a été triste et morne. Qui pourra nous dire le pourquoi de ce fait ? L'homme vulgaire est heureux, tout lui sourit, tandis que l'écrivain de génie a presque toujours une vie semée de misères et de tristesse.

La divinité voudrait-elle le punir d'avoir dérobé une étincelle divine ?

L'angoisse et la froide tristesse seraient-elles nécessaires au génie ?

Quoi qu'il en soit, peu de grands hommes ont été

heureux; tous ont connu l'horrible misère, les irritants ennuis de la vie matérielle et les déceptions du cœur.

Fortunes et bonheur insolent semblent être réservés aux esprits vulgaires, à qui cependant l'Evangile promet encore le royaume des cieux. C'est trop de chance, en vérité.

Les vrais poètes se consolent en disant avec Ovide :

> Est quædam fiere voluptas.
> (Les pleurs ont aussi leur volupté).

J'ai cherché en vain en Russie la statue de Pouchkine, et comme je témoignais mon étonnement de ne la voir nulle part, un Russe bon courtisan me dit: « Mais songez donc, il a osé déplaire au czar par ses idées libérales ! »

En Russie, généralement, les écrivains souffrent et meurent jeunes; c'est une compensation, sans doute.

Griboïédof est mort à trente-six ans, Pouchkine à trente-huit ans, Lermontof est mort à vingt-sept ans.

Le peu de temps qu'il a passé sur la terre ne l'a pas empêché de connaître l'âpre douleur de l'exil.

Lermontof, dès le début de sa carrière littéraire, connut les misères de la vie pratique, et dès sa jeunesse son esprit fut atteint de ce sombre byronisme qui plane sur tous les écrivains slaves; la mort lui apparaît proche alors qu'il a à peine vingt ans. «Il est étrange de penser, écrit-il à une amie, que ce *moi* qui cause avec vous peut se changer en rien, en un nom qui n'est lui-même que néant, et cela en une

8.

seconde ; oui, un jour viendra où je ne pourrai plus dire *je*; à cette idée le monde se change à mes yeux en amas de boue. »

Est-ce ces aspects de la nature si désolés en Russie qui donnent à l'esprit slave cette teinte sombre ? ou bien est-ce cette main de fer qui pèse sur la pensée, essayant sans cesse de l'étouffer dans sa rude poigne ?

Peut-être est-ce l'un et l'autre, mais l'éclat de rire de l'auteur russe dissimule mal le sanglot, et la joyeuse boutade est bientôt suivie d'une phrase dictée par un amer découragement. Lermontof débuta dans la carrière littéraire par une élégie à Pouchkine. Tout comme l'ode du poète qu'il chantait, cette élégie valut l'exil à son auteur, qui est mort, lui aussi, blessé en duel. Lermontof avait, paraît-il, l'humeur batailleuse; rentré en grâce et revenu à Pétersbourg, il provoqua le fils du comte de Barante, ambassadeur de France en Russie ; le grand maître de police le fit appeler et lui dit : « Sa Majesté pense qu'il sera préférable pour tout le monde que vous alliez au Caucase batailler contre les peuples insoumis, que d'essayer de tuer à Pétersbourg les fils des ambassadeurs. »

Arrivé au Caucase, Lermontof se rencontre avec Martynof, un aimable garçon qui avait la manie innocente de porter le costume circassien, avec ceinture et grand poignard, et il trouve plaisant de ne l'appeler que monsieur Dupoignard. Martynof se fâche, un duel a lieu et Lermontof est tué, à l'âge de vingt-six ans.

Il est une des poésies de ce poète qui dépeint bien l'état de son âme, on pourrait même dire l'état de l'âme russe; en voici un fragment qui a été traduit par M. C. Courrière :

« Je considère tristement notre génération ! tout est vide et fatigué ! et sous le fardeau de l'étude et du doute, elle vieillit dans l'inaction. A peine sortis du berceau, nous sommes riches des fautes de nos pères, de leur esprit tardif; et la vie nous fatigue déjà comme un chemin égal et sans but, comme un repas joyeux à une fête étrangère. — Honteusement indifférents au bien comme au mal, nous sommes abattus au commencement de notre carrière sans avoir lutté; lâchement faibles devant le danger, vils esclaves devant l'autorité, semblables à un fruit mûr avant le temps, qui ne réjouit ni notre goût ni nos yeux et qui est suspendu entre les fleurs comme un étranger délaissé — le moment de leur beauté est celui de sa chute — nous avons desséché notre esprit par une science stérile. — Cachant envieusement à nos proches et à nos amis des espérances meilleures et la noble voie sous le masque de l'incrédulité, nous effleurons à peine le bord de la coupe des plaisirs, mais nous n'avons pas ménagé nos jeunes forces. — Redoutant la satiété, nous avons extrait le meilleur suc de chaque jouissance. — Les rêves poétiques, les créations de l'art ne touchent pas notre esprit d'un doux enthousiasme ; nous dissimulons avec soin dans notre cœur un reste de sentiment enfoui par l'avarice comme un dépôt inutile. — Nous ne sacrifions rien à la haine ni à l'amour, et dans notre âme règne un froid mystérieux pendant que le feu brûle notre sang. Nous courons vers la tombe sans bonheur et sans gloire. — Nous passons, foule sombre et bientôt oubliée, sans bruit, sans laisser de traces, et sans léguer aux siècles ni une pensée féconde ni une œuvre géniale. — La postérité outragera notre poussière par des vers pleins de mépris. — Ironie amère d'un fils trompé par un père prodigue. »

Le poète a fouillé d'une main habile dans la grande âme russe et il a montré le mal dont elle souffre, le mal qui la mine dans son roman : *Le héros de notre temps*; il a fait un travail analogue en prose. Petchorine, son principal personnage, appartient à la même famille que Oniéguine et Tchatzky, c'est un sceptique aussi.

Gogol est, selon moi, l'écrivain le plus remarquable de la Russie, toutes ses œuvres sont sympathiques et elles ont un but éminemment utilitaire, celui de faire connaître les souffrances cachées de certaines classes, flétrir et signaler les vénalités de certains fonctionnaires. Ainsi le *Reviseur*, cette humoristique et charmante comédie de Gogol n'a pas seulement fait rire, elle a mis un frein à la cupidité effrontée de certains employés; il faut lire toutes les œuvres de Gogol pour bien connaître la Russie. La comédie du *Reviseur* abonde en piquantes révélations, comme vous allez en juger par l'analyse suivante :

Dans la province de *** tous les fonctionnaires pratiquent en grand la théorie des mains creuses. — Le maire a demandé à Pétersbourg un million pour faire bâtir une église, il n'a pas même bâti une chapelle, il a mis le million en poche et l'an d'après il a porté l'église *brûlée*; notez qu'il a compté les frais des pompiers pour cet incendie imaginaire d'un imaginaire monument. Il laisse la ville sale et met en poche l'argent du balayage, il vole sur une large échelle. Le directeur de l'hospice se dit que ce n'est pas la peine de nourrir des mendiants destinés à être malheureux et il les laisse mourir, disant : « Mourir, c'est ce qui peut leur arriver de plus heureux, » et il s'enrichit aux dépens de milliers de pauvres diables. Le juge vend la justice ; le maître des postes n'a qu'un petit défaut, il lit toutes les lettres.

Un jour arrive dans cette ville un jeune viveur de Pétersbourg qui est dans une telle *dèche* qu'il ne peut payer son hôtelier, il s'appelle Khlestakof. Au moment où il cherche par quel moyen il attendrira l'hôtelier et obtiendra un dîner gratis, il lui arrive une bonne fortune étonnante. On a répandu le bruit qu'un reviseur était arrivé, on croit que c'est lui, et tous les concussionnaires viennent à lui les mains pleines d'argent... Le jeune fou ne sait pas trop ce que cela veut dire, mais il prend des deux mains, il s'enhardit même et demande de l'argent à tout le monde. Tout le monde lui en donne, le maire le loge chez lui, la mairesse le dorlotte, sa fille lui fait les yeux doux. — On lui fait visiter la ville et ses monuments, il se rengorge, se prend pour un personnage important et finit par trouver tout naturel les honneurs qu'on lui rend, et plus naturel encore qu'on le couvre d'or; il raconte des gasconnades incroyables. Il a composé *Robert le Diable*. collaboré à la *Norma*, l'empereur a une amitié toute particulière pour lui, il est à tu et à toi avec tous les grands personnages. On l'écoute avec respect, on a foi en ses paroles; comment ne pas croire à ce que dit un reviseur ! un homme pouvant avec un simple rapport envoyer un fonctionnaire en Sibérie! Pendant un mois, Khlestakof est le plus heureux des hommes, le maire lui a offert sa fille en mariage, il a daigné accepter; son domestique plus sage que lui finit par lui faire comprendre qu'il doit être le jouet d'une méprise, il lui conseille de disparaître avant que la vérité soit découverte; il se décide à suivre ce bon conseil, il annonce au maire qu'il va à Pétersbourg afin de tout arranger pour son mariage. Beau-père, belle-mère et fiancée le comblent de cadeaux et d'argent pour la route, et dès que la voiture qui l'emmène a disparu au tournant de la route, le maire rassemble les marchands ses ennemis, les fonctionnaires ses rivaux, et crevant d'orgueil il leur annonce qu'il va avoir pour gendre le *reviseur*! qu'il va devenir un personnage important, qu'il sera général avant la fin de l'année. Tous jalousent son bonheur, mais ils se courbent bien bas devant ce futur personnage important. A ce moment entre le curieux maître des postes, il tient une lettre à la main : c'est une longue missive que Khlestakof avait écrite la veille à un de ses amis de Pétersbourg, il lui contait son aventure singulière, se moquait de tous ces donneurs d'argent; il finissait en priant son ami d'insérer sa lettre dans un journal; elle amusera le public, disait-il.

Selon sa peu louable habitude, le maître des postes a décacheté cette lettre et il vient apprendre au maire et à tous les fonctionnaires que Khlestakof n'était pas le reviseur. Ce n'était pas le reviseur, et on l'a gorgé d'or! Tous ces hommes sont atterrés d'abord, furieux ensuite. Le discours que Gogol met dans la bouche du maire est un petit chef-d'œuvre en son genre.

« Comment! moi, je suis un vieil imbécile! J'ai pu perdre l'esprit comme une bête! Voilà trente ans que je sers, aucun marchand, aucun fournisseur n'a pu me rouler; j'ai dupé fripon sur fripon; j'ai trompé des coquins qui étaient prêts à voler le monde entier; j'ai jeté de la poudre aux yeux à trois gouverneurs! et qu'est-ce que c'est que des gouverneurs (il fait le geste de donner de l'argent)? Et celui-ci a demandé la main de ma fille, l'imbécile! regardez-moi, regardez-moi tous, que le monde entier, que toute la chrétienté voie comment un maire a été dupé! Sot! vieux fou! tu as pris un torchon pour un personnage important! Il galope maintenant sur la route au bruit des clochettes; il racontera à tous cette histoire! Mais c'est encore peu! il se trouvera des écrivassiers, des barbouilleurs de papier pour te ridiculiser. Voilà qui est outrageant! ils n'épargneront ni mon grade, ni mes fonctions. Et tous me donneront des coups de langue et applaudiront. Pourquoi riez-vous? moquez-vous de vous-mêmes! (Il trépigne.) Si je les tenais! oh! maudits libéraux! graines du diable! je vous mettrais un mors, je vous brosserais tous tant que vous êtes. Je ne puis retrouver mes esprits, lorsque Dieu veut punir quelqu'un il lui ôte l'intelligence. Ce fat avait-il l'air d'un reviseur? Certes non! et tout à coup tous se mettent à crier : C'est le reviseur! Quel est celui de nous qui le premier a répandu cette nouvelle? Répondez?

Tous se vantent d'avoir eu un vague pressentiment que ce Khlestakof n'était qu'un intrigant, chacun accuse son voisin d'avoir donné la fausse nouvelle; un gendarme ouvre la porte, il annonce l'arrivée du vrai reviseur, coup de théâtre ! Il faut encore aller se remplir les mains et les poches d'or.

Cette comédie a fait bien des ennemis à Gogol, toutes les consciences troublées ont pensé qu'il avait voulu les désigner à la vindicte publique, mais elle a fait du bien en ceci : pour les concussionnaires, cette comédie est devenue l'épée de Damoclès.

Gogol appartenait à une famille noble, mais peu fortunée; il connut ces soucis irritants et bêtes, triste partage de celui qui doit gagner le pain de chaque jour ; longtemps, il vécut d'une petite place au ministère des apanages, il put approfondir cette misère d'autant plus poignante qu'elle doit être dissimulée; il se lia avec de petits employés, des artistes, et dans des œuvres d'un réalisme saisissant, il a dépeint la vie de ces parias en gants blancs.

Il nous montre des employés intelligents, honnêtes et bons qui souffrent, qui se débattent avec des efforts héroïques contre la froide misère et qui sont broyés par elle. Baschmatchkine est un scribe qui n'a qu'une ambition, économiser assez d'argent pour pouvoir posséder une pelisse qui le protège contre le froid, il ne mange pas à sa faim pour arriver à ce but, et lorsque, après des années de privations incroyables, il est arrivé à pouvoir acheter cette si enviée pelisse, on la lui vole, il devient presque fou de désespoir.

Il y a dans cette nouvelle intitulée : le *Manteau*, des détails comiques qui font rire aux larmes, et il y a des pages qui font pleurer.

On est initié par Gogol à la triste vie de ces employés modestes, mais utiles, qui sont des travailleurs infatigables, et qui sont voués à un labeur ingrat et abrutissant, qui leur est si peu payé qu'ils ont juste de quoi être couverts de vieilles loques, et ne pas tout à fait mourir de faim, tandis que les hauts fonctionnaires ne font rien, mais en revanche sont payés fort cher.

Si un autocrate au cœur humain lisait les contes de Gogol, il ferait un sort plus supportable à tous ces pauvres employés. Mais les czars ne lisent pas, et les ministres ont intérêt à donner peu aux utiles, afin que les inutiles puissent vivre dans le luxe.

Dans les *Mémoires d'un fou*, il nous présente un petit employé qui devient amoureux de la fille d'un haut fonctionnaire : la conscience de son néant lui donne un tel désespoir que le malheureux amoureux devient fou, il se croit le roi d'Espagne et il veut offrir sa couronne à la belle jeune fille.

Les auteurs français s'efforcent de créer des sentiments de convention, ils dépeignent des héros plus beaux que nature, ils font de l'amour quelque chose de sublime et de surhumain. Les auteurs russes s'efforcent de copier la nature physique et morale et ils nous présentent des héros qui sont des types réels; je l'avoue, je préfère cette tendance à celle de nos auteurs français.

Dans les *Ames mortes*, Gogol écrit encore dans un but utile et non dans le seul but de faire des phrases; ici, comme dans sa comédie du *Reviseur*, il flétrit certains vices, et avec un *humour* qui jamais ne se lasse il nous montre le côté comique des hommes et des choses.

Avant l'émancipation, la fortune des nobles s'évaluait d'après le nombre des serfs mâles, comme pour bien prouver que le seigneur avait tous droits sur son

9

esclave, droits sur son être physique et même sur son être intellectuel ; on ne disait pas : Je possède tant de serfs... mais je possède tant d'âmes ; le recrutement se faisait en prenant tant de recrues par mille âmes ; le recensement servant de base à cette opération se faisant rarement, souvent un propriétaire payait l'impôt pour des serfs morts, pour des âmes qui s'étaient dérobées à leur maître.

Le héros du roman des *Ames mortes* est un fonctionnaire qui a été destitué pour avoir volé ; il est ambitieux, il veut faire une grande fortune par n'importe quel moyen, et voici à quel genre de spéculation il se livre : il parcourt les provinces et il achète toutes les âmes mortes aux propriétaires, et cela à vil prix : Qu'en fera-t-il ? A quoi lui serviront ces valeurs fictives ? A aller à Moscou emprunter de fortes sommes sur la propriété du millier d'âmes dont il sera censé possesseur.

Gogol profite de ce sujet pour faire défiler devant les yeux de ses lecteurs les types les plus grotesques et les plus démoralisés des seigneurs campagnards, il en fait la portraiture avec une verve, une finesse et un savoir-faire étonnants, il tient tout à la fois de Molière et de Balzac et de temps en temps on retrouve en lui un peu de la bonhomie gauloise de Paul de Kock.

Dans les *Soirées de la ferme*, Gogol raconte les légendes de la Petite-Russie ; il était Petit-Russien ; on sent en lisant ces contes qu'il adorait son pays, car il le dépeint avec une plume émue autant que poétique, il nous initie à la vie des paysans en homme qui connaît bien son sujet.

Dans cette partie de son œuvre, Gogol s'est

montré un grand poète. Voyez quelle charmante description il fait d'une nuit de l'Ukraine :

« Connaissez-vous les nuits de l'Ukraine ? Non, vous ne les connaissez pas ! Voyez ! la lune regarde au milieu du ciel ; la voûte céleste, infinie, s'étend, s'élargit et devient encore plus infinie ; elle brûle et aspire ; toute la terre brille d'un éclat argentin ; l'air est merveilleux, frais et étouffant à la fois, plein de douceur ; c'est un océan de parfums. Nuit divine ! nuit enchanteresse ! Les forêts pleines de ténèbres sont immobiles et projettent leurs ombres immenses ; les étangs sont calmes ; le froid et l'obscurité de leurs eaux sont tristement enfermés dans des murailles d'un vert sombre. Les buissons, encore vierges de puliers et de merisiers, étendent timidement leurs racines dans la terre froide, et de temps en temps agitent leurs feuilles, comme s'ils étaient furieux et indignés de ce que le zéphir, le doux vent de la nuit, se glisse soudain vers eux et les couvre de baisers. Tout le paysage dort. Là-haut tout respire, tout est beau, solennel. L'immensité et le merveilleux saisissent l'âme ; et des foules de visions argentines sortent avec harmonie de ses profondeurs. »

Dans son beau poëme de *Tarass Boulba*, il décrit ainsi les steppes de l'Ukraine :

« Plus ils s'avançaient et plus le steppe devenait beau. A cette époque tout le sud, tout cet espace qu'on nomme maintenant Nouvelle-Russie, jusqu'à la mer Noire, ne formait qu'une solitude vierge et verdoyante, jamais la charrue n'avait creusé de sillon à travers les vagues immenses des plantes sauvages : les chevaux seuls disparaissaient au milieu d'eux comme dans une forêt, les foulaient aux pieds, rien dans la nature ne pouvait être plus beau; la terre à la surface ressemblait à un océan vert-doré, d'où jaillissaient des millions de fleurs différentes. A travers les tiges fines et hautes des herbes se glissaient des clochettes vertes, bleues et violettes; le genêt jaune montrait son sommet pyramidal; le trèfle blanc, avec sa tête en forme de parasol, brillait sur la surface; un épi de blé, venu Dieu sait d'où, grandissait au milieu d'une touffe. Les perdrix fouillaient ce labyrinthe en allongeant le cou. L'atmosphère était remplie de mille sifflements d'oiseaux divers. Les vautours se tenaient immobiles dans l'air, en déployant leurs ailes, et fixaient leurs yeux sur l'herbe. Les cris poussés par un troupeau d'oies sauvages qui disparaissaient à l'horizon résonnaient dans un lac lointain. La mouette s'élevait lentement au-dessus de l'herbe, et se baignait voluptueusement dans les flots azurés de l'air, puis elle disparaissait et ressemblait à un petit point noir. Voyez! elle a donné un coup d'ailes et reluit sous l'éclat du soleil! Que le diable vous emporte, steppes, tellement vous êtes beaux! »

Voici comment il décrit le steppe au déclin du jour :

« Le soir, le steppe entier se transforme; toute sa brillante étendue, reflétant les derniers rayons du soleil, prend une teinte de plus en plus sombre; on voit l'ombre s'allonger et devenir d'un vert foncé, les vapeurs s'élèvent de plus en plus épaisses; chaque petite fleur, chaque brin d'herbe exhale une odeur d'ambre, et le steppe entier est parfumé. Sur le ciel d'un bleu sombre, un pinceau gigantesque semble projeter de larges bandes d'un vert rosé, des nuages transparents et légers apparaissent par endroits avec une teinte blanchâtre, et un petit vent frais, séduisant, comme les vagues de la mer, balance à peine les tiges des herbes et frôle leur tête.

« Toute l'harmonie qui résonnait pendant le jour a cessé ; mais elle est remplacée par une autre. Les brillantes belettes sortent en rampant de leurs trous, s'arrêtent sur leurs pattes de derrière et font entendre leurs sifflements dans le steppe. Le chant des grillons devient plus fort, de temps en temps on entend d'un lac éloigné le cri du cygne dont l'écho argentin traverse l'air.

« Les Cosaques, après avoir soupé, se couchent et laissent errer dans l'herbe leurs chevaux. Les étoiles de la nuit les regardent, ils entendent tout ce monde infini d'insectes qui remplissent l'herbe, et dont les cris et les sifflements retentissent dans la nuit, et bercent le sommeil de ces fiers et sauvages fils de la nature ; quelquefois le ciel en de certains endroits se colorait des reflets ardents de joncs secs brûlés dans la prairie, et une troupe de cygnes, volant vers le nord, prenait soudain une teinte d'un rose argenté, il semblait que des mouchoirs rouges volaient dans les ténèbres. »

On le voit, Gogol est poète, il est peintre, il est coloriste ; dans ses autres œuvres il s'est montré philosophe, son talent est réel ; dans tous les genres, il a atteint un rare degré de perfection. Les Français qui insinuent que la littérature russe n'est qu'une chimère devraient lire au moins Pouchkine et Gogol, et alors ils s'apercevraient qu'il est parfois imprudent de parler de ce qu'on ignore.

Comme écrivains politiques la Russie a eu aussi des hommes de grande valeur. Conrad Ryléïéf, d'une famille noble, entra à l'école des pages, de là il passa dans l'armée, mais la carrière militaire plaisant peu à sa nature indépendante et à son esprit chercheur, il donna sa démission, et il fut nommé secrétaire du tribunal criminel de Pétersbourg, bonne place pour étudier les tristes résultats de l'autocratie... Il refusa de recevoir aucun traitement, bientôt il prit la plume, et en collaboration avec Bestoujef, il publia un almanach intitulé : l'Étoile polaire (*Sévernaïa Zvesda*).

Ryléïéf avait un grand cœur, un esprit libéral et le courage héroïque qui fait les martyrs, il commença à écrire des poésies libérales; dans *Nalivaïk* il a prévu sa destinée. « Le peuple, a-t-il dit, gémit en vain dans les fers ; il n'exprime que des plaintes inutiles. O mon père ! la haine qui soulève la poitrine des Polonais est entrée dans mon cœur et mon œil est devenu rêveur, morne et sauvage. Mon âme languit dans la solitude qui l'oppresse. Nuit et jour une seule pensée me poursuit comme une ombre. Elle m'agite et dans le repos du champ paternel et dans la bruyante caravane, et dans la chaleur de la mêlée, et pendant les prières aux pieds des saints autels :

« Il est temps » murmure incessamment une voix secrète, « il est temps d'immoler tous les tyrans de l'Ukraine. »

« Je ne l'ignore pas, un abîme s'ouvre devant le premier qui s'élève contre les oppresseurs d'une nation. Le destin m'a choisi, mais dites-moi, dans quel pays, dans quel siècle, l'indépendance reconquise n'a-t-elle pas voulu des victimes? Je mourrai pour le pays qui m'a vu naître ! Je le sais, je le sens et c'est avec délices, ô mon père ! que je bénis le sort qui m'est réservé. »

Ryléïéf avait vu juste, il entra dans la conspiration de 1825 avec Bestoujef et plusieurs autres écrivains de valeur, tels que Pestel, Rumine, Michel Orlof, le prince Obolensky, Mouravief-Apostol et le prince Serge Troubeskoï : la conjuration ayant échoué, Nicolas condamna Ryléïéf, Pestel, Kakofski, Mouravief et Rumine à la mort par la strangulation, ils ont été exécutés sur l'esplanade qui se trouve derrière la forteresse de Pétersbourg.

Bestoujef condamné à mort, lui aussi, eut sa peine commuée en celle des travaux forcés à perpétuité.

Le prince Troubeskoï fut envoyé en Sibérie, sa femme, admirable de dévouement, l'a suivi, elle a passé vingt ans avec lui dans cet enfer de glace qui est devenu la prison politique des autocrates.

Polivoï fut un homme d'une grande valeur, il fut le fils de sa pensée, cette pensée forte et puissante créa son génie ; sans études il arriva à être un écrivain remarquable, son intuition l'a guidé avec une sûreté étonnante, et lui, l'homme presque ignorant, il a créé en Russie un genre inconnu jusque-là, la critique dans le sens esthétique : il fonda un organe devenu célèbre grâce à son réel talent, sa revue s'appelait : le *Télégraphe de Moscou.*

Polivoï, tout en faisant de la critique d'art et de littérature, agitait adroitement tous les problèmes sociaux, mais il mettait tant de tact et d'adresse dans la manière dont il émettait ses idées libérales, que le pouvoir resta dix ans sans sévir contre lui ; mais un jour le *Télégraphe de Moscou* fut supprimé et pour échapper à l'exil Polivoï dut signer l'engagement de renoncer à écrire sur la politique et sur les questions sociales.

Ruiné par la suppression de son journal, il voulut travailler pour le théâtre, mais il réussit peu dans ce genre et il a fini sa vie misérablement.

Un autre écrivain politique a eu une fin plus douloureuse encore, je veux parler de Tchedaëff. Un jour, ce jeune auteur osa, dans une revue intitulée le *Télescope*, décrire, dans un style concis, ému et austère, les souffrances de cet être innommé qui, placé entre la brute et l'homme, s'efforce d'arriver jusqu'à l'homme (le serf). Il demanda pourquoi, à cet être humain après tout, on faisait le chemin si âpre, et pourquoi, alors qu'il avait parcouru la route, il ne trouvait plus qu'une atmosphère pétrifiée. Il insinuait que la Russie n'avait point existé encore humainement parlant, qu'elle était livrée à une servitude extrême et à une ignorance incroyable, qu'elle n'avait intellectuellement ni passé ni présent, et que si on n'y prenait garde elle n'aurait pas d'avenir.

Le czar ordonna que Tchedaëff fût séquestré à vie dans l'asile d'aliénés d'Aboukof.

Cet écrivain est mort de désespoir dans un cabanon de fou ! Le rédacteur en chef du *Télescope* fut exilé à Ouste-Syllosk, son journal supprimé et le censeur coupable d'avoir laissé imprimer l'article fut destitué.

Il faut convenir que la Russie est un pays peu agréable pour les écrivains, ou pour parler plus exactement, l'autocratie peut se vanter de rendre la vie dure aux penseurs. Notez qu'elle se croit très clémente alors qu'elle ne supprime pas la vie !

Dans aucun pays les martyrs de la pensée ne sont aussi nombreux qu'en Russie.

L'autocrate pose sur la pensée son talon de fer, et pourtant elle est si forte et si vaillante qu'elle combat encore, cette pensée slave !

Koltsof a été un chansonnier populaire de talent; la note triste domine chez lui, il a vécu avec le peuple, il a vu ses souffrances, et sa muse, au lieu de chanter de gais refrains, comme l'a fait le grand chansonnier français, a fait entendre de plaintives élégies.

Quoique la littérature russe soit bien jeune encore, elle a passé déjà par la lutte du romantisme et du classicisme; d'abord aristocratique, elle est devenue plébéienne, aujourd'hui une des écoles russes s'intitule la littérature de moujick. Et pourtant la plume, en Russie, est tenue presque exclusivement par des grands seigneurs, mais possédant la vraie noblesse, celle des sentiments. Au lieu de mépriser le peuple, ils veulent s'efforcer de l'élever à eux par l'instruction, ils se font un devoir, eux les élus du génie, d'étudier les souffrances populaires et de réclamer pour le peuple un sort plus heureux.

Les auteurs russes ont étudié avec ardeur la philosophie allemande ; il y avait à Moscou un cercle intitulé le cercle des *Schellingistes* : ses principaux membres, Odoïevsky, Kirief, Androsof et Vénévitinof, ont fait de grands efforts pour propager les théories des philosophes et des socialistes allemands. Les théories éclectiques de Cousin ont eu peu de succès en Russie, celles d'Hégel, au contraire, ont passionné la grande majorité des écrivains slaves.

Les théories de Schelling sur le progrès individuel des peuples tant au point de vue social, politique, que littéraire ont inspiré aux Schellingistes de 1815 à 1840 la pensée de refaire l'histoire de leur pays en traitant ce sujet d'après les idées de Schelling, et ils ont songé aussi à s'occuper de l'avenir de leur patrie.

Deux camps se formèrent, deux écoles distinctes et ennemies s'établirent; les sectaires de l'une prirent le nom d'Occidentaux, ceux-ci assuraient qu'il fallait suivre la voie tracée par Pierre Ier et s'approprier les idées et la civilisation de l'Europe. Les autres prirent le nom de *slavophiles;* Pogodine et Schévyref dirigeaient cette école qui assurait que l'Europe tombait en pourriture. Faust, un personnage des *Nuits russes* du prince Odoïevsky, s'écriait : L'Europe est à son agonie, nous autres Slaves nous allons célébrer les obsèques de la défunte et rénover la civilisation dans le monde.

Biélinsky, un des principaux chefs des Occidentaux, répondait : Que si l'Europe était malade, ce n'était que d'une surabondance de forces vitales, et que la maladie ne provenait que de la lutte acharnée que se livraient le vieux et le nouveau; l'effort fait pour rompre les bases sociales du moyen âge et les remplacer par des nouvelles plus intelligentes et plus équitables.

Ce n'est pas la première fois que l'Europe est malade, s'écriait Biélinsky, elle l'était à la fin des croisades, elle l'était pendant la Réforme, cependant elle n'est pas morte. En marchant dans la voie de **notre développement, nous autres Russes, nous avons** la faiblesse de mesurer à notre aune les manifestations de l'histoire de l'Occident. Et l'Europe nous apparaît parfois comme une maison de fous, et tantôt comme en proie à une maladie incurable, nous crions : « Occident! Orient! la race teutonne! la race slave, et nous oublions que sous ce mot se cache l'humanité. »

Aujourd'hui encore, les deux écoles sont en lutte ; c'est à Moscou qu'habitent les slavophiles. Axakof est à leur tête, il tient avec un grand talent le drapeau des ennemis des Occidentaux ; je serais curieuse de savoir si les slavophiles continuent à trouver l'Europe si malade et la Russie si saine et si capable de jouer le grand rôle de rénovatrice ?

Il me semble que la pourriture ronge en ce moment la race slave d'une façon effrayante. Qu'en pense M. Axakoff?

Le comte Sollohoub est aussi un slavophile ; dans *Tarantass*, un de ses romans, il met en présence un Russe, Vassili, élevé par les vieux croyants dans la haine des idées nouvelles, et un jeune Russe, Ivan, élevé dans les idées françaises, que Sollohoub dépeint comme étant frivoles et démoralisées. Vassili en chaise de poste convertit Ivan, qui revient dans sa patrie où il doit recommencer son éducation pour arriver à devenir un homme utile et intelligent.

Ceci donne la note exacte des prétentions des slavophiles !

Tourguénief, un homme d'un grand talent et celui des auteurs russes le plus connu en France, est devenu le chef de l'école naturelle, qu'on pourrait plus justement appeler l'école humanitaire. Sa célébrité a commencé après l'apparition de son livre :

Mémoires d'un chasseur, dans lequel il a flétri énergiquement le servage et prouvé que le moujick avait une âme capable de souffrir, d'aimer et de haïr, une âme capable de grandes et belles choses.

Celui qui veut bien connaître la vie russe doit lire Tourguénief. *Ermolaï*, cette protestation vivante contre le servage, est un type saisissant de vérité.

On trouve des pages d'une tristesse navrante dans les récits de cet auteur qui nous montre le stoïcisme, l'énergie à souffrir et à lutter de ce pauvre moujick, qui, lorsque la fin du martyre arrive pour lui, se couche sur son poêle d'argile calme et résigné, attend la mort sans répondre aux questions qu'on lui adresse, ne se retournant que pour demander un verre de *kvass*, il boit, dit : Enfin ! et il rend le dernier soupir.

Dostoïevsky a suivi avec un grand talent l'école naturelle, il choisit ses personnages dans la classe populaire, ou dans la classe si malheureuse des petits employés. Il a fait une œuvre d'un grand mérite, elle peint toute une classe, toute une partie du peuple russe ; ce livre est intitulé *les Pauvres Gens* ; comme Gogol, il peint parfois le côté comique, il montre les ridicules de ses héros, mais le sanglot est toujours près de l'éclat de rire ; c'est vrai et navrant de réalisme. Je ne puis résister au désir de citer deux fragments des *Pauvres Gens*. Voici d'abord un petit employé, ses bottes sont éculées, son habit est déchiré aux coudes, il a honte de se présenter ainsi au ministère, mais il le faut bien. Acheter des bottes et un habit neuf, comment pourrait-il faire ? il a des dettes et ne mange pas à sa faim.

Un jour il a commis une erreur, il a sauté toute

une ligne dans une copie ; le chef de division le fait appeler, il doit s'excuser sous peine de perdre sa place... son pain... Écoutez le récit fait par lui de cette visite à une de ses amies :

« Je voulais ouvrir la bouche pour dire quelque chose et demander pardon, mais cela me fut impossible. M'enfuir, je ne l'osais pas ; c'est alors, ma chère amie, qu'il m'arriva une drôle d'aventure, et quand j'y pense je puis à peine tenir ma plume tellement je suis honteux. Mon bouton, que le diable l'emporte, mon bouton qui ne tenait plus qu'à un fil, s'arracha tout à coup, sauta, roula avec bruit, et alla s'arrêter aux pieds de son Excellence, et cela au milieu d'un silence général. C'était toute ma justification, mon excuse, tout ce que je voulais dire à son Excellence. Les conséquences furent terribles, son Excellence fixa aussitôt son regard sur ma figure, considéra mon costume. Je voulus rattraper mon bouton, mais j'avais perdu la tête, je voulais le saisir, mais il roulait, roulait de sorte que cela me fut impossible, je fus d'une maladresse exemplaire, je sentis que mes forces m'abandonnaient, que ma réputation, mon avenir, tout était perdu, enfin je rattrape mon bouton, et en imbécile au lieu de rester tranquille et de mettre les mains sur la couture de mon pantalon, je me mis à rajuster le bouton au fil arraché comme s'il pouvait tenir. Ce qu'il y a de plus drôle, c'est que je souriais, mon malheur m'avait fait perdre la tête. »

Dans un autre passage Dostoïevsky dépeint l'enterrement d'un pauvre étudiant mort poitrinaire. Le père a une femme méchante qui lui rend la vie si dure qu'il se grise pour noyer son âpre chagrin, il n'avait qu'une consolation, son fils, qu'un espoir, son fils, et la mort le lui enlève, le pauvre vieillard fou de douleur l'accompagne à sa dernière demeure. Voyez quel tableau poignant fait l'auteur slave :

« Le corbillard partit au galop. Le vieillard trottait derrière et pleurait tout haut, ses sanglots tremblaient, car la respiration lui manquait. Le pauvre homme perdit son chapeau, et ne s'arrêta pas pour le ramasser, sa tête était mouillée par la pluie, la bise glaciale lui fendait le visage, il ne sentait rien, que sa douleur ; tout en versant des larmes, il courait tantôt d'un côté de la voiture, tantôt de l'autre. Les pans de son vieil habit se déployaient au vent comme des ailes. Dans toutes ses poches se balançaient des livres, ceux de son fils ; il tenait à la main un énorme bouquin, les passants se découvraient et faisaient le signe de la croix. D'autres s'arrêtaient et regardaient avec pitié ce pauvre vieillard. Les livres tombaient à tout moment de ses poches dans la boue. On l'arrêtait, on lui montrait ce qu'il perdait, il les ramassait et courait aussi vite que ses vieilles jambes le lui permettaient pour rattraper le corbillard. Pauvre père ! pauvre paria du bonheur ! »

Tous les tableaux peints pas Dostoïevsky sont faits avec le même talent réaliste, son œuvre est un miroir où se reflètent les douleurs poignantes des victimes de la misère et des victimes du despotisme.

J'ai parlé du fabuliste Kriloff, un de mes amis russes vient de me traduire une de ses fables, je m'empresse de vous la donner :

LA REDINGOTE DE TRICHKA.

Trichka avait sa redingote déchirée aux coudes.

On se moquait de lui, alors il réfléchit.

Ensuite il prit l'aiguille, il raccourcit d'un quart les manches.

Et il rapiéça soigneusement les coudes.

Voilà le mal réparé, se dit-il.

Oui, mais les manches étaient d'un quart trop courtes.

Et tout le monde se moquait de Trichka.

Oh! se dit-il, je ne serai donc pas un imbécile!

Je vais réparer ce nouveau malheur.

Je vais me faire des manches plus longues qu'autrefois.

Oh! bonhomme Trichka! nullement bête!

Il coupa les pans de sa redingote, allongea les manches.

Et il redevint tout joyeux et tout fier.

Mais le monde riait plus que jamais.

Sa redingote était si courte que sa chemise la dépassait [1].

---

[1]. Le peuple russe met la chemise au-dessus du pantalon.

MORALE.

Il est des hommes qui ayant embrouillé leurs affaires, les réparent de la même façon, et ils paradent en redingote à la Trichka.

Portrait du fabuliste Kriloff, dessin fait d'après le buste de cet auteur.

L'art littéraire est l'art qui permet le mieux à la femme de donner carrière aux qualités d'esprit dont elle est douée ; c'est un art féminin, n'en déplaise à certains écrivains moroses, qui fulminent contre les femmes auteurs, en insinuant que la femme perd les vertus et les grâces de son sexe, dès qu'elle ose prendre la plume et donner un libre essor à son imagination. A toute époque, et en tout pays, il est des femmes qui ont su arriver à la célébrité par leurs œuvres littéraires ; en Russie, plusieurs femmes se sont acquis une place honorable parmi les écrivains de talent ; la comtesse Rostopchine a cultivé avec un égal succès la satire, la poésie et le roman, mais elle excellait surtout dans la satire fine, la raillerie de bon goût. Elle était née Souchkoff et elle était la belle-fille de ce grand patriote qui a mis le feu à Moscou, pour empêcher la ville sainte d'être souillée par les soldats de Napoléon Ier. Ce comte Rostopchine était un homme de cœur et un homme d'un grand esprit ; son livre intitulé : *Mes Mémoires*, le prouve. Voici comment il y a résumé sa vie : « Ma vie a été un mélodrame à grand spectacle, j'ai joué les héros, les tyrans, les amoureux, les pères nobles, — les valets jamais. »

S'il avait une haine profonde pour les Français arrivant en conquérants dans sa patrie, il les aimait chez eux, car il a passé plusieurs années à Paris, où son esprit original, sa verve toute française et ses qualités de cœur et de caractère lui ont fait de nombreux amis.

La comtesse Rostopchine, ayant l'esprit libéral et l'humeur caustique, devait s'attirer la disgrâce de la cour; cependant le czar n'a pas été très sévère envers elle, il s'est contenté de l'exiler à Moscou. Là, dans un milieu rétrograde, entourée de vieux croyants, elle s'est mise en guerre ouverte avec eux, mais elle en voulait surtout au comte Zakrevski, qui étant ministre de l'intérieur avait été cause de son exil, et qui, nommé ensuite gouverneur de Moscou, s'était permis de lui faire des remontrances sur ses tendances libérales et sur ses mœurs un peu excentriques. Voici la traduction d'une des nombreuses poésies qu'elle a écrites contre ce puissant, mais désagréable personnage :

— « Zakrevski, tu n'es ni jeune, ni sot, ni sans cœur. Pourquoi donc la ville est-elle remplie de rumeurs et de tumulte ? pourquoi joues-tu le rôle d'un pacha turc ? pourquoi déclarer Moscou en état de siège? Tu pouvais aisément gouverner d'après l'ancienne coutume, sans perdre ton temps à un travail absurde ? Nous sommes gens paisibles, nous n'élevons point de barricades et pourrissons en sujets fidèles dans nos marais. Pourquoi donc te donner tant de mal ? Pourquoi tout ce bruit et cet étrange emploi de la force? Quelle loi veux-tu instituer ? Quel sera le nouvel ordre de choses? Peut-être, dans ton ambition folle, t'imagines-tu extirper le vol, détruire l'exaction? Vain espoir, ce zèle ardent se refroidira et viendra se briser comme l'acier fragile; car c'est la moelle de nos os, c'est le sang de nos pauvres veines ! nous l'avons sucé avec le lait de nos mères. »

On le voit, en Russie les âmes d'élite avouent combien est grand le mal qui ronge le peuple, et dans tous leurs écrits elles le déplorent, ce qui prouve que la maladie n'est point mortelle puisqu'il y a encore des âmes saines et vaillantes.

Ceci prouve aussi que pour bien connaître cet empire il faut lire sa littérature, le naturalisme étant l'école la plus nombreuse. Les auteurs russes, tout comme Lucilius et Juvénal, aux vices et aux ridicules de leurs compatriotes, présentent le miroir. Nous n'avons qu'à regarder dans la glace pour connaître la Russie morale.

Voici une poésie que la comtesse Rostopchine a dirigée encore contre ce pauvre comte Zakrevski, elle a été mise en vers français par M. de Kulture, homme éminent qui a occupé une haute situation en Russie, et qui a pu étudier *de visu* le grand monde russe.

Cette pièce de vers est intitulée : *Le Magasin de prévoyance*, elle brille, comme on va le voir, par la fine et spirituelle raillerie :

Voulant à tout jamais préserver notre empire
Des fléaux que sur nous attire
La disette, ce fruit des astres inclémen̄ts
Qui font les froids hivers et les étés brûlants,
Mandons à tous sujets, fidèles à leur prince,
D'ériger en chaque province
Un grand magasin général,
Où tout prévoyant animal
Soit tenu, dès ce jour, de déposer la dîme
De tous ses biens, butin, dépouille opime :
Ainsi le veut l'amour ardent
Que je porte à mon peuple ; aux délinquants ma dent.
Et plus bas est écrit : « De notre antre royal,
Tel an, tel mois, tel jour ; nous Lion. » Ce message
Fut dépêché, selon l'usage,
Dans tout le royaume animal.
Chaque chef de tribu le reçut, jusqu'à l'Âne.

Quoi! l'âne un chef! mais oui, cela s'est vu,
　　　Et celui-là, bien qu'il ne fût pourvu
　　　　　Ni de griffes, ni de courage,
　　Qui sont, comme on le sait, l'exclusif apanage
　　　　　　Des animaux de qualité,
　　　　　　Bien qu'il fût un âne bâté,
　Grâce à des protecteurs (quel est le pauvre hère
　　Qui n'en a quelques-uns?) se trouva dignitaire;
　　　　　On le créa satrape, tout autant.
Mons satrape d'agir mais avec ce talent
　　　　　Dont sa race est si bien lotie!
Mot pour mot du rescrit il fit dresser copie,
　　　　　　Puis il la collationna,
　　　　Et la signa, (car il savait écrire):
« Moi l'âne » avec parafe; et puis il la donna
A ses agents, et tout alla comme de cire.
Il est au fond d'un bois un ravin ténébreux,
　　　　　Un précipice, un vrai repaire,
Où la ronce a tressé ses remparts épineux;
Le lieu semble propice, on y construit une aire,
De madriers épais on entoure l'endroit;
Nestor de la forêt, un chêne au lieu d'un toit,
　　　　　De sa ramure séculaire
　　　　　Abrite le commun trésor.
Le magasin construit, ce n'est pas tout encor;
Il lui faut des gardiens; soudain du voisinage
On mande des souris — sans doute sur l'adage
Qu'il faut, parmi les maux, les moindres préférer.
La taupe eut le contrôle, à charge d'insérer
Dans un registre ad hoc les dîmes déposées:
Reçu du sire loup la peau de deux moutons:
Item, du sieur renard emboursé deux chapons
Sauf une aile: ajoutez deux livres bien pesées
De fin duvet d'oison. — Du seigneur sanglier,
Item trois bois de cerf, dont un garni d'oreilles.
　　　Messire loup fit des merveilles
D'esprit et de bon goût; une tête, un soulier
De quelque bûcheron, relique misérable,
Composèrent son lot. Mais de quel rire aimable
Il disait, se curant les dents d'un air malin:

« Ma foi, c'est tout ce qui me reste du vilain. »
Enfin le magasin fut rempli jusqu'au faîte.
Grâce à ce noble zèle, à ce concours ardent,
Sa Majesté daigna se montrer satisfaite
Pour le bien du public d'abord, puis il lui plut
De conférer à l'âne un brillant témoignage
De sa haute faveur, le satrape reçut,
Prélevé sur les prés du royal pâturage,
    Un majorat, un apanage,
Digne d'un vice-roi. Le renard et le loup,
L'ours et le sanglier obtinrent après coup
Des brevets de barons. La stridente cigale
Eut l'ordre de chanter jusqu'au poste éloigné
    Cette fortune sans égale;
    C'était l'organe désigné
Pour prôner en tout lieu la volonté royale,
Avant qu'on ne connût « l'Abeille boréale [1]. »
    De ce moment le peuple fut heureux.
Combien de temps ? Je ne sais. J'ai ouï dire
Qu'un implacable hiver, au bout d'un an ou deux,
Du monarque lion vint congeler l'empire,
    Et bientôt la faim de sévir.
Mais au même moment où la gent animale
Subissait en mourant son atteinte fatale,
La taupe et la souris engraissaient à ravir.
Un jour, l'horreur en vint à ce point, qu'on trouvât
Dans un coin de ces prés, orgueilleux majorat,
Le squelette de l'âne ; — et l'on se dit sous cape
Que l'ours n'avait pas craint de manger du satrape.

    Les magasins de prévoyance
    Sont toujours œuvre de prudence;
    Mais dirigé par un sot animal
Le plus grand bien se change en plus grand mal.

C'est le comte Zakrevski que Mme Rostopchine a désigné sous les traits de l'âne; cet homme

1. Allusion à l'*Abeille du Nord*, journal gouvernemental.

politique russe est un de ceux qui sont restés d'une intégrité parfaite, juste même dans sa haine ; cette dame a attaqué sa bêtise, mais l'a montré victime des grugeurs.

Mmes de Panaëf et Pauloff ont brillamment continué la satire féminine, leurs écrits ont de la valeur ; s'ils n'ont pas l'âpreté parfois brutale des œuvres de critique dues à des plumes masculines, ils se distinguent par une raillerie qui sait rester dans les limites du bon goût. Les hommes donnent des coups de massue, les femmes donnent des coups d'épingle. Je ne puis, malgré mon désir, m'étendre longuement sur les ouvrages de tous les auteurs russes, pourtant je ne veux pas finir cet aperçu sur la littérature slave, sans dire quelques mots des principaux écrivains vivants.

Le comte A. Tostoï, dans le roman historique, s'est conquis la première place dans la littérature slave, il est vrai que les études sociales ont beaucoup plus tenté l'esprit slave que les études historiques.

Le grand roman du prince A. Tostoï : *La Guerre et la Paix*, est une œuvre d'une incontestable valeur ; le cadre est immense, il est peint de main de maître, les personnages sont nombreux et tous sont portraiturés avec un rare talent. Dans la première partie : *La Guerre*, Alexis Tostoï nous introduit dans les salons russes, il nous montre l'aristocratie telle qu'elle est, avec ses vices, mais aussi avec ses qualités, et ce charme qu'elle possède à un si haut degré; ensuite il nous promène dans la campagne des environs de Moscou, puis dans les camps; le style est clair, net, l'idée se détache lumineuse, et les tableaux ont un coloris éclatant.

Dans la seconde partie : *La Paix*, l'auteur se montre un bon vieux croyant, il fait la satire de la société russe, au commencement du siècle, il la peint légère, futile, et cela parce qu'elle s'est inspirée des idées françaises ; il est sévère, trop sévère peut-être pour la haute société russe, il met en scène des héros peu sympathiques. Le prince Vazile Kouraguine est arrivé aux plus hautes fonctions par l'intrigue, il est démoralisé jusqu'au fin fond de sa conscience. Hélène, sa fille, est belle à faire damner un saint, mais elle n'a ni cœur ni esprit. Pierre, le héros du roman, a rapporté de France des idées avancées, c'est un étourdi, rêveur et original, mais ayant un bon cœur. Tostoï nous fait assister à une scène d'orgie bien réaliste ; des chevaliers gardes sont réunis, ils se grisent, leur manière ordinaire de s'amuser. L'un d'eux, Dolokhof, pour gagner un pari, s'assied les jambes en dehors sur le bord d'une fenêtre d'un troisième étage, et il avale d'un trait une bouteille de rhum.

Une bataille entre héritiers, pendant que le mourant agonise, est encore une page d'un réalisme saisissant.

A. Tostoï a écrit deux fort beaux drames : *Le Prince Sénébranng* et *Ivan le Terrible*, le premier a été traduit en français par le prince Galitzin, et le second par M. Courrière.

Voici une page de ce dernier qui donnera une idée de la valeur du drame d'*Ivan le Terrible* : Ce Néron polaire a sacrifié tous ses généraux, tous ses ministres capables à sa fureur sanguinaire, ses armées sont battues, l'invasion le menace, et il n'a plus aucun homme de valeur à opposer à ses ennemis; il a même, ce monstre qui a surpassé Néron en atrocités, tué son fils aîné. Dans sa détresse, il se souvient d'un moine qui a une grande réputation de sagesse et de sainteté; c'est un vieillard qui depuis vingt ans n'a fait que prier Dieu, sans s'occuper des choses de la terre ; il ignore tout ce qui s'est passé, ne sait rien des crimes sans noms commis par Ivan ; aussi, comme on va le voir, chaque conseil de ce moine force le czar à confesser un de ses crimes :

IVAN. — Indique-moi, moine, les moyens que je dois prendre pour détourner les malheurs qui menacent mes États et mon trône.

LE MOINE. — Les malheurs ! quels malheurs ?

IVAN. — Est-ce que tu ne les connais pas ?

LE MOINE. — Non, mon fils, les nouvelles de ce monde ne parviennent pas jusqu'à moi.

IVAN. — Dieu me punit de mes péchés. Il a donné la victoire au roi de Pologne. Les Suédois envahissent la Livonie. Le Khan avec ses hordes marche sur Moscou. Les Nogaï et les Tchérémisses se soulèvent, que dois-je faire?

LE MOINE. — Les temps sont bien changés, autrefois tu étais redoutable à tes ennemis; tu étais au faîte de la puissance et personne n'osait se soulever contre toi. Je me suis souvenu plusieurs fois des prodiges qui se sont passés lors de ta naissance. A l'heure même où tu naquis le tonnerre se fit entendre, malgré le brillant éclat de soleil de nombreux ermites de tous les pays vinrent prédire ta future grandeur et bénir ton berceau.

IVAN. — Oui, mon père, le Seigneur m'a toujours été favorable, mais à présent il a retiré sa main de moi, mon trône est ébranlé et mes ennemis me pressent de tous côtés.

LE MOINE. — Envoie contre eux tes généraux, ils sont nombreux et habitués à vaincre les païens.

IVAN. — Mon père, il n'en existe plus un seul de ceux que tu as connus.

LE MOINE. — Plus un seul ! et où est le prince Gorbaty-Schoüsaky, celui-là qui défit le prince Yapantcha sur le Volga ?

IVAN. — Mon père, il m'a trahi, je l'ai fait mourir.

LE MOINE. — C'était un fidèle serviteur. Où est le prince Rapolowski, si célèbre par ses victoires sur le Kkan ?

IVAN. — Je l'ai fait mourir.

LE MOINE. — Et Théodore, ton grand écuyer qui a battu au Kasan les hordes barbares ?

IVAN. — Je l'ai fait mourir parce qu'il voulait m'enlever ma couronne.

LE MOINE. — Czar, la vérité n'est pas dans tes paroles, ces chefs t'ont fidèlement servi. Je les connaissais tous. Mais il te reste le prince Vorontiski, qui à la prise du Kasan planta le premier la croix sur les remparts.

IVAN. — Il est mort à la torture.

LE MOINE. — Le prince Vorontisky ! Où est Provsky, qui à la célèbre bataille de Polotzk battit les Lithuaniens ?

IVAN. — Noyé par mes ordres.

LE MOINE. — Que Dieu te pardonne ! Mais le prince Kourbsky, ton illustre compagnon à la journée de Kasan ?

IVAN. — Il m'a abandonné, il m'a trahi, il est en Lithuanie.

LE MOINE. — Autrefois, il m'en souvient, tous t'aimaient, personne ne te quittait; mais où sont les princes Abolevski, Stcherboty et Stchéniatef?

IVAN. — Ne me les nomme pas, ils ne sont plus.

LE MOINE. — Et Kaschine? Boutourline? Sérébranny? Morozof?

IVAN. — Tous ont été mis à mort.

LE MOINE. — Tu les as fait tous mourir?

IVAN. — Oui, tous, je m'en suis repenti, mon père; je dois mourir, le terme est fixé.

LE MOINE. — Qui t'a fixé ce terme?

IVAN. — Ne me le demande pas, mon père, mais dis-moi comment sauver mon empire?

LE MOINE. — Si tu n'étais pas faible et malade, je te dirais : Lève-toi, prince, conduis toi-même tes soldats au combat pour la sainte cause. Mais tu es brisé et je ne reconnais plus en toi le vainqueur du Kasan, tu dois confier le commandement de tes armées à quelqu'un dont le nom réveille la Russie ; ton fils Ivan doit être à présent un vaillant guerrier, envoie-le.

IVAN (se levant brusquement). — Moine, l'as-tu nommé pour m'insulter? Tu oses nommer Ivan, je te ferai arracher la langue.

LE MOINE. — Ta colère, czar, ne m'épouvante pas, bien que je n'en comprenne pas la cause ; depuis longtemps j'attends la mort, mon fils.

IVAN (se rasseyant). — Pardonne-moi, saint père, mais n'as-tu rien entendu, aucune nouvelle n'a-t-elle pénétré dans ta retraite?

LE MOINE. — La porte de ma cellule a été fermée jusqu'à ce jour, dans ma grotte obscure ne pénétraient que le bruit lointain des orages et l'écho affaibli de la cloche sainte.

IVAN. — Mon père, je ne puis suivre ton conseil, mon fils Ivan... n'est plus.

LE MOINE. — Oh! qui donc est ton héritier, à présent?

IVAN. — Mon second fils, Fedor, mais il est faible de corps et d'esprit.

LE MOINE. — Dans ce cas, demande à Dieu ton secours.

IVAN. — C'est le seul conseil que tu me donnes?

LE MOINE. — Czar, ordonne qu'on me ramène dans ma cellule.

La pensée d'amener Ivan à confesser ainsi tous ses crimes est excellente, cette scène est très dramatique sur le théâtre.

Averkieff a publié des études sur la nouvelle génération russe ; ses analyses faites d'une main experte dénotent un esprit profond ; dans son *Histoire d'un jeune homme pâle*, il nous montre un fils du XIXe siècle aux prises avec les vieilles idées, les anciens préjugés qu'il méprise sans avoir la force de les renier ouvertement.

Nékrassow est un écrivain d'un grand talent; dans un de ses poèmes intitulé : *Qui est heureux en Russie ?* il fait un tableau poignant de vérité de la Russie actuelle. Au début du poème, quelques paysans se disputent pour savoir quel est l'homme qui peut se dire heureux en Russie; ils entreprennent un long voyage pour découvrir ce merle blanc, ils ne trouvent que des êtres malheureux, alors ils se disent que peut-être le bonheur est le privilège exclusif des femmes et ils recommencent leurs recherches dans le monde féminin, mais sans succès ; ils se disent que sans doute le bonheur n'est qu'une chimère lorsqu'ils aperçoivent une jolie et robuste paysanne. La voici ! la femme heureuse, s'écrient-ils.

Ils la supplient de leur conter son histoire, elle y consent et ceci forme la seconde partie de l'ouvrage de Nekhrassow, c'est une étude vraie et poignante de la Russie. Cette paysanne, nommée Matrena, raconte qu'elle est née d'une famille de laboureurs aisés, adorée de ses parents, choyée par tout le village, elle fut un temps heureuse. Elle épousa par amour un paysan du village voisin, et à partir de ce jour, commencèrent pour elle des tribulations sans fin : mal accueillie par la famille de son mari, maltraitée par sa belle-mère, enviée de ses belles-sœurs, elle mena une vie de bête de somme, sans jamais pouvoir contenter personne. Son mari la quittait chaque hiver, pour aller dans les villes du nord, et elle restait exposée aux mauvais traitements de tous ses beaux-parents. Pendant qu'elle travaillait aux champs, elle confiait son enfant à l'aïeul de son mari; celui-ci se grisait, et un jour il laissa dévorer le pauvre petit être par un porc. Son second fils est désigné, dès l'âge de sept ans, comme pâtre communal ; son mari est choisi par la commune pour être soldat, quoique son frère aîné soit sous les drapeaux. Et Matrena reste sans protection exposée au despotisme brutal de ses beaux-parents, elle est si malheureuse que la mort lui apparaît comme un bienfait.

Dans un autre de ses poèmes intitulé *Sacha*, Nékhrassow montre tout l'horrible du monstrueux despotisme marital et paternel qui existe encore en Russie dans les classes populaires et dans celle des marchands, et il termine par cette phrase, hélas! bien vraie : Dieu a oublié l'endroit où se trouvent cachées les clefs de l'émancipation de la femme.

Karazine est un écrivain d'un talent réel et sérieux ; il a publié en 1875 dans la troisième livraison du *Diélo* une remarquable étude intitulée : *Ak-Tomak* qui nous initie aux mœurs asiatiques.

Bouslaïeff a publié, entre autres choses, un ouvrage très instructif sur la migration des légendes populaires ; il prouve que les légendes du moyen âge n'ont pas de nationalité particulière, qu'elles sont nées du dualisme des croyances résultant de l'intronisation du christianisme au milieu de peuples ayant un lugubre passé et des théodicées tirant leurs origines de l'Orient. Il fait remarquer que les civilisations sont imprégnées, dans les derniers siècles du paganisme, des croyances orientales apportées d'Égypte et de l'Inde, par les philosophes de l'école d'Alexandrie.

Pour démontrer l'origine de toutes les légendes, Bouslaïeff remonte au recueil indou le *Pantchatantra* (les cinq livres) traduits à l'époque de Chosroès Nouschirhivi en syriaque ; la version persane fut traduite plus tard en langue arabe, et celle-ci aurait servi à la propagation des légendes du *Pantchatantra*. Les autres recueils de fables, légendes et contes indous seraient les pères de toutes les productions de ce genre, arrangées et adaptées au caractère des divers peuples d'Europe. Pour soutenir sa thèse, l'auteur slave choisit trois récits sous forme de fable : le *Pot au lait*, la *Matrone d'Éphèse* et la légende russe de *Scheïmako*; un brahme voué à la malechance fait les mêmes rêves que Perrette devant un pot de bouillie de maïs qu'il se prépare à vendre et qu'il casse. La *Matrone* a aussi une source indoue et le juge de *Scheïmako* vient du Thibet.

C'est un livre curieux et qui témoigne de la grande érudition de son auteur.

Ostrovsky est un auteur dramatique de talent, il cultive l'étude de mœurs, et il y montre du savoir-faire et de l'observation. Ses portraits de femmes sont peints d'une main émue et délicate. Sa pièce intitulée : un *Amour de vieille fille* est une satire de la vie de débauche que mènent les vrais croyants de Moscou.

Saint-Childrine, avec une verve charmante et parfois avec une ironie mordante, se moque des marchands enrichis par des moyens peu délicats et qui se montrent si fiers de leur argent.

Chamiakof, poète de grand talent, appartient à l'école slaviste ; la muse poétique se drape de rouge en Russie !

Cet auteur a publié plusieurs poésies remarquables ; je détache les lignes suivantes de celle intitulée : *Aux Slaves :*

« Tu as posé bien haut ton nid, aigle des Slaves du nord ! tu as largement étendu tes ailes, tu t'es élancé bien haut dans les cieux ! Planc ! mais dans l'océan azuré de la lumière où ta poitrine puissante est réchauffée par le souffle de la liberté, n'oublie pas tes jeunes frères, porte tes regards sur les plaines du midi et dans l'océan lointain. Il y a beaucoup de frères là où roule le Danube, là où les nues ont couronné les Alpes, dans les flancs des rochers, dans les sombres Carpathes, dans les déserts et les bois du Balkan, sous la domination des Teutons et dans les chaînes des barbares Tartares. Ils t'attendent, tes frères captifs; quand pourront-ils entendre ton appel? Quand viendra le jour où tu étendras tes ailes protectrices sur leurs têtes fatiguées? Oh! souviens-toi d'eux, aigle du nord; envoie-leur ton cri sonore, et que dans la nuit de leur esclavage la brillante étoile liberté les éclaire, les conseille et les console; nourris-les de la nourriture de l'âme, de l'espoir de meilleurs jours, et réchauffe de ton amour ardent le cœur de tes frères. Le jour viendra où leurs ailes se relèveront, leurs griffes pousseront; ils jetteront un cri, et, de leur bec de fer, ils briseront les chaînes de la violence. »

On le voit, Chamiakoff appartient à l'école du slavisme.

Je ne saurais terminer cet aperçu de la littérature russe sans parler de Bakounine et de Herzen.

Bakounine a été, on le sait, proscrit de sa patrie, mais il y a vécu assez longtemps pour la connaître et voici le jugement sévère qu'il a porté sur la Russie :

« Nous sommes encore un peuple esclave ; chez nous point de liberté, point de respect pour la dignité humaine; nuls droits, nulle justice, nuls recours contre l'arbitraire. Nous n'avons rien de ce qui constitue l'orgueil et la dignité des nations. Il est impossible d'imaginer une situation plus malheureuse et plus humiliante. A l'extérieur, notre position est non moins triste. Exécuteurs passifs d'une volonté qui nous est étrangère, d'une volonté aussi contraire à nos intérêts qu'à notre honneur, nous sommes craints, haïs, j'allais dire méprisés, car on nous regarde comme les ennemis de la civilisation et de l'humanité. Nos cœurs ont soif de liberté et de fraternité, et nos maîtres se servent de nos bras pour enchaîner le monde et pour asservir les peuples, et chacun de leurs succès est une nouvelle tache ajoutée à notre histoire. On croit généralement en Europe que nous formons avec notre gouvernement un tout indivisible (on commence à ne plus le croire); que son système oppresseur au dedans, envahisseur au dehors est l'expression de notre génie national ; il n'en est rien, le peuple russe n'est pas heureux, il se sent gouverné par une main étrangère, par un souverain d'origine allemande, qui ne comprendra jamais ni les besoins ni le caractère du peuple russe et dont le gouvernement, mélange singulier de brutalité mongole et de pédantisme prussien, exclut complètement l'élément national, de sorte que, privés de droits politiques, nous n'avons pas même la liberté naturelle dont jouissent les peuples civilisés, et qui permet à l'homme de reposer son cœur dans un milieu indigène, et de s'abandonner pleinement aux instincts de sa race.

« Aucun mouvement ne nous est permis ; il nous est presque défendu de vivre, car toute vie implique une certaine indépendance, et nous ne sommes que des rouages inanimés de cette machine d'oppression et de conquête qu'on nomme l'empire russe.

« La Russie n'est pas seulement malheureuse, elle est mécontente aussi.

(Bakounine a écrit cela il y a près de trente ans, ce qui se passe en ce moment-ci en Russie prouve qu'il a bien vu et bien jugé la situation de son pays !)

« Les affaires du pays vont horriblement mal, c'est une complète anarchie avec les semblants de l'ordre. Sous les dehors d'un formalisme hiérarchique excessivement rigoureux, se cachent des plaies hideuses. Administration, finances, justice, autant de mensonges ; une seule organisation existe, celle-là savante, étudiée, celle du pillage, les plus hauts comme les plus petits employés commettent des injustices criantes et volent sans honte au grand jour. »

Celui qui connaît bien la Russie doit convenir qu'ici encore Bakounine a raison, et ce triste état de choses arme dans ce moment le bras des nihilistes qui, affolés par le désespoir, commettent des crimes, pour essayer d'arrêter les crimes des oppresseurs ; détestable moyen, mais a-t-on jamais vu la douleur aiguë raisonner !

Herzen, dès ses débuts littéraires, s'est montré partisan de Hégel, il a publié plusieurs ouvrages remarquables ; d'abord un opuscule intitulé : le *Dilettantisme dans la science*, et ensuite un beau roman de l'école naturaliste : *A qui la faute ?* dans lequel il montre de l'humour et un grand esprit d'observation. Mais, libéral lui aussi, l'exil, cette douleur jetée en pâture par le pouvoir à tant d'écrivains slaves, l'exil fut aussi le partage d'Herzen, envoyé successivement à Pskoff, à Novgorod et à Perm, où il était sous la surveillance de la haute police. Cette situation lui parut intolérable, il fut assez heureux pour pouvoir s'enfuir, il passa à l'étranger, vint d'abord en France, puis il alla se fixer à Londres où il fonda le journal le *Kolokol* (la Cloche.)

Une amusante anecdote m'a été contée en Russie,

à propos de ce journal, la voici : Il était introduit en contrebande dans ce pays, un homme le lisait avec intérêt, sans négliger un seul numéro, et cet homme était l'empereur lui-même. Le prince X, haut fonctionnaire, était chargé de se procurer chaque semaine le *Kolokol* et de l'apporter à l'empereur ; naturellement, le prince le lisait d'abord, voilà qu'un jour il lit avec désespoir un article virulent contre lui-même, Herzen dénonçait ses vols, ses actes d'injustice. Que faire ? Cela n'allait-il pas ouvrir les yeux d'Alexandre II sur son compte ?... Il reste un instant perplexe, puis il sourit. Une idée ingénieuse et satanique vient de germer dans son cerveau, il court bien vite à l'imprimerie impériale, il fait composer un numéro du *Kolokol*, remplaçant l'article qui le dénonce par un autre qu'il fait lui-même et dans lequel il passe toutes les justes accusations portées contre lui au compte d'un de ses ennemis, haut placé aussi. Le journal tiré, il le porte à l'empereur, il est radieux de s'être tiré ainsi d'un grand danger et de s'être vengé.

Mais voilà que l'empereur, après avoir lu le *Kolokol*, reçoit la visite du grand-duc Constantin, qui lui dit en riant : Eh bien ! ce pauvre prince X est bien arrangé par Herzen ?

— Comment ! dit l'empereur, mais il ne dit pas un mot de lui, c'est sur le *** qu'il m'en apprend de jolies !

Le grand-duc Constantin sort le vrai *Kolokol* de sa poche, le montre à l'empereur. Il compare, il s'aperçoit que les caractères sont autres. Il fait appeler le prince X qui dut avouer la vérité.

L'empereur trouva l'idée si originale qu'il rit de

bon cœur et ne mit pas le coupable en disgrâce.

Depuis 1869, le *Kolokol* ne sonne plus, car Herzen est mort.

Pour finir cette petite étude sur la littérature russe, je dirai qu'il ne faut pas juger l'esprit slave par ce qu'il a produit, mais par ce qu'il pourrait produire s'il était libre de donner un corps à ses pensées, libre d'écrire sans risquer sa vie et sa liberté.

Dans les nations civilisées d'Europe, on donne la croix au génie, les autocrates russes mettent le génie en croix.

COSTUMES TCHOUVACHES DE KAZAN.

CHAPITRE V

DES DIVERS PEUPLES FAISANT PARTIE DE L'EMPIRE RUSSE

Je l'ai déjà fait observer au commencement du premier chapitre de ce livre, l'espace est une cause de faiblesse pour la Russie; et dans ce nombre colossal de **75** millions de sujets nous allons voir qu'il y en a plusieurs millions qu'il faut retenir soumis par la force des armes, ce qui est aussi une cause de faiblesse pour cette nation.

Car lorsqu'elle a une grande guerre à soutenir elle doit distraire une forte partie de son armée pour maintenir sous le joug des millions de sujets toujours prêts à se révolter et à reconquérir leur indépendance.

Le Caucase avec ses cimes altières, ses chaînes nombreuses, ses sites sauvages et grandioses, fut connu dès la plus haute antiquité ; il joue, on le sait, un rôle important dans la mythologie grecque, c'est sur une de ses cimes que les Grecs plaçaient le supplice de Prométhée. Tous les divers peuples qui y vivent, les uns sur les monts, les autres dans les vallées, avaient toujours vécu libres et indépendants ; seul, Mithridate un instant leur avait fait reconnaître son pouvoir, la Turquie n'avait jamais eu sur eux qu'une autorité nominale.

Mais en 1722 l'autocrate russe, tenté par les lauriers de Mithridate, commença à leur faire la guerre. Il a fallu cent trente-neuf ans à la Russie pour asservir à moitié ces fiers peuples caucasiens et ceci prouve leur valeur et leur amour pour la liberté ; Schamyl s'est illustré par sa vaillance à défendre l'indépendance de sa patrie la Circassie.

On compte dans les diverses provinces du Caucase, en y comprenant la Circassie, à peu près 4,000,000 d'habitants.

Les Tcherkesses campent sur les cimes des plus hautes montagnes, ils choisissent les endroits les plus sauvages et les plus inaccessibles, leurs tentes ressemblent aux nids que les aigles construisent dans les lieux les plus escarpés.

Dans leur aoul (campement) ils vivent sous leur tente, indolents et voluptueux ; ils vantent la beauté de leurs femmes, les plus belles du monde, la beauté et la vitesse de leurs petits chevaux aux jarrets d'acier. Ils se grisent d'un amour bestial, mais ardent et féroce ! Le soir, assis devant leurs tentes, ayant le ciel bleu au-dessus de leur tête, et la lune qui mélancoliquement les regarde, ils parlent des temps jadis, de ces temps où ils vivaient libres de tout frein... Ils blasphèment contre les Russes qui les ont asservis, puis ils rêvent qu'un jour viendra où ils purgeront leur patrie de ces dominateurs détestés...

Lorsqu'ils partent en excursion ils font entendre un cri de guerre aigu et strident.

Ils sont cruels et féroces; malheur au soldat russe qui tombe entre leurs mains comme prisonnier!

Ils sont chasseurs, mais ce qu'ils sont par-dessus tout, c'est voleurs; le brigandage a un grand attrait pour eux.

Les Nogaïs, branches de Tartares ou Turkomans, vivent au nord du Caucase, dans les steppes de la Crimée, dans les gouvernements de Tauride et d'Ekatérinoslaw. On estime leur nombre à 300,000; ils sont mahométans, pratiquent la polygamie en grand; il n'est pas rare qu'un Nogaï ait cinq ou six femmes pour lui tout seul.

Les uns vivent en tribus fixes et sont agriculteurs, les autres sont nomades et vivent des produits de leurs chasses, de leurs pêches, ou de leurs excursions pillardes.

Ces Nogaïs ne seront jamais des Russes. Conservateurs enragés de leur antique barbarie, la civilisation ne saurait avoir aucune prise sur eux; pour les maintenir sujets du czar il faut pour eux aussi la force armée.

Les Assètes, peuple de la Russie caucasienne, habitent le Rioni, le Térek, l'Oragva et l'Ouroup; on compte 10,000 guerriers parmi eux. Ce peuple est un des peuples les plus sauvages de la terre; grossiers, pillards, le vol est considéré par eux comme un art, l'homme s'y fait gloire d'être un habile voleur, comme celui des pays civilisés s'enorgueillit d'être savant. Ils ont un chef auquel ils obéissent aveuglément, et pour lequel ils montrent une sorte de vénération ; ce chef réside à Kazbek.

Les Russes qui ont des convois de munitions ou d'approvisionnements à faire parvenir à leur armée du Caucase, traitent avec le chef qui, moyennant un prix fixé d'avance, fait escorter le convoi par ses guerriers qui ont mission de le protéger contre les attaques des montagnards.

Ce chef fait une sorte d'assurance moyennant prime, car il rembourse aux Russes les objets que ses guerriers ont laissé voler.

Au sud du Caucase, dans la partie qui longe la mer Noire, se trouve la grande Abazie, qui possède plusieurs villes d'une certaine importance. Anapa, Soukoumkaleh et Pizzounda sont les trois principales.

Le sol de l'Abazie est très fertile, il est formé de montagnes et de vallées où croît la riche végétation asiatique. Le cèdre, le hêtre, l'amandier, le pêcher, le figuier poussent sur les montagnes, où les rochers forment des sortes de serres naturelles; le cognassier, l'abricotier, le dattier, le jujubier y sont indigènes ; les marais qui se trouvent dans les vallées sont ornés de très belles plantes telles que le rhododendrum ponticum et l'azaba pontica.

Mais si la nature est belle et poétique dans ces parages, les Abazes sont par contre grossiers et féroces, ils sont nomades et ne vivent absolument que du produit de leurs brigandages. Dans le temps ces sauvages étaient chrétiens. Ont-ils compris qu'ils n'étaient pas dignes de la religion de Jésus? Je ne sais, mais ils ont embrassé la religion musulmane; ils volent les femmes et les filles pour en faire leurs esclaves; ils sont craints autant que haïs dans le Caucase et les Russes ne parviennent pas à faire cesser leur brigandage.

Dans la Sibérie, il y a aussi plusieurs millions d'hommes : Ostiacks, Kirghis, Wotiaks, Kamtchatdales et autres, qui sont sujets du czar bien malgré eux, de nombreux régiments sont nécessaires pour les maintenir soumis, si bien qu'une guerre arrivant, le czar doit faire garder la Sibérie, protéger la partie de ses frontières menacée par la Chine, faire garder le Caucase, et surtout la Pologne; convenez que le nombre pourrait bien être pour la Russie une cause de faiblesse.

A côté de tous ces peuples à peine soumis, il y a encore dans le centre même de la Russie des peuples qui sont soumis mais non assimilés, et qui forment de petits peuples au milieu d'un autre peuple. Les Tchouvaches, par exemple, ont conservé leur langue, leurs mœurs, leurs usages et leur costume national ; ils n'ont rien emprunté aux Slaves, ils vivent entre eux sans se mêler aux Russes. Ils sont au nombre d'environ 300,000, ils habitent entre le Volga et la Soura, dans les gouvernements de Niedjnéi-Novgorod, de Kasan et d'Orembourg. Ils appartiennent à la race finnoise, ils sont de petite taille, d'un blond roux, avec de petits yeux bleus, au regard railleur et rusé; ils se marient entre eux, conservent leurs mœurs et leurs usages antiques;

FEMMES ET HOMME TCHOUVACHES.

leur costume est original et très pittoresque, l'or et la couleur écarlate y dominent.

FEMME TATARE DU KASAN EN SON COSTUME DES JOURS DE FÊTE

Depuis le xviiie siècle à peu près la moitié des Tchouvaches sont devenus chrétiens, ils ont em-

RICHES TATARS DU KASAN.

LES TCHÉRÉMISSES.

brassé la religion gréco-russe, l'autre moitié est encore idolâtre, quelques-uns sont mahométans et polygames.

Ils sont fixes, vivent dans des *yourtes*, sortes de cabanes moitié terre et moitié bois, ils cultivent, mais ils ont pour la chasse une passion si grande, qu'ils partent par bandes et passent des semaines entières dans les forêts. Le gouvernement leur accorde le droit de payer une partie de leurs impôts en fourrures.

Ils ont une langue différente du russe, du reste les divers peuples qui forment l'empire russe parlent trente-trois langues diverses; mauvais moyen pour s'entendre toujours.

Les Tchérémisses forment aussi un peuple de race finnoise, ils sont au nombre de 200,000; ils sont répandus dans les gouvernements de Perm, Simberski, Grenbourg et Kasan; ils sont tous idolâtres, peu civilisés, mais d'un caractère doux, ils sont agriculteurs et se livrent en grand à l'éducation des abeilles.

Kasan, ville de la Russie d'Europe, chef-lieu du gouvernement de ce nom, a été fondé, en 1259, par Sayn, fils de Batou-Khan, qui en fit une ville forte tartare; prise et détruite par Vassili en 1397, elle fut rebâtie par les Tartares, reprise par Ivan IV, elle redevint ville russe; en 1774 elle fut pillée par l'aventurier Pugatcheff et enfin incendiée en 1820 et en 1842 Elle vit encore après ces tribulations, c'est dans cette ville que sont établis les descendants des Mongols tartares qui ont si longtemps asservi la Russie; ces Tartares-là, au nombre de 10,000 environ, sont civilisés, ils sont musulmans, ils ont des harems, dans lesquels vivent loin des regards profanes leurs épouses, qui sont du reste entourées d'un confort luxueux.

La fusion ne s'est point opérée encore, les descendants des anciens dominateurs vivent en si mauvaise intelligence avec les Russes, qu'il y a chaque jour des rixes sanglantes entre eux.

Si nous ajoutons aux 4,000,000 des peuples caucasiens, les 3,000,000 de peuples sibériens, et ces divers peuples, nous arriveront à plus de 15,000,000 de sujets que la force seule maintient sous le joug. La Pologne conquise, écrasée, mais toujours prête à se relever vaillante, demande, elle surtout, des forces imposantes pour la garder. Ceci indique une situation peu enviable en cas de guerre, et les souverains russes doivent s'apercevoir que s'agrandir trop est le meilleur moyen de hâter la dislocation d'une nation.

Et je le répète encore, nombre et vaste espace sont deux causes de faiblesse qui donneront à la Russie une maladie grave si elle n'est mortelle, et mieux vaut être une nation petite en nombre, limitée comme espace, mais bien homogène.

CHAPITRE VI

POLICE RUSSE, PRISONS ET FORTERESSES

A police russe forme une organisation colossale. Elle se divise en deux parties distinctes et indépendantes l'une de l'autre : la police *visible* et la police *invisible*. La première doit maintenir le bon ordre, faire marcher au pas les soixante-quinze millions d'écoliers qui doivent obéir à une volonté unique, celle de l'autocrate. Celle-là est municipale.

La police invisible a pour mission de scruter la pensée des sujets du czar, de pressentir leurs intentions, d'écouter leurs paroles et de provoquer leurs aveux. Celle-ci est dirigée par un grand maître résidant à Pétersbourg; elle forme la troisième section du ministère de l'intérieur : c'est pourquoi les Russes désignent ordinairement la police secrète sous le nom de troisième section, et son chef est appelé le chef de la troisième section. C'est à un homme important, ayant le grade de général, étant bien connu par son servilisme, que l'on confie toujours ce poste élevé.

Le chef de la troisième section a un pouvoir illimité ; c'est une sorte de dieu terrestre et terrible. Il dispose de la vie, de la liberté et de la fortune de tous les Russes, du dernier des moujicks comme du plus grand seigneur. Il ne doit compte à personne de ses actes, ses arrêts sont tenus secrets. Fait-il jeter un homme dans la forteresse, la famille du malheureux n'a pas le droit de dire : Prouvez son crime! elle doit se taire, si elle ne veut pas partager son sort. Aussi les Russes ont-ils une sage mais cruelle habitude : dès qu'un homme a disparu dans les profondeurs insondables d'une forteresse, ils oublient jusqu'à son nom ; ils boivent, dansent, s'amusent un peu plus qu'avant son arrestation, pour bien prouver à la troisième section qu'un homme frappé par la disgrâce est pour eux un mort non regretté.

Le chef de la police visible emprisonne les voleurs, les assassins et les révolutionnaires avérés. Le chef de la troisième section cherche avec soin les coupables sans culpabilité, et il les enterre vivants dans une prison humide, ou bien il les envoie aux mines de Sibérie.

Nulle nation au monde n'avait inventé cette sorte de crime : être coupable sans culpabilité. C'est à l'autocratie que revient le déshonneur de cette triste invention.

Mais qui appelle-t-on un coupable sans culpabilité? allez-vous me dire. Qui?... vous... moi... tout le monde. *D'abord celui qu'on veut perdre, ensuite celui qui est présumé avoir des idées libérales, ou qui est soupçonné d'avoir des relations avec des libéraux...* Celui à qui il sera échappé un mot imprudent ou une phrase qui a pu être mal interprétée; cet autre qui, par une malechance terrible, se sera trouvé lié avec un homme conspirant. Il ignorait cela, mais il devient suspect.

Tout Russe soupçonné de ne pas nourrir une horreur profonde pour les idées libérales et de ne pas avoir pour l'autocratie l'adoration qu'on doit à une émanation de la divinité, tout Russe supposé atteint de ce mal haï appelé *doukh* (esprit libéral), est considéré comme un coupable sans culpabilité, dénoncé au chef de la troisième section. Celui-ci, sans jugement et sans bruit, le met à l'ombre.

On le voit, son pouvoir est illimité, et comme, tout en ayant la puissance d'un Dieu terrestre, il a parfois les imperfections, les vices et les défauts de l'humanité, on comprendra sans peine combien il est effrayant pour les Russes de se trouver à la merci du chef de la troisième section.

Des agents innombrables sont sous les ordres de ce puissant personnage. Les uns appartiennent au meilleur monde; on les rencontre à la cour, dans les salons de la noblesse, dans les gais soupers des viveurs, dans les boudoirs des actrices. Ils sont charmants, causent, font causer, donnent des poignées de mains amicales, puis ils vont faire leur rapport, et, sans remords, envoient en prison ou en Sibérie l'homme qu'ils ont appelé : mon cher ami; ils y envoient même leurs parents.

Le mouchard est l'être le plus vil de la création ; son âme est noire, ou plutôt il n'en a pas, et son cœur est pétri de boue. Il est plus infâme que l'assassin et que le voleur. La ruse perfide, le mensonge odieux, la trahison hideuse sont ses armes journalières. Il n'a plus de sens moral, et il manie ces armes sans honte et sans remords. C'est un être corrompu et moralement dégradé... Mentant avec le suspect se disant libéral pour le faire parler, il ment avec ses chefs, et, pour se venger ou par âpre cupidité, il dénonce l'innocent! Qui dit mouchard, dit infâme. Comment donc accorder créance à un être infâme? Cependant tout un peuple est livré en pâture à dix mille mouchards, à dix mille êtres infâmes !

Et certaines personnes sont surprises que beaucoup de Russes soient mécontents du système gouvernemental de leur patrie! Si ces personnes devenaient Russes, seraient-elles des plus réactionnaires, elles partageraient bien vite le mécontentement des libéraux russes.

Une chose honteuse pour le sexe féminin, c'est que l'autocratie, dans son grand travail de démoralisation de la conscience humaine, a même attaqué la conscience de la femme, et elle l'a corrompue si bien, que beaucoup de femmes, en Russie, font ce métier vil de mouchard ; la troisième section les paye cher, surtout si elles sont grandes dames!

Faire entrer l'état de mouchard dans les mœurs d'un peuple, c'est vouer ce peuple à la démoralisation qui amène la décomposition... Voilà le crime que je reproche le plus à l'autocratie des czars.

Détruire les corps, les martyriser sous le bâton, c'est monstrueux ; mais détruire la conscience, la loyauté, l'honneur d'un peuple, en un mot, s'attaquer à son âme, et la rendre perverse; c'est un crime bien plus monstrueux encore, celui-ci n'a rien d'humain; celui qui le commet, fait acte satanique et infernal.

La police secrète se rencontre donc à la cour, dans les salons du grand monde, dans ceux de la bourgeoisie, sous la livrée du domestique ; dans les magasins elle se fait commis, dans les rues elle se fait ouvrier, cocher, portier : elle est partout, elle revêt tous les costumes, on la trouve même dans ces boudoirs où l'homme ne s'attend qu'à rencontrer Vénus.

Il ne faudrait pas croire que le Russe, en quittant sa patrie, se trouve débarrassé des yeux d'Argus de cette police; non certes, il est alors espionné par les mouchards voyageurs; des milliers de ces tristes personnages sont répandus dans toute l'Europe. Ceux-ci appartiennent aux hautes classes; la troisième section leur donne beaucoup d'or, afin qu'ils puissent faire bonne figure et se présenter dans les cours et les salons. Chaque semaine ils envoient des rapports détaillés des faits et gestes de leurs compatriotes en voyage, et ceux-ci, de retour en Russie, sont arrêtés parfois pour un propos libéral qu'ils ont tenu à Paris, à Naples ou à Monaco. Cet aimable ami qui s'est fait leur compagnon, que souvent ils ont obligé, les a poussés à parler pour les vendre !

Les Russes connaissent bien les armes employées

par la troisième section. Aussi un Russe en tête-à-tête avec un Français parle librement ; mais qu'un de ses compatriotes entre, il se tait, il change de conversation, craignant d'avoir affaire à un mouchard.

Je ne puis me souvenir de ceci sans rire, et pourtant la chose est triste.

J'étais dans un salon avec trois Russes appartenant à la haute société aristocratique. Je me mets à émettre des idées libérales. Tous les trois s'indignent et se posent en adorateurs de l'autocrate ; ils louent le gouvernement russe avec une ardeur indiquant une profonde conviction... J'étais étonnée ; mais une minute après, d'autres personnes étant entrées, je me trouve une minute à l'écart avec un des trois.

— Croyez bien, me dit-il, que je partage vos opinions ; mais, par prudence, j'en affecte d'autres... Ces deux messieurs appartiennent, j'en suis certain, à la troisième section.

Dix minutes après, l'un des deux autres se trouve seul à son tour auprès de moi, et bien vite il me dit, mot à mot, ce que l'autre m'avait dit. Enfin le troisième, en sortant de cette maison, m'offre le bras pour me reconduire chez moi, et il commence le petit discours suivant :

— Je suis plus libéral que vous, madame : j'ai l'autocratie en horreur, et je vous avoue même que je travaille à la renverser ; mais j'ai émis des idées conservatrices, tantôt, à cause de ces deux personnages, qui, j'en suis certain, sont aux gages de la troisième section.

Je ne pus m'empêcher de rire aux éclats ; je lui expliquai ce qui causait mon hilarité, à savoir, que les autres avaient de lui la même opinion, et il me répondit ces mots... vrais mais navrants :

— Ils ont raison de se méfier. Le sage, chez nous, doit ne pas avoir confiance en son ami le plus intime, en la femme qu'il adore; il doit n'avoir pas même confiance en son frère.

Un gouvernement qui conduit là tout un peuple, est un gouvernement néfaste.

Les étrangers qui arrivent en Russie sont soumis à mille vexations s'ils sont de classes inférieures; s'ils ont une situation ou un nom, ils sont discrètement entourés de mouchards qu'ils peuvent prendre facilement pour des Russes aimables et hospitaliers, n'ayant d'autre but que celui de leur faire des politesses et de leur rendre agréable le séjour de la Russie.

Je connais tout particulièrement une dame à qui le général X..., maître de police, dit d'un air gracieux et empressé :

— Madame, vous parlez mal le russe. Voulez-vous me permettre de mettre deux de mes aides de camp à votre disposition? Usez d'eux ; je serai heureux s'ils peuvent vous rendre service.

La personne comprit qu'on plaçait deux mouchards auprès d'elle; mais elle remercia avec effusion le général pour une si bienveillante courtoisie, et ensuite, se tournant vers les deux aides de camp en question :

— Messieurs, leur dit elle, puisque vous voici à mon service, veuillez venir prendre mes ordres tous les matins à onze heures.

Ils n'eurent garde d'y manquer. Chaque jour elle

leur donnait des courses aux quatre coins de Pétersbourg. Les Russes qui lui rendaient visite lui disaient :

— Nous ne voulons pas nous trouver avec ces hommes qui, tout comtes qu'ils sont, font le métier de mouchard... Mettez-les à la porte !...

— Non, répondit-elle, ceux-là, au moins, je les connais...

Si, assis dans son salon, ils essayaient de la faire causer, elle parlait de la satisfaction qu'elle avait de voir tout un peuple n'ayant qu'un cœur pour adorer le czar... de voir un pays heureux dont rien ne saurait troubler le calme...

Alors eux-mêmes s'emballaient et lui donnaient une masse de renseignements sur l'esprit de révolte contre le despotisme qui devenait général à tout homme instruit.

Elle sut obtenir d'eux toutes sortes de confidences, en leur laissant la douce illusion qu'elle ne comprenait rien à la politique.

Les Russes de la société qui venait lui rendre visite lui disaient :

— Mais ce sont des espions qu'on vous a mis là ; ne les recevez plus : ils vont nous moucharder.

— Ils me sont très utiles, répondait-elle en souriant, et moins gênants que vous ne le supposez...

Et, pour débarrasser ses visiteurs de cette société, elle donnait aux aides de camp du général X... des commissions pour les quartiers les plus éloignés. Pendant leur absence, elle causait tranquillement avec ses visiteurs.

Et voilà comment, pour une fois, le maître de police a été berné par une femme.

Lorsqu'on va passer quelque temps en Russie, on doit recommander à ses parents et amis de ne vous écrire que des lettres insignifiantes, car la police possède un cabinet noir par où toutes les lettres passent avant d'arriver à leur destinataire. Il faut aussi ne rien dire de politique, ne pas hasarder la moindre critique contre le système ni les fonctionnaires, les lettres étant lues aussi avant de quitter la poste russe.

Pour recevoir un journal, serait-il purement littéraire, les sujets du czar doivent en solliciter l'autorisation au ministère de l'intérieur... qui fait une enquête sur le demandeur et sur l'esprit de la feuille désignée. Si les renseignements obtenus prouvent que le journal est conservateur, et que ceux qui veulent le lire le sont également, l'autorisation est accordée.

La police conserve la liste des noms de tous les Russes abonnés à des journaux étrangers. Lire ces feuilles, qui passent toutes pour plus ou moins révolutionnaires, c'est, du reste, s'exposer à devenir suspect. Aussi très peu de Russes reçoivent-ils des journaux étrangers ostensiblement. Mais, pour les imprimés comme pour tout le reste, il se fait une contrebande telle qu'on peut avoir les journaux les plus avancés; ils coûtent très cher, voilà tout.

La police n'est pas étrangère à cette contrebande. Si la vénalité est, hélas! une des plaies de la Russie, on comprendra sans peine que ces mouchards, dégradés moralement, puisqu'ils ont pu se faire mouchards, sont plus achetables que les autres Russes. Une police vénale qui possède un pouvoir illimité, est un danger terrible pour les honnêtes gens... et même pour l'autocratie, qu'elle compromet, qu'elle fait détester encore plus en commettant une série non interrompue de turpitudes en son nom.

Les étrangers, les voyageurs, pas plus que les Russes, n'ont le droit de recevoir des journaux, sans une autorisation spéciale qui prend quinze jours à obtenir, lorsqu'on l'obtient.

Le journal *l'Artiste*, traitant, comme on le sait, les questions purement artistiques, m'ayant été adressé à Pétersbourg, ne m'est pas parvenu, j'ai été réclamer à la poste : — En effet, m'ont répondu les employés, ce journal est arrivé à votre adresse, mais votre nom ne figurant pas sur la liste des personnes autorisées à recevoir des feuilles étrangères il a été saisi.

J'ai écrit alors au directeur des postes, que la France laissant les Russes fixés à Paris ou y séjournant momentanément parfaitement libres de recevoir tous les journaux qu'ils désiraient, je demandais la réciprocité au gouvernement impérial ; après trois jours employés à faire une enquête *l'Artiste* m'a été rendu par la police.

A ce sujet ayant à télégraphier à un ami de Paris, je mettais ceci : Une seule chose est insupportable en Russie, mais elle l'est bien, c'est la censure.

Au bureau télégraphique on a refusé carrément d'expédier une dépêche osant blâmer une institution de l'empire russe.

La police invisible ou secrète a des ramifications dans tout l'univers, par les ambassades et consulats qui doivent envoyer chaque semaine un rapport détaillé sur les faits, gestes, paroles et pensées des Russes se trouvant à l'étranger ; nécessairement elle a aussi des ramifications dans toutes les villes de la province. C'est à la gendarmerie qu'est échue la haute police dans les gouvernements de l'empire ; chaque chef-lieu possède un détachement de gendarmerie et un officier d'état-major, il doit exercer une surveillance occulte et active, et envoyer des rapports détaillés à Pétersbourg, et signaler les suspects ; le chef de la troisième section lui envoie de ses agents qui l'aident dans cette mission difficile.

Le corps de gendarmerie est considéré comme un corps d'élite, le gouvernement met le plus grand soin à ce qu'il soit composé d'hommes dévoués au pouvoir ; ceci se comprend, vu la mission importante et les pouvoirs presque illimités qu'on lui donne, dont les moindres sont de se tenir au courant de l'opinion publique, et d'exercer une surveillance active sur les autorités locales.

En Russie les lois sont parfois bonnes, presque toujours l'intention du czar est excellente, mais il est une chose qui rend stériles les bonnes intentions, qui rend néfaste la meilleure des lois, c'est la corruption qui s'est introduite dans les mœurs, et la vénalité qui est presque générale, et qu'on retrouve chez la majorité des fonctionnaires.

La police visible ou municipale a aussi une organisation formidable, celle-ci ne m'intéressait pas autant que l'invisible, et je dois l'avouer, je l'ai étudiée avec moins d'attention que la première ; pourtant, voulant donner dans ce travail des renseignements complets sur toutes les institutions russes, j'emprunte à M. Léouzon Leduc le travail très exact et très curieux qu'il a fait sur la police municipale.

M. Léouzon Leduc a été plusieurs fois en Russie, il parle le russe, et il connaît, lui aussi, admirablement bien ce vaste empire, et je ne saurais trop recommander à ceux de mes lecteurs qui veulent étudier cette nation de lire *la Russie contemporaine*, que cet auteur a publiée chez Hachette en 1844; ils verront que ce qui se passait alors en Russie faisait prévoir les tristes événements d'aujourd'hui.

« La police municipale est chargée spécialement du bon ordre et de la sécurité dans les villes. Voiç quelle est son organisation à Pétersbourg ; on peut la prendre pour type de celle qui a été adoptée dans toutes les autres villes de l'empire.

« A la tête de la police de la capitale est un surintendant, qui a le rang de lieutenant général. Viennent ensuite trois colonels appelés maîtres de police, ils sont chargés des trois grandes divisions du département de la police; puis onze majors de police pour les onze arrondissements de la ville, enfin quatre ou cinq *quartals* ou officiers de paix, par quartiers ou sections d'arrondissement.

« Le *quartal* appelé aussi *tschastnoï pristoff*, major de quartier, habite la maison de station dite siège (*siégedon*), où sont enfermés les bureaux de la police, les pompes à incendie et les salles de détention. Le *siège* se distingue de loin par une haute tour en bois sur la plate-forme de laquelle un soldat de police se tient constamment aux aguets pour signaler tout incendie qui viendrait à éclater.

« Le *quartal* dispose d'un certain nombre de soldats de police et de quelques officiers subalternes appelés *nadziratels*. Ces officiers et soldats, vêtus d'un uniforme militaire, portent le sabre ou l'épée et sont exercés au maniement du mousquet.

« Le police municipale de Pétersbourg compte environ trois cents guérites de *boudka*, distribuées dans les différents quartiers de la ville, et habitées chacune par trois individus appelés *boutechniks*, dont la fonction est de veiller à l'ordre et à la propreté des rues.

« Somme toute, l'administration de la police de la capitale occupe un personnel de cinq à six mille employés. Il est entendu que dans ce nombre ne sont pas compris les agents secrets dont la police municipale se sert tout comme la police politique (l'invisible).

« D'une police aussi puissamment organisée, on a droit d'attendre une active surveillance et une protection efficace. Ceci est vrai sous plus d'un rapport. Aucune autre ville de l'Europe ne pourrait se comparer à Pétersbourg pour la tenue et la propreté. Permis au moujick de se promener dans les rues avec sa graisseuse peau de mouton et d'infecter les passants de son odeur nauséabonde; mais le pavé, lui, doit toujours être en toilette, ceci se fait remarquer surtout pendant l'hiver. Tandis que le milieu des chaussées est couvert d'une nappe de neige que sillonne constamment, sans l'entamer, l'acier des traîneaux, les dalles des trottoirs sont lisses et semées d'un sable fin, qui empêche les piétons de glisser. On attribue ce soin particulier des trottoirs à un ordre sévère donné par l'empereur Nicolas, un jour qu'il était tombé de toute sa hauteur dans la grande Morskoi.

« Il n'est pas à craindre qu'un jour de fête publique la foule se livre à des écarts dangereux ou incommodes, la police y met bon ordre ; et nos Parisiens qui se plaignent quelquefois des vivacités de nos sergents de ville, seraient bien surpris s'ils étaient témoins des injures violentes et des rudes coups de poing que les agents de la police autocratique distribuent aux hommes du peuple, qu'une curiosité impatiente pousse à empiéter sur la ligne que doit suivre une procession religieuse ou un défilé militaire.

« Si nombreux et si étourdissants que soient les équipages qui parcourent les grandes rues, n'en ayez aucun effroi, les cochers sauront bien vous prévenir à temps, et si vous tardez à gagner le large, vous tourner prestement. Les malheureux ! il n'y va de rien moins pour eux, s'ils vous renversent, que d'être envoyés comme soldats au Caucase, et de voir leurs chevaux confisqués au profit de l'établissement des pompes à incendie.

« Cet établissement, qui est du ressort de l'administration de la police, est un des plus merveilleusement organisés que l'on puisse voir, il est sous la direction immédiate d'un chef appelé *brand-major*.

« Chaque *siège* a ses pompes, son matériel et sa compagnie de pompiers ; toujours prêtes, les pompes partent au galop, au premier signal. Ce signal est donné par le soldat qui veille sur la plate-forme de la tour du siège, au moyen d'un système de fanaux pendant la nuit et, pendant le jour, de boules noires, dont la disposition indique le quartier où a lieu le sinistre. Une compagnie de pompiers est composée de quarante hommes et dispose de dix ou quatorze pompes et de trente chevaux. Il existe en outre dans les divers quartiers de la ville, des maisons de dépôt.

« Ainsi chaque quartier étant à même de fournir 500 pompiers, c'est pour la capitale un effectif de 6,500 hommes qui peuvent être lancés d'un seul coup sur le lieu indiqué par le signal d'alarme. Ajoutez à cela les régiments de la garde que la police a le droit de requérir au besoin ; l'intervention personnelle de l'empereur et de ses fils qui n'a jamais fait défaut en pareil cas (dans ce moment elle ferait défaut je pense!) et vous aurez une idée du prodigieux mouvement et de l'appareil grandiose que déploie à Pétersbourg un incendie extraordinaire.

« Cependant si l'on en croit l'opinion accréditée dans cette ville, il est presque inouï que les pompiers officiels aient réussi à éteindre un feu de quelque importance. Leur concours n'aboutit généralement qu'à lui faire une large part, heureux encore, disent les incendiés, s'ils ne se font pas les complices du fléau! Du reste, quelle que soit l'issue, l'établissement des pompes n'y perd rien, car en Russie tout se paye. Aussi combien d'incendiés surpris par les flammes, qui pour se soustraire aux déprédations des pompiers et aux frais qu'entraîne leur appel, ferment leurs portes et cherchent à se sauver secrètement eux-mêmes! j'ai vu plus d'une fois pendant que j'étais en Russie de ces incendies à huis clos.

« Il va sans dire que si le secret était trahi, les pompes arriveraient soudain, et que l'amende que les contrevenants auraient à payer dépasserait de beaucoup le tort qu'ils auraient voulu faire à la police.

« Si la police des villes russes ne souffre pas que

l'on sauve sa maison sans elle, elle ne souffre pas davantage qu'on la prévienne en portant du secours à un passant qui s'affaisserait subitement sur la voie publique. Tout au contraire de ce qui a lieu dans les autres pays de l'Europe, si quelqu'un vient à tomber évanoui dans la rue, aussitôt le vide se fait autour de lui; personne n'ose approcher, il faut attendre la police. Le malheureux va mourir, n'importe! si vous lui apportez un verre d'eau, si vous lui tendez un flacon, vous serez arrêté comme l'auteur du mal, et Dieu sait ce qu'il vous en coûtera pour obtenir votre élargissement; Dieu sait aussi ce qu'il en coûtera au malade pour échapper sain et sauf au traitement des *nadziratels!*

« Ainsi donc, cette police, si vigilante pour tout ce qui concerne la propreté et la décence des villes, est à l'égard des personnes d'une inintelligence qui surprend. Que dis-je? ne semble-t-il pas que sa mission principale soit d'accumuler sur elles les vexations les plus odieuses, et au lieu de prendre en main leurs intérêts, de s'allier à tous ceux qui les poursuivent de leurs convoitises? Cette police laisse aux voleurs une étrange facilité pour faire leur vilain métier.

« La police russe est le corps le moins propre à la mission d'ordre et de surveillance qui lui est confiée. Quoique le rapport annuel du surintendant à l'empereur présente toujours le tableau le plus flatteur de la morale et de la vertu des habitants de la capitale, il est probable qu'il se commet à Pétersbourg plus de vols sinon d'assassinats qu'à Paris et à Londres réunis, et même que dans toutes les capitales de l'Europe ensemble; mais toute relation de délits ou crimes est interdite aux journaux, c'est le pays du silence absolu, la connaissance d'un crime se répand rarement hors de l'endroit où il a eu lieu ; mais dans son propre quartier l'habitant de Pétersbourg, sans autre guide que le hasard, peut se convaincre qu'il y a eu plus de vols que le rapport officiel en constate pour toute l'année.

« Pourtant ce rapport s'appelle authentique! la presse étant muselée, nul ne peut contredire la police, intéressée à falsifier la vérité, afin de faire croire qu'elle remplit bien son devoir.

« En France, certaines gens crient toujours contre les prétendues indiscrétions de la presse, qui, selon eux, se mêle de ce qui ne la regarde pas... s'ils vivaient en Russie où la presse est muette et pour cause, ils verraient que ces journalistes, avec ce qu'ils appellent leurs indiscrétions, rendent de grands services à la société, en la préservant des abus de pouvoir de tous genres. Pour moi j'en ai fait l'expérience en Russie. Le pays où la presse ne peut parler librement devient inhabitable, car on n'y jouit d'aucune sécurité.

« C'est surtout pendant les longues nuits de l'hiver, quand les nuits sont noires et que la Néva est prise, que les crimes se multiplient. La fréquence des assassinats est attestée par le nombre des cadavres qui flottent vers le golfe de Finlande lorsque les glaces se rompent. Ce sont le plus souvent des ivrognes que des cochers des traîneaux ont tués avec leurs couteaux ou leurs haches, et il est rare que l'on poursuive ces crimes, la police préférant la tâche plus facile de les cacher, si même quelques-uns de ses membres n'y ont pas participé.

« Dans les quartiers éloignés où ils se commettent, les *boutechnicks* y prennent peut-être la part principale, et sans nul doute les majors de police sont d'intelligence avec ces voleurs de profession. Il n'est pas rare de voir un audacieux malfaiteur arrêté plusieurs fois pour vol, par la même personne et relâché autant de fois par la police, qui trouvant son profit à le laisser libre, ne le punirait que dans le cas où on lui offrirait un prix supérieur à celui que lui paye le voleur. Rien de moins commun que l'arrestation d'un voleur inconnu. Il est inouï qu'un objet volé revienne à son propriétaire légal, car lors même que celui-ci vient à reconnaître son bien, il trouve bientôt qu'il n'a fait que passer des mains du voleur de profession dans celles des voleurs privilégiés ; en tout cas pour rentrer en sa possession il doit payer à la police sa valeur totale.

« Ces tristes détails ne surprendront point si l'on considère la situation intime et personnelle des agents auxquels on les reproche. La police russe, de même que toutes les autres administrations de l'empire, est fort mal rétribuée. Or, voici ce que des Russes dignes de foi assurent :

« Non seulement les agents de police sont sans fortune ; mais encore au jour de l'an le surintendant est habitué de recevoir d'eux un cadeau valant dix fois le montant de leurs honoraires. Aucune loi ne les oblige, il est vrai, à de tels cadeaux ; il existe même un ukase qui défend au supérieur d'en accepter ; mais que l'offrande ordinaire vienne à manquer et l'inférieur sera changé, disgracié, persécuté, sous le premier prétexte venu. Son cadeau est-il au-dessous de la somme accoutumée, on l'envoie dans un poste moins lucratif. Si au contraire il augmente la valeur du tribut, soit en sacrifiant la meilleure part de ses gains illicites, soit en redoublant d'activité, il est certain d'arriver à un poste plus avantageux. Ainsi s'entretient une émulation criminelle entre ceux qui ont mission de rechercher et de punir le crime.

« On aura une idée du fardeau que ces vampires font peser sur le commerce de Pétersbourg, par ce seul fait, que les cabaretiers estiment en année moyenne à 40 ou 60 pour cent de leurs bénéfices ce qui leur est extorqué directement ou indirectement par la police municipale. Les hommes de la police se partagent entre eux les habitants de la ville, et ne laissent pas que d'observer avec assez d'exactitude leurs *droits* à cet égard, si l'on peut appeler *droits* la source impure des profits qu'ils lèvent sur les larmes et le désespoir de leurs concitoyens. »

Je sais tout cela, je l'ai entendu dire cent fois par des Russes dignes de foi, mais j'ai été bien aise de citer ce que M. Léouzon Leduc a dit à ce sujet, pour montrer que je n'ai pas de parti pris trouvé tout mauvais en Russie.

Voici maintenant les petites vexations que les polices russes, la visible et l'invisible, font subir aux étrangers arrivant à Pétersbourg.

Si on arrive à Pétersbourg par le chemin de fer, c'est à la frontière que le voyageur a à subir l'interrogatoire du passeport. Que vient-il faire en Russie, a-t-il un but caché ou un but avoué? (Autrement dit est-il mouchard?)

S'il vient par mer, alors la formalité se passe à bord du bateau, elle est aussi irritante que longue.

De la main de la police, votre passeport passe à

votre ambassade qui doit vous donner un certificat de nationalité, ensuite il retourne à la chancellerie générale, qui vous fait subir un second interrogatoire ressemblant beaucoup à celui que nos juges d'instruction font subir aux accusés. Si les réponses sont satisfaisantes la police vous demande combien de temps vous comptez rester en Russie, ce qui a l'air de vous dire poliment : Le plus vite vous partirez, le plus de plaisir vous nous ferez. Alors on vous délivre un permis de séjour, pour le nombre de jours ou de mois que vous avez fixé.

Moi, à cette question à laquelle on m'a priée de répondre par écrit, j'ai répondu : Je resterai le temps qu'il me plaira de rester, à moins que la police secrète n'y voie un inconvénient. Ils ont insisté, je me suis entêtée, le maître de la police m'a donné un permis de six mois, me disant que, le délai passé, on me donnerait un autre permis, si je voulais prolonger mon séjour.

Lorsque l'étranger désire quitter Pétersbourg, soit pour se rendre dans une autre ville de l'empire, soit pour quitter la Russie, il doit, trois jours à l'avance, faire demander son passeport à la police, qui fait une enquête pour savoir s'il n'aurait pas oublié de payer son bottier ou son gantier. S'il doit seulement cent sous, on ne lui donne pas son passeport.

Ah ! si cette mesure était adoptée en France !

Le Russe qui a des dettes n'a pas la ressource de fuir à l'étranger ; tant qu'il n'a pas desintéressé ses créanciers, il n'obtient pas de passeport.

Les femmes en puissance de mari ne peuvent pas obtenir un passeport : c'est le mari qui doit aller le demander pour elles. Pourtant la police russe, mettant en pratique la phrase du bon Tartufe : « Il est avec le ciel des accommodements, » il ne s'agit pour elles que d'y mettre le prix.

Les Russes fixés à l'étranger doivent faire renouveler tous les trois ans leur passeport, ce qui leur coûte trois cents francs environ. Ceci est une sorte d'impôt mis sur les cosmopolites, et ils le payent avec plaisir.

Un passeport russe est tout à la fois acte de naissance, il constate le mariage ou le divorce; il représente ce qu'en France on appelle *ses papiers*; il sert à contracter mariage, il sert à tout. Les Russes n'ayant pas d'état civil, c'est l'Eglise qui est la dépositaire de tous les actes, naissance, mariage et acte de divorce.

On m'a assuré que quelquefois une fille un peu mûre ou une veuve comptant par trop d'automnes, moyennant un cadeau aux popes, se faisaient un peu rajeunir.

Ce passeport-état civil permet aussi parfois des fraudes dans le genre de celle-ci : Une dame divorcée va en Allemagne; dix-huit mois après, elle met au monde un petit garçon; elle aurait été réduite à le faire enregistrer comme fils naturel. Connaissant admirablement la manière de se servir des employés russes, elle ne fait pas inscrire l'enfant, ne déclare pas sa naissance. Lorsqu'il a deux ans, elle le confie à une marchande allemande qui l'introduit en Russie comme étant son fils; huit jours après elle va elle-même à Pétersbourg, elle reprend son enfant, va trouver un policier employé aux passeports.

— Il faut, lui dit-elle, me faire un autre passeport

et y faire figurer mon fils, âgé de trois ans et demi.

Le policier répond que c'est impossible. Elle sort une liasse de billets de mille roubles. L'employé s'incline bien bas, empoche l'argent et fait le passeport, et voilà le bébé fils très légitime... Ceci fait, la dame ramène son fils en Allemagne; il aura ses papiers, il pourra un jour se marier.

En Russie, la fraude est dans les mœurs !

Le *Svod*, code de l'empire russe, stipule les obligations des étrangers séjournant en Russie. Voici quelques-uns des principaux articles :

« 1. Sont considérés étrangers les sujets des puissances étrangères établis dans le pays.

« 2. Les enfants des étrangers nés en Russie et qui ont pris du service soit dans l'ordre civil et administratif, soit dans l'ordre militaire, sont traités à l'égal des sujets russes.

« 3. La fille ou femme qui épouse un étranger suit la condition de son mari. S'il retourne dans sa patrie, elle doit y aller avec lui; mais en quittant sa patrie, elle perd la capacité d'y posséder des immeubles. Si elle est déjà propriétaire de quelques biens, elle doit les vendre dans le délai de six mois, et verser au trésor de l'empire la moitié des sommes produites par la vente. Si elle laisse ses enfants en Russie elle peut se dispenser de vendre, mais elle doit leur transférer ses biens.

« 4. Tant qu'ils restent en Russie, les étrangers sont soumis pour leur personne comme pour leurs propriétés aux lois du pays. Ils peuvent entrer au service militaire, mais non au service civil (pourtant le département de l'instruction publique leur est d'un accès facile).

« A aucun titre un étranger ou le fils d'un étranger ne peut entrer dans les ponts et chaussées. (Ceci est fait dans le but prudent et sage d'empêcher toute indiscrétion pouvant nuire en temps de guerre.) Ils sont autorisés à prendre rang dans les guildes ou dans les corporations d'artisans.

« Les étrangers nobles, dont la noblesse a été reconnue ar le gouvernement russe, sont exempts des peines corporelles. »

L'article 9 interdit aux étrangers de s'établir dans les villes des colonies militaires.

L'autocratie, par cet article 9, a cherché à protéger les soldats contre les idées libérales ; elle craint qu'on leur apprenne qu'il est des nations où le soldat ne peut pas être bâtonné.

L'article 13 permet à l'étranger de solliciter pour lui ou pour ses enfants un brevet de naturalisation, pour cela, il n'a qu'à déclarer qu'il veut se faire sujet russe, et prêter serment de fidélité à l'empereur; il doit prêter ce serment devant le gouverneur de la ville qu'il habite, dans sa langue maternelle et en termes conformes à la religion qu'il professe.

Les juifs ne sont que tolérés en Russie ; ils ne peuvent pas se faire naturaliser. Ils n'obtiennent que des permis de séjour provisoire qu'ils doivent faire renouveler, ce qui leur coûte généralement fort cher.

Depuis quelques années, quelques hauts financiers juifs ont pu, malgré cette loi, devenir sujets russes. M. G..., le riche banquier, vient même de recevoir un haut rang dans le tchin. Espérons que cette intolérance envers les sectaires d'une religion qui fut, après tout, la nôtre au temps jadis, cessera. Ne descendons-nous pas d'Israël tous ?

L'étranger qui veut rester un an en Russie obtient un permis de séjour moyennant une somme de trente francs à peu près. Pour si peu, ce n'est pas la peine de se montrer inhospitalier.

En Russie, les deux polices, la visible et l'invisible, ou, si l'on préfère, la politique et la municipale, sont deux administrations puissantes comme nombre et comme organisation, et pourtant les derniers événements nous prouvent combien l'autocrate a peu à compter sur ces deux forces qui lui coûtent à entretenir presque autant que l'armée. La police laisse creuser des tranchées sous les chemins de fer ; on lui annonce deux mois à l'avance qu'on va essayer de détruire le palais d'Hiver, le faire sauter avec ses locataires... et la police laisse placer les quatre-vingts kilogrammes de dynamite. Rarement elle arrête les auteurs des attentats. Ceci tient à plusieurs causes : d'abord la police est vénale, ensuite beaucoup de policiers sont nihilistes eux-mêmes, et enfin il y a une lutte sourde entre les deux administrations. Le chef de la troisième section n'est pas fâché que son collègue de la police municipale soit en faute, et celui-ci est enchanté que le chef de la troisième section soit taxé de maladresse. Pour moi, j'ai la conviction profonde que les polices russes sont les deux corps les plus malsains et les plus dangereux de cet empire du nord.

Prisons et forteresses en Russie ont un aspect sinistre ; on ne peut les voir sans tressaillir, et ce qui leur donne cet aspect morne et terrible, c'est moins leurs lourdes masses de pierres noirâtres que le silence et le mystère qui les enveloppent comme d'un froid suaire.

Un homme jeté en prison en France, qu'il soit innocent ou coupable, sait qu'il peut faire agir sa famille et un avocat; il sait que la presse est toujours prête à donner son appui aux victimes de l'arbitraire, et enfin arrestations, jugements, exécutions, tout se passe en public.

En Russie, la presse n'est que tolérée; un mot du maître suffit pour suspendre ou tuer un journal, la censure est plus que sévère; l'écrivain a toujours suspendus sur sa tête l'exil, la Sibérie, la forteresse et la mort. La pensée, dans cet empire, est tenue dans un esclavage incroyable; les journaux ne peuvent dire que ce que l'autocratie veut qu'ils disent; les victimes ne peuvent avoir leur appui.

Les arrestations se font mystérieusement. La famille doit se taire, avoir l'air d'oublier l'arrêté, sans quoi elle est jetée en masse dans la forteresse.

L'accusé ne peut appeler un avocat, il est au secret et nul ne peut correspondre avec lui.

En France, nous connaissons le sort des détenus dans nos diverses prisons; elles sont visitées, et si elles sont trouvées malsaines, si la nourriture y est mauvaise, les geôliers cruels, la conscience publique proteste, les journalistes écrivent, l'opinion force la main au pouvoir qui est forcé d'améliorer le sort des prisonniers. Le grand jour éclaire tout, il pénètre même dans le cachot du condamné à mort.

En Russie, nul ne peut visiter les forteresses, ceux

qui y sont jetés, rarement en sortent ; on ne sait pas ce qui s'y passe : les geôliers ont l'impunité pour eux. Le pouvoir a droit de vie et de torture, nulle loi n'est au-dessus de lui ; le czar est la loi : s'il est cruel, la loi est cruelle ; s'il est injuste, la loi est injuste. Les créatures qu'il emploie pour exécuter ses arrêts font du zèle, et enfin elles sont humaines, c'est-à-dire sujettes à l'erreur, à la cruauté, à l'injustice et à l'amour de la vengeance.

L'homme arrêté frissonne, car il ne sait pas où il va, il ne sait pas ce qui l'attend. On le dirige vers une prison ; il sait qu'il sera là dans l'ombre du tombeau, pire encore, car le tombeau offre le calme, la forteresse donne l'idée de supplices et d'odieuses tortures.

La forteresse de Pétersbourg est un monument immense, noir, sinistre ; elle s'élève sur une île de la Néva. Elle est tout à la fois édifice militaire, sépulture impériale et prison d'Etat.

Par une idée difficile à saisir, les autocrates ont réuni dans le même édifice les cadavres des czars et de ceux qui se sont révoltés contre le despotisme.

Ceci peut s'expliquer de deux manières : ils ont voulu peut-être dire aux victimes : Consolez-vous, les anciens bourreaux sont là à côté de vous, les vers rongent leurs os... Le czar présent et les czars de l'avenir viendront aussi dans cette morne chapelle, et, comme les autres, leurs dépouilles seront rongées par les vers qui, en affreux révolutionnaires qu'ils sont, attaquent le cadavre de l'autocrate avec le même sans gêne qu'ils attaquent le cadavre du moujick.

Il est évident que cette pensée philosophique doit

13

consoler un peu les victimes des despotes. Mais est-ce dans ce but que la sépulture impériale a été placée là? Je ne sais, une autre pensée peut avoir guidé celui qui en a eu l'idée... Peut-être a-t-il voulu donner, comme offrandes agréables, les pleurs et les grincements de dents des prisonniers aux mânes des tyrans décédés !

Les tombeaux impériaux manquent de grandiose : une dalle recouvre le corps ; au-dessus, un petit tapis avec les armes du défunt vous prévient de ne pas fouler aux pieds la dalle et vous donne le nom de celui qui repose en dessous, c'est tout.

Si vous demandez, ce qui est considéré comme une indiscrétion, de visiter la forteresse, on vous introduit dans la chapelle qui sert de chambre mortuaire ; si vous avez la maladresse de demander à visiter les cachots, on vous répond sèchement : « C'est impossible! »

Mais les grilles des lucarnes de l'édifice vous apprennent qu'il y a des cachots sous l'eau, d'autres sous les toits ; des prisonniers pourrissent dans l'humidité ; d'autres, en été, supportent une chaleur accablante!

Il y a un grand nombre de forteresses en Russie, en Sibérie, dans une des îles d'Arkhangel. Il y en a qui ont une sinistre réputation. Si un jour le peuple ouvre de force ces forteresses, il mettra en lumière des choses horribles !

Mais le peuple insouciant se dit : « A quoi bon ! ce sont surtout les gens que nous jalousons qu'on y enferme, puisque ce sont les nobles et les savants sur qui s'appesantit particulièrement le bras de fer de l'autocratie ! »

Et les forteresses resteront longtemps encore debout, et elles continueront à rester sombres et mystérieuses !

TRAINEAU DE KAMTCHADALS TRAINÉ PAR DES CHIENS.

CHAPITRE VII

LES SECTES RUSSES

A Russie est, après l'Amérique, la nation où l'on trouve le plus grand nombre de sectes sauvages et absurdes.

Le philosophe, qui veut se faire une idée à peu près exacte de l'esprit humain, doit étudier surtout les diverses religions enfantées par le cerveau de l'homme.

Mais en faisant ce travail, il arrivera à la triste conviction que la folie est une maladie presque générale à l'espèce humaine; il comprendra que les fous enfermés dans nos Charentons sont des sages à côté de millions d'hommes que l'on suppose être dans leur bon sens, et qui ne sont en réalité que des fous d'une catégorie fort dangereuse.

Malheureusement, si l'on voulait mettre la camisole de force à tous ceux qui la méritent, il n'y aurait pas assez d'hommes sensés pour se faire leurs gardiens.

Vous allez voir que beaucoup d'hommes enfermés dans des cabanons n'ont certes pas une folie si intense et si dangereuse que celle des sectaires de certaines sectes russes.

Il y a d'abord en Russie les conservateurs, c'est-à-dire ceux qui ont conservé la religion primitive et qui ont protesté contre le christianisme, lui reprochant de venir en révolutionnaire faire la guerre au passé, détruire les anciennes croyances, renverser les dieux antiques pour en imposer de nouveaux.

Ces conservateurs-là ont une énergie féroce à conserver; ils veulent tout conserver, tout changement leur paraît œuvre impie. Ils sont donc restés païens : ils adorent Odin, Rouss et Péroun.

Le dieu Odin, considéré principalement comme le dieu des combats, passe pour posséder la science infuse; il donne le courage aux héros, l'inspiration aux poètes et la vertu aux hommes. Il a pour épouse une déesse nommée Frigga; mais les légendes parlent de lui comme d'un don Juan, d'une sorte d'Apollon courant sans cesse après Daphné. On le représente sur un cheval à huit pattes (sleipnir), tenant dans sa main droite une lance; deux corbeaux, ses messagers, sont juchés sur ses épaules.

Péroun est le dieu terrible, le dieu du tonnerre.

Les conservateurs, les fidèles au culte des anciens

dieux, sont encore assez nombreux en Russie ; souvent ils se rassemblent dans des forêts mystérieuses, et ils se livrent à des pratiques étranges.

Ceux des villes se réunissent chez un sectaire, et à l'heure où la police et les popes se livrent aux douceurs du sommeil, eux, adorent Odin par des cérémonies bizarres et barbares.

Le christianisme, greffé un peu trop brusquement sur le paganisme, a donné naissance à une foule de sectes qui sentent leur origine païenne.

D'abord, au commencement du xvie siècle, les mal convertis à la religion de Jésus formèrent une hérésie, et, chose singulière, elle avait à sa tête le métropolite Zozime lui-même, c'est-à-dire le chef du clergé gréco-russe.

Cette hérésie judaïque consistait à nier le Christ, à attendre la venue du vrai Messie. Les sectaires maudissaient les images du Christ et celles représentant la Vierge ; ils crachaient sur elles, les mettaient en lambeaux, les déchirant avec les dents; ensuite ils piétinaient sur les fragments.

Ils croyaient à un livre cabalistique donné à Adam par Dieu. Ce livre contenait la suprême sagesse et la science infuse ; Salomon, Moïse, Joseph, Daniel, Élie, l'avaient lu. Ils y avaient puisé leur sagesse et leur puissance à vaincre les éléments, ainsi que la science d'expliquer les songes. Ce livre étant perdu, disaient-ils, le monde reste plongé dans le mal et dans l'ignorance ; il faut le rechercher dans tout l'univers. Une fois retrouvé, les hommes deviendront bons et puissants, et les éléments leur obéiront.

Cette secte fit de rapides progrès en Russie.

Ivan III arriva à l'étouffer en partie en ôtant le pouvoir à son chef Zozime, mais aujourd'hui elle a encore des sectaires qui se livrent en secret aux mêmes profanations et qui cherchent le fameux livre.

Haxthausen, dans sa remarquable étude sur la Russie (*Étude sur la situation intérieure, la vie nationale et les institutions rurales*), cite deux cents sectes dissidentes en Russie, et il avoue qu'il n'a pu parvenir à les connaître toutes. Je ne parlerai que de quelques-unes ; ce sera suffisant pour donner une idée des autres.

Ces sectes se développent surtout dans les provinces reculées ; elles y naissent avec une spontanéité extraordinaire, et elles deviennent un danger réel par leur importance.

La secte des scoptzi, pourtant, a de nombreux sectaires à Moscou, à Pétersbourg et à Odessa. Presque tous les changeurs et les orfèvres de ces trois villes sont scoptzi ; on estime leur nombre à trente mille.

Les scoptzi ne croient pas aux livres saints ; ils prétendent que la Bible et l'Évangile ont été falsifiés, mais ils croient qu'il en existe un exemplaire véritable ; ils insinuent que ces deux livres authentiques ont été murés dans la coupole de Vassili-Ostroff par ordre de Pierre III. Ils affirment que ce prince était la plus récente émanation de Dieu fait homme. Ils l'adorent et le reconnaissent pour chef suprême.

Pour eux, le Christ ne meurt jamais : il passe d'incarnation en incarnation (un Juif Errant divin !) ; il pérégrine sur la terre à l'état de pur esprit, n'ayant aucun sexe. Pierre III a été sa dernière incarnation, mais, selon eux, ce czar-Dieu n'a été ni étranglé ni empoisonné : c'est un faux Pierre III qu'on a vu sur son lit de parade et qu'on a enseveli. Le véritable s'est sauvé à Irkoutsk où il vit, attendant le moment de se manifester encore.

Sa dernière apparition aura lieu dans le Kremlin de Moscou. Ce jour-là, les cloches de la cathédrale s'ébranleront d'elles-mêmes. A ce signal, les scoptzi accourront entourer leur chef, et alors commencera le règne de la vertu, de la lumière et du bien.

Les scoptzi semblent être les continuateurs des théories des *montanistes et des valésiens* dont a parlé saint Augustin ; toute leur doctrine a pour base ces paroles de l'Évangile : *Si un membre vous porte au péché, détachez-le de votre corps.*

Ils suivent ce conseil à la lettre.

La police fait de vains efforts pour mettre un terme à ces mutilations barbares. Les scoptzi sont riches, ils trouvent moyen d'acheter ou de tromper la police.

On m'a cité la mésaventure suivante, arrivée à un homme attaché à la troisième section :

Il avait reçu l'ordre de se faufiler dans l'intimité des scoptzi et d'arriver à connaître le nom de tous les sectaires de Pétersbourg. Il se lie avec des changeurs, parle religion et affecte d'admirer celle des scoptzi ; puis, finalement, il demande à être initié et à adopter cette religion.

Il espérait que les chefs allaient se rassembler, qu'il pourrait ainsi les connaître, et qu'au moment suprême il dirait que sa foi n'était pas encore assez robuste pour qu'il se résignât à la mutilation.

Mais au jour dit, on le met dans une voiture, on

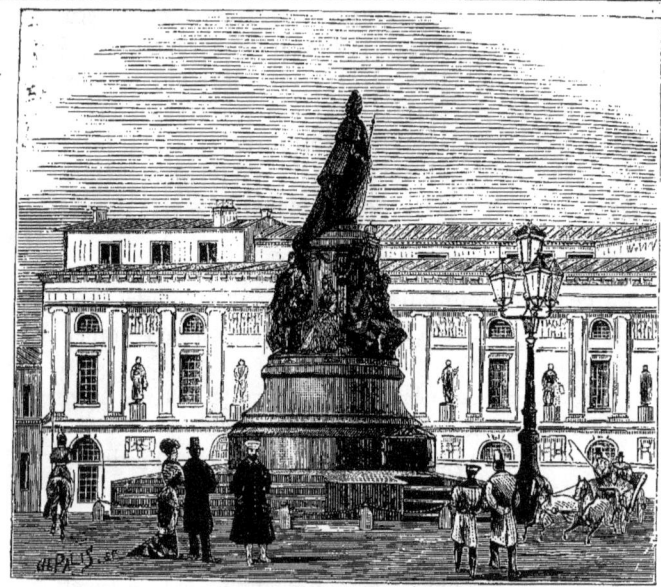

MONUMENT DE CATHERINE II (RUSSIE).

lui bande les yeux ; la voiture fait des tours et détours, on le fait sortir à tâtons, monter, descendre ; on fait tout enfin pour le désorienter. Il se trouve finalement assis dans un fauteuil ; on lui enlève son bandeau. La réunion est nombreuse, mais hommes et femmes sont masqués. Seule une belle image, représentant Pierre III, qui est accrochée au mur, a le visage découvert.

On lui demande s'il est prêt....

— J'ai la foi, je veux le devenir ; j'admire vos croyances, j'approuve vos pratiques ; mais pourtant, ma foi n'est pas assez robuste encore.

Le fauteuil était à bascule ; il se trouve lié, on le rend scoptzi malgré lui ; puis on l'attache, on lui met un bâillon sur la bouche, un bandeau sur les yeux. A l'état de ballot, on l'emporte ; il roule en voiture deux heures, et l'on finit par le jeter devant la porte du bureau de police.

Les sectaires avaient deviné que cet homme était un mouchard, et par ce procédé barbare, ils ont averti la police de les laisser en paix, et celle-ci se l'est tenu pour dit.

Les schlisti (flagellants) ont des pratiques d'une immoralité révoltante : ils se réunissent dans des chambres, dansent, sautent, font toutes sortes de contorsions, jusqu'au moment où ils tombent épuisés sur le sol.

Et cela pour plaire à Dieu !

A un certain jour, ils se livrent à ce qu'ils appellent *svalnii greech* (péché de la chute). Il se passe alors des scènes impossibles à décrire.

Les *bogomiles* professent les idées des manichéens du IXe siècle, qui prirent plus tard le nom d'Euchètes (enthousiastes) et qui étaient appelés *passagini* en Italie, où ils étaient nombreux au xie siècle. Tout leur culte repose sur la théologie de la pureté. Ils se disent les hommes les plus purs de l'univers; ils croient à deux royaumes éternels gouvernés par deux forces dont l'une est supérieure à l'autre. Selon eux, l'homme a en lui deux natures spirituelles. Chez les bogomiles, ces deux natures existent, tandis que chez les autres hommes (les non bogomiles), la nature mauvaise seule existe, la bonne étant étouffée par la volupté.

Les bezslovestnié (muets) gardent un silence perpétuel pour plaire à Dieu, qui aurait pu, il me semble, s'il aimait tant que ça le silence, faire tous les hommes muets !

Ils s'efforcent, dans leurs prières, d'arriver à l'extase ; ils n'ont pour images que des gravures représentant le suaire de Notre Seigneur.

Le fanatisme de ces sectaires est tel, qu'on leur a fait subir les supplices les plus épouvantables sans les amener à proférer une seule parole.

De leur culte, de leur théologie, de leurs croyances, on n'a jamais pu rien savoir.

Ils sont très nombreux en Sibérie.

Un nommé Zacharie, qui vivait à Novgorod au xve siècle, est, nous dit Karamzine, le fondateur de la secte des Sabatniki (observateurs du sabbat). Ces sectaires suivent la loi de Moïse; ils attendent un Messie ; leur nombre est considérable aussi en Sibérie.

Le schisme qui éclata dans l'Église russe au xviie siècle a donné naissance à la secte des *staroviertzi* ou raskolniks (vieux croyants); cette secte s'est divisée elle-même en plusieurs autres sectes.

Après la domination tartare, le clergé ne comprenant plus l'ancien slavon, de nombreuses erreurs s'étaient glissées dans la liturgie. Philarète, de la famille des Romanoff, commença le travail d'épuration ; Nicon acheva de purger les textes des falsifications.

Les staroviertzi n'acceptent pas ces épurations, ils continuent à se servir des anciens textes. Ils protestent donc contre la liturgie officielle. Pierre Ier leur a fait une guerre acharnée. Ils ont préféré mourir que de se soumettre. Ils se réunissaient deux ou trois mille dans leurs églises, auxquelles ils mettaient le feu, préférant se brûler vifs que de reconnaître les textes nouveaux.

A présent, on donne le nom de vieux croyants à tous les hommes par trop attachés au passé et par trop rebelles au progrès.

Pour les staroviertzi, Pierre Ier est l'Antechrist annoncé par les livres saints.

Leurs centres principaux sont en Crimée, sur l'Oural, dans le gouvernement de Staratoff et dans les tribus cosaques. Moscou en compte un grand nombre.

Les malakans (mangeurs de lait) ne vivent que de laitage, d'herbages et de légumes; leurs traditions parlent d'un héros né dans l'Occident qui viendra un jour détrôner le tyran du Nord. Ils prirent un instant Napoléon Ier pour cet homme providentiel, et ils lui envoyèrent une députation d'hommes habillés tout en blanc; mais, en route, les armées russes s'emparèrent de ces hommes et les jetèrent en prison.

Les morelstschiki, tout comme les scoptzi, se font parfois des amputations partielles; ils ont en plus

un baptême qui les purifie si bien de toutes leurs fautes, qu'il les envoie directement en paradis. Ils l'appellent le baptême du feu.

Voici comment ils se donnent ce baptême :

Ils cherchent un lieu désert, ils y creusent une immense fosse, ils y mettent dedans et autour des matières combustibles. Ceux qui aspirent à aller au ciel et qui sont prêts pour ce voyage, se rendent en procession vers cette fosse. Le brasier est allumé et ces fanatiques s'y jettent ; ils se laissent consumer par les flammes avec un courage héroïque. Les femmes souvent s'y jettent avec leurs enfants dans les bras, désirant les emmener dans le beau paradis avec elles.

Dieu, du haut des voûtes éthérées, doit se dire : « Pour qui me prennent-ils, pour croire que ces horreurs me sont agréables ! »

On ne connaît rien de leur doctrine : ils gardent sur elle un secret absolu.

CHAPITRE VIII

La religion gréco-russe. — En quoi elle diffère de la religion catholique. — Comment les Russes ont été baptisés. — L'idolâtrie des images. — Les popes. — Les moines. — Les couvents.

E schisme grec est basé sur des détails et non sur des croyances, il reproche à Rome d'avoir supprimé l'abstinence dans la première semaine du carême, de permettre les œufs et le laitage jusqu'à la semaine sainte, de permettre aux prêtres de se couper la barbe et de leur défendre de se marier ; d'avoir remplacé le vrai baptême institué par Jean-Baptiste par un simple simulacre, de donner la communion sous une seule espèce, et enfin de prétendre à tort que le Fils procède du Père et du

Saint-Esprit, tandis que, disent-ils, il ne procède que du Père.

LES POPES.

La liturgie des orthodoxes est différente : ils font

le signe de la croix de droite à gauche, et non de gauche à droite.

Jusqu'au xe siècle, la Russie était, on le sait, païenne.

Le grand prince Vladimir était un conquérant heureux et cruel, un païen qui faisait des sacrifices humains ; il avait, David du Nord, un harem composé de huit femmes légitimes et de huit cents concubines.

Les hauts faits militaires de ce sauvage attirèrent l'attention de l'Europe sur Kieff et sur son prince ; elle comprit qu'un vaste empire pourrait bien se former au Nord. Les clergés se dirent qu'il serait glorieux de gagner ce païen puissant au giron de leur Eglise, tous lui envoyèrent des missionnaires. Les musulmans arrivèrent les premiers. Vladimir les écouta avec attention ; mais, lorsqu'ils parlèrent de la défense qu'avait fait Mahomet à ses disciples de boire du vin et des liqueurs, Vladimir se leva :

— Jamais, leur dit-il, je n'embrasserai votre religion ; l'eau-de-vie est aussi utile aux hommes de mon pays que le lait l'est aux enfants.

Et il congédia les prêtres musulmans.

Les catholiques arrivèrent après eux. Lorsqu'ils parlèrent du pape, le représentant de Dieu sur la terre, l'autocrate du Nord repondit hautainement qu'il pouvait bien courber le front devant un Dieu invisible, mais qu'il ne se soumettrait jamais à un homme fait une sorte de Dieu terrestre. Et il renvoya les catholiques.

Phocius avait déjà fait son schisme, il était dans tout son éclat à Byzance. Le clergé grec lui envoya, lui aussi, des missionnaires, et ceux-ci eurent l'honneur de convertir ce barbare païen, qui demanda des popes à Byzance.

Désirant des reliques et des images, il ne trouva rien de mieux que d'aller enlever, à main armée, celles que possédait la ville de Cherson.

Il demanda une princesse grecque comme épouse. On lui envoya une jeune princesse qui arriva escortée d'une suite de savants, d'artistes et de popes. Devant elle, Vladimir chassa à coups de fouet ses femmes et ses concubines de son palais, puis il en fit sortir toutes les anciennes idoles des dieux païens; il les attacha à la queue des chevaux, les fouetta et ordonna qu'on les noyât dans les eaux du Dniéper, où elles sont encore ensevelies dans la boue du fleuve.

Cette exécution sommaire et brutale accomplie, il reçut le baptême, les popes l'unirent à la jeune Grecque qui apportait avec elle la civilisation byzantine, la première qui ait lui en Russie.

Chrétien, l'autocrate voulut que dans l'espace d'un mois tous ses sujets fussent chrétiens. Leur prêcher la religion du Christ, les convertir par la persuasion qui donne la foi, aurait demandé du temps; les autocrates manquent généralement de patience, ils veulent être obéis promptement. Vladimir ordonna tout simplement à ses sujets de recevoir le baptême et d'embrasser la religion que lui-même venait d'embrasser.

Les soldats, à coups de verges, poussèrent près des fleuves les hommes, les femmes et les enfants ; à coups de verges, ils les forçaient à se déshabiller; les popes les prenaient par les pieds et les plongeaient dans l'onde froide. Un bain forcé et désagréable, voilà la première chose que les Russes ont connue de la religion du Christ !

Une fois baptisés, ils reçurent des images, on leur apprit à faire le signe de la croix... et ils furent chrétiens !

Voilà un apôtre allant plus vite en besogne que tous les apôtres du Christ, se contentant de prêcher et d'essayer de faire entrer la foi dans le cœur des hommes !

Vladimir était déjà de cet avis qu'un seul homme, le souverain, a le droit de penser et de vouloir, et que ses sujets doivent, comme des pantins, obéir sans raisonner.

Pour ces nouveaux convertis, les images ne furent pas de simples symboles : elles furent des divinités nouvelles détrônant les anciennes, et le culte de l'image, — on pourrait dire l'idolâtrie de l'image, — commença en Russie ; elle y règne toujours.

Le grand prince Youri, au moment de l'invasion de sa patrie par les Mongols-Tartares, au lieu de marcher au-devant d'eux, se contentait de promettre des diamants et des perles à ses saintes images, si elles le débarrassaient des envahisseurs.

Les anciens codes édictaient une peine contre celui qui priait une image appartenant à un autre homme, lorsqu'il l'avait entourée d'or et de pierres précieuses pour se la rendre favorable. Ils traitaient cet homme de voleur, car, disaient-ils, il a essayé de dérober les faveurs de cette image.

En Russie, on ne voit qu'images : il y en a sur les murs extérieurs des églises, dans chaque station des chemins de fer, dans les salles des cabarets; dans chaque maison, palais ou masure, il y a des images. Il y en a dans les maisons les plus impures.

Les sorcières, disant l'avenir par le feu, le café, le plomb ou les cartes, ont des images, mais avant de commencer leurs opérations magiques elles les saluent, puis leur voilent la face...

Je suppose que la courtisane, avant d'écouter les doux propos de son client, salue aussi les images et ensuite leur voile la face. Ce qui tend à prouver que le peuple voit en cette image plus qu'un symbole, mais une divinité, et cela est si exact qu'il n'est pas rare qu'un homme du peuple, ayant un saint Alexandre ou un saint Nicolas bien encadré et entouré d'or ou d'argent, si les faveurs qu'il demande à cette image ne lui sont pas accordées, se mette en fureur, arrache l'or et l'argent du cadre et offre le tout à l'image de saint Vladimir ou d'un saint quelconque.

Dans la petite chapelle qui se trouve sur l'emplacement occupé par la maison habitée jadis par Pierre Ier pendant que la ville de Saint-Pétersbourg se bâtissait, il y a une image réputée miraculeuse ; j'ai vu des sortes de convulsionnaires devant elle, ils se prosternaient, se frappaient la tête sur le sol, puis la baisaient avec des transports inouïs. Ces hommes me rappelaient bien plus les idolâtres que des chrétiens.

Il y a en Russie des images de madones, par exemple, réputées sans puissance, tandis que d'autres sont réputées miraculeuses ; elles accordent santé, richesse, bonheur, à ceux qui les implorent. Certaines images ont pour des millions de pierreries sur leurs cadres.

Ces images pour être officielles doivent être peintes sur bois ou sur toile ; on les appelle les *bogs*, placées dans un des coins de l'appartement où la famille se réunit, une lampe remplie d'une huile peu épurée fume nuit et jour devant elle.

Le *moujick* (paysan) en entrant dans sa chaumière commence toujours par saluer ses bogs et celui qui lui rend visite doit adresser ses premières salutations aux bogs.

Mais les vieux croyants ne permettent pas à l'hérétique, c'est-à-dire à celui qui n'appartient pas à la religion grecque, de s'approcher des saintes images, les plus fanatiques traitent d'impurs leurs compatriotes qui ont quitté le sol de la sainte Russie pour aller voyager à l'étranger, et qui ont ainsi méconnu cette maxime de la Bible : *Ne frayez pas avec les hérétiques.*

Il n'est pas rare qu'un vieux croyant essuie avec soin tous les endroits où l'hérétique a appuyé les pieds ou les mains, histoire de purifier son saint logis !

On le sait, le rite grec défend la statue et le relief, en revanche il use et abuse des dorures et des couleurs voyantes.

Beaucoup de Russes, et même ces viveurs, posant en sceptiques, portent au cou une petite image comme un talisman. Dans le danger, dans l'infortune, ils s'adressent à elle bien plus qu'à Dieu, mais si la maladie ou la mauvaise chance persiste, ils fustigent l'image, la raillent et l'insultent, et ils en prennent une autre.

La religion grecque, implantée en Russie par un autocrate, est devenue la religion officielle. L'idée religieuse est la forme la plus parfaite du panslavisme officiel, qui veut se servir de la religion comme prétexte à soumettre à son joug tous les peuples slaves et orthodoxes et créer une Eglise officielle avec le czar pour chef suprême. Alors l'autocrate, maître des vies, des fortunes, se fait encore le maître de la conscience de ses sujets.

Le clergé grec d'Orient sert les projets des autocrates russes, il fait naître des prétextes à guerres afin d'arriver à donner Constantinople au chef de l'Eglise grecque... De là les questions d'Orient, de là la situation intolérable faite aux sultans par ses sujets appartenant à la religion grecque.

Le patriarche grec de Constantinople dirige avec habileté l'œuvre poursuivie par la Russie, il crée des ennuis à la Porte.

Comme liberté de conscience, comme tolérance religieuse, voici ce qu'offre l'autocrate à ses sujets :

Le Russe, pour que son testament soit valable, doit établir qu'il a fait ses pâques dernières.

Le Russe qui ne peut montrer par un billet de confession qu'il a accompli ce devoir, ne peut hériter.

Ceci explique que Pâques arrivant, toute la Russie communie avec un entrain qui serait plus édifiant s'il était moins imposé.

En Russie, être fervent c'est être bon courtisan, le czar étant chef de la religion.

Le panslavisme veut donc se servir de l'orthodoxie pour affermir sa puissance. Le slavisme, qui est son adversaire, cherche à se séparer de l'Eglise officielle ; pour lui se montrer irréligieux, favoriser les sectes dissidentes, c'est faire échec à l'autocratie. Les libéraux, ceux qu'on nomme nihilistes, ne trouvent appui parmi le peuple que chez les hommes appartenant aux sectes diverses. Les vieux croyants, par haine de la religion officielle, entrent dans la conspiration qui se produit en faveur des idées libérales.

Le Russe qui embrasse le catholicisme ou une autre religion perd son titre et ses grades, il ne peut plus ni ester ni hériter.

Le prince X..., il y a 35 ans, épousa une jeune Italienne. Soit pour avoir la même religion que sa femme, soit par conviction, il passa au catholicisme. Il y a dix ans il alla à Moscou pour affaires, il tomba malade dans cette ville ; se voyant en danger de mort il voulut faire un testament en faveur de sa femme et de son enfant. Il avait des biens en Russie ; pour pouvoir les leur léguer il dut se faire baptiser une seconde fois, il était sous l'empire d'une fièvre ardente, on le prit, on le plongea dans une cuve d'eau froide et on le retira mort. « Le diable a pris son âme, » dirent les popes en riant.

Le gouvernement russe ne reconnaît comme valables que les mariages faits par l'Eglise grecque.

La princesse de X... et son fils n'ont pas pu hériter, la première de son époux, le second de son père.

Mais je dois dire qu'être bon orthodoxe demande une plus grande agilité qu'une profonde conviction ; savoir faire une centaine de signes de croix, autant de génuflexions, se résigner à faire le carême de façon à en devenir blême, se confesser à Pâques, voilà ce que l'autocratie demande surtout aux Russes.

Les hommes du peuple de Pétersbourg m'ont amusé bien souvent. Je logeais à l'hôtel d'Europe, une fenêtre de mon salon donnait en face d'une petite chapelle située sur la perspective Newski, je voyais les cochers et les moujicks interrompre leurs jurons horribles, s'arrêter, se signer vivement dix ou douze fois et ensuite, le dernier signe de croix à peine fini, recommencer à crier leurs formidables jurons. Ils me faisaient songer à ces bandits napolitains ; ils sont en cour d'assises, ils reconnaissent avoir assassiné un homme dans une cave, les médecins en examinant le cadavre ont reconnu que les meurtriers s'y étaient pris à deux fois pour le tuer. « C'est vrai, répond un de ces hommes, comme nous étions en train de le poignarder, nous avons entendu la sonnette qui annonçait que le saint viatique passait, alors nous avons bâillonné la victime, nous l'avons maintenue et nous nous sommes mis à genoux ; lorsque le prêtre a été loin nous avons repris notre travail.

« Et, ajoutait le bandit, avec un sentiment d'orgueil, on est bon catholique quoiqu'on soit assassin. »

Mais il va sans dire que je ne veux point insinuer qu'il n'y ait pas beaucoup de Russes religieux par conviction ; seulement d'un côté l'ignorance du peuple, de l'autre côté le manque de liberté religieuse font naître le culte de l'image et l'hypocrisie.

Laisser se créer une puissance, laisser se former un pouvoir occulte dans l'État, aurait été une maladresse au point de vue de l'autocratie, et cette maladresse elle ne l'a point commise : elle a eu l'habileté de soumettre la religion à l'autocratie et de mettre le clergé sous sa dépendance complète.

Chose curieuse et singulière dans cette Russie dévote, le clergé n'a aucun prestige, le pope n'exerce aucune influence; à l'église, on se prosterne devant lui ; hors l'église, il devient le premier venu ; s'il se grise, le moujick se moque de lui et l'injurie ; mais dès qu'il est dans l'église, ce même moujick lui témoigne un grand respect.

Jusqu'en 1573, l'Église russe a été sous la domination du patriarche de Constantinople. Cette servitude déplaisait aux princes moscovites ; aussi Ivan IV, conseillé par son ministre Boris Godounoff, profita des troubles qui avaient éclaté à Constantinople pour affranchir son Église. Jérémie II, Métrophane, Pachonius et Théolept se disputaient le siège de patriarche. Jérémie, pour en finir avec ses rivaux, leur offrit de l'argent ; il acheta d'eux la situation disputée de patriarche. Boris Godounoff trouva l'idée bonne ; il pria Jérémie II de se rendre à Moscou. Une fois qu'il fut dans cette ville, à prix d'or il obtint de lui que Job, un Russe, serait fait patriarche de Moscou et qu'il deviendrait le chef de l'Église russe.

Voilà l'origine du patriarcat russe ; mais, nommés par les autocrates, ces patriarches leur obéissaient servilement.

Pierre Ier, gêné par le clergé qui se montrait si hostile aux réformes, qu'il brûlait même les jeunes gens qu'il avait envoyés étudier la médecine à l'étranger, lorsque, de retour dans leur patrie, ils se livraient à leur art (les popes les brûlaient sous prétexte que disséquer les corps est un crime aux yeux de Dieu) ; Pierre Ier, fatigué des récriminations des popes, les rassembla tous un jour ; il leur déclara qu'il supprimait le patriarcat, que lui-même serait, à l'avenir, le seul chef de l'Église russe.

Sans façon, il mit dans une forteresse le patriarche qui osait protester, puis il ôta un à un au clergé tous les priviléges dont il avait joui jusque-là. Les fils des prêtres durent servir et être soldats comme les fils des premiers moujicks venus.

Il s'empara d'une grande partie des biens des moines.

La grande Catherine leur a enlevé ce que ce czar leur avait laissé, leur accordant une indemnité annuelle de 40 roubles par tête de moine.

Les monarchies se gênent moins que les républiques pour mettre les clergés au pas, et les prêtres bénissent les monarchies et maudissent les républiques! C'est au moins singulier.

Pierre Ier, après avoir ôté le pouvoir au clergé, voulut encore lui enlever le peu de prestige qu'il possédait, et il l'attaqua, le fit attaquer, le tourna en ridicule, le montra démoralisé et ivrogne; il institua la fête du Conclave dans le seul but de rendre le clergé odieux au peuple; il figura dans cette honteuse pasquinade et il exigea que tous les seigneurs de sa cour y figurassent [1].

Ah! si une république faisait cela, quels cris pousseraient les prêtres! mais de ceux qu'ils appellent les élus de Dieu, les coups leur semblent doux, paraît-il.

Depuis ce jour, le clergé russe n'est plus qu'un servile valet de l'autocratie. Les souverains russes, comme je l'ai déjà dit, non seulement disposent de la vie et des biens de tous les Russes, mais encore ils sont les maîtres de leurs consciences!

1. Voir le récit authentique de cette fête dans les *Nuits russes*. Dentu, éditeur.

Ceci explique le zèle à communier, la dextérité à faire des signes de croix. Tout cela est œuvre de bonne courtisanerie.

Le czar est tout-puissant comme autocrate, infaillible comme pape... et si le czar est un Ivan IV, la Russie devient une boucherie ; s'il est un Paul Ier, la Russie obéit à un fou, doit s'agenouiller devant lui ; s'il est un Nicolas, il faut marcher au pas et tambour battant... être réduit à l'état d'écolier ne pouvant même pas fumer une cigarette dans la rue !

Quelle situation !

Peut-on rêver quelque chose de plus effrayant ?

Les premiers popes sont venus en Russie de Byzance ; ils étaient Grecs. Comme généralement les popes épousent toujours des filles de prêtres, le sang grec s'est conservé assez pur chez eux.

Pour être ordonné prêtre, en Russie, il faut être marié. Un seul mariage est permis aux prêtres qui, veufs, doivent rentrer dans la vie civile ou aller dans un couvent. Aussi dit-on, en riant, que les prêtres sont les meilleurs des bons maris ; redoutant le veuvage, ils soignent leurs femmes avec une grande sollicitude.

En général, le pope est peu instruit. Ceux qu'on trouve dans les villages se grisent comme les derniers des moujicks.

Du reste, l'Eglise russe a augmenté encore les jours de fêtes, et le peuple russe les sanctifie surtout en s'enivrant. Pendant les fêtes de Pâques et de Noël, même à Pétersbourg, on se heurte à chaque pas à des hommes gris.

L'impôt sur les alcools étant attribué à la cassette imperiale, l'ivrognerie, loin d'être punie, est encouragée. Les hommes de police laissent l'ivrogne en paix ; ils ne s'occupent de lui que lorsque, ivre-mort, il s'est couché sur la glace. Alors, avec une attention et un soin maternels, ils le relèvent, le placent dans un traîneau et le portent au poste de police.

Le pope doit aller à domicile selon le bon vouloir du paroissien, qui peut, pour ne point se déranger, transformer son salon en chapelle et prier le clergé de venir célébrer l'office chez lui.

Certains Russes ne se mettent jamais en voyage sans faire bénir leurs bagages et leur compartiment par un prêtre. Cela s'obtient au moyen de quelques roubles.

Les popes sont assez quémandeurs de leur nature; ils se font volontiers les protégés des grandes dames. Les femmes et les enfants des popes sont aussi accoutumés à recevoir des cadeaux de leurs riches paroissiennes.

L'office du jour de Pâques, dans les églises orthodoxes, a quelque chose de grandiose. Toutes les femmes sont vêtues de blanc, en toilette de bal, parées de fleurs et de brillants.

Ce jour-là, on le sait, les Russes s'embrassent sur la bouche en disant : « Jésus-Christ est ressuscité. » Et l'embrassé répond : « — Oui, Jésus-Christ est ressuscité. »

L'empereur donne le baiser pascal à tout son entourage, même à ses serviteurs et aux factionnaires. Un jour, ceci amena un amusant incident. Nicolas, après avoir distribué trois ou quatre cents baisers, arriva devant un des factionnaires du palais; il l'em-

POPE OFFICIANT.

brassa sur les lèvres et lui dit : « Jésus-Christ est ressuscité! » Le soldat fit un geste de dénégation et dit : « Non! »

Nicolas crut avoir mal entendu, ou bien supposa que cet homme était troublé par l'honneur qu'il venait de lui faire, et une seconde fois il dit : « Jésus-Christ est ressuscité. » Le soldat répondit, d'une voix aussi énergique que ferme : « *Nniét!* » (non).

Nicolas, furieux, appela un officier et lui donna l'ordre de jeter cet homme à la forteresse; mais tout s'expliqua : il était israélite.

Nicolas maugréa qu'on l'eût exposé à donner le baiser pascal à un juif, mais il daigna le laisser libre.

Le pope a souvent une beauté majestueuse. Il possède la beauté grecque. La longue barbe qu'il porte lui donne un air digne et grave. Le vieux pope à barbe blanche a toujours un aspect très imposant. La grande barbe convient aux prêtres, et les nôtres, qui, en Syrie, laissent pousser aussi toute leur barbe, ont un air plus respectable que nos abbés français bien rasés.

Le costume du prêtre grec rappelle celui des patriarches ; il est beau, et il convient bien aux lévites du Seigneur.

L'Eglise russe est sans pitié pour l'estomac de ses disciples : elle leur impose le maigre le mercredi et le vendredi, un petit carême précédant les cinq grandes fêtes, en plus le grand carême, qui est bien pour eux de quarante jours, pendant lesquels ils ne doivent manger ni viande, ni œufs, ni beurre, ni lait ; ils en sont réduits à accommoder le poisson sec, les choux aigres et le gruau avec de l'huile de chènevis. Cette cuisine a une odeur nauséabonde. Pendant ce saint temps, les maisons russes exhalent une odeur d'huile rance à vous faire trouver mal. Hommes et femmes prennent, dès le milieu du carême, un teint jaunâtre qui dit nettement combien ce carême est peu hygiénique.

Comme je l'ai dit, le prêtre n'est ordonné qu'une fois qu'il s'est marié, mais si l'état de pope cesse de lui plaire, il peut, en suivant quelques formalités, rentrer dans la vie civile.

Une condamnation criminelle fait perdre au prêtre sa consécration; par ce seul fait, il n'est plus prêtre, et cette mesure est fort sage : elle conserve l'honneur de la corporation.

Imitant le clergé catholique, le pope russe vend les dons spirituels contre argent comptant. Peu payé, c'est sur le casuel qu'il compte pour élever sa nombreuse famille. Dispenses pour les mariages entre parents, célébration des fiançailles et des mariages à domicile, tout cela est autant de gain pour lui.

Tant qu'on ne rendra pas les sacrements gratuits, les penseurs demanderont toujours pourquoi une messe payée 5 francs peut avoir plus de valeur aux yeux de Dieu que celle payée seulement 2 francs?

Je comprendrais qu'on donnât aux prêtres un safaire annuel suffisant pour les faire vivre; mais je ne comprends pas qu'ils vendent une messe, ou leur accompagnement à un enterrement, ou tout autre sacrement.

Un synode régit toutes les affaires religieuses en Russie; ce synode est sous les ordres d'un ministre nommé par l'empereur. C'est un colonel ou un général qui est, ordinairement, le sous-chef du synode, et l'empereur en est le chef suprême. Ceci indique assez la dépendance absolue du clergé russe, évêques et archevêques compris.

Les couvents sont moins nombreux en Russie qu'en France ; mais les couvents de femmes sont encore en plus petit nombre que ceux d'hommes, et généralement les retraites du sexe féminin ne passent pas pour abriter la vertu. Un certain couvent, près de Moscou, a une scandaleuse réputation d'immoralité.

Il y a, près de Pétersbourg, le couvent de Sergus, qui est presque exclusivement habité par des moines qui appartiennent aux plus grandes familles russes. Tous les jeunes viveurs ruinés, ceux qu'une douleur immense a frappés se réfugient dans ce couvent. Ces moines sont presque tous de fort beaux hommes; ils portent leurs longs cheveux blonds bien bouclés, leur costume est joli. Les ornements sacerdotaux dont ils se servent dans leur église sont très riches. Bons musiciens, leurs chants religieux ont une suavité étonnante ; c'est vraiment une musique angélique.

Les grandes dames russes vont souvent entendre les offices à Sergus, et après, elles montent dans les cellules des pères, probablement pour entendre de petits sermons pieux. En Russie, on affirme que c'est dans un tout autre but. Je n'en veux rien croire.

Les cellules de ces religieux se composent d'un boudoir, d'une chambre et d'un cabinet de travail, le tout meublé avec élégance.

Il est de bon ton d'avoir sa tombe dans le jardin du couvent de Sergus.

Dans le haut de la Perspective Newski, à Pétersbourg, il y a le couvent d'Alexandre Newski. Ce couvent est en grande faveur parmi les riches marchandes.

Il y a deux catégories de couvents : ceux des moines-prêtres, c'est-à-dire ceux qui ont été ordonnés (c'est dans ceux-ci que l'empereur choisit les archevêques et les évêques), et les couvents de moines non ordonnés.

Beaucoup de ces couvents n'ont pas une règle aussi peu sévère que celle des couvents de Sergus et d'Alexandre Newski. Il en est dont nul ne franchit jamais le seuil, et dont les moines restent ensevelis dans leur sombre monastère. On assure que, dans ceux-là, ces prisonniers volontaires s'occupent de sciences, et qu'ils pratiquent les austères vertus. Mais, malheureusement, leur savoir ne peut pas servir à la diffusion des lumières, et leur vertu, ainsi cachée aux yeux de tous les profanes, ne peut édifier le peuple.

Leur carême ne cesse jamais, si ce n'est le jour de Pâques; tous les autres jours de l'année, ils ne mangent que des légumes, des herbages, du beurre et du lait. Pendant le grand carême, ils ne mangent que des légumes.

Ils ne peuvent prononcer leurs vœux qu'à l'âge de trente ans ; le consentement de leurs parents (père et mère) et celui du synode leur est nécessaire.

Il faut admirer l'esprit de sagesse et de prévoyance qui n'admet pas que l'homme s'engage avant d'être parvenu à cet âge où il peut comprendre s'il lui sera possible de tenir les serments qu'il va prononcer.

En Russie, la peine du knout ne figure pas dans la loi; mais, en revanche, on y trouve souvent cette mention. « Telle et telle catégorie est exempte des peines corporelles. » Ce qui est dire, si la logique n'est pas un vain mot, que ceux qui ne sont pas dans ces catégories privilégiées n'en sont pas exempts.

Par le code, les moines sont exempts de l'impôt personnel et des peines corporelles, c'est-à-dire du bâton, des bastongues et du knout. Ils ne peuvent être jugés que par les autorités ecclésiastiques, mais s'ils commettent un crime ressortant des tribunaux, ils y sont traduits. Ils peuvent se faire assister de plusieurs délégués de leur ordre qui se font leur avocat.

Les principaux monastères russes sont celui de Petchova, à Kieff; celui de Troitza, près de Moscou; de Poczajeff, en Volhynie, et celui situé dans une île, à trois lieues en mer, en face d'Arkhangel.

Les monastères de premier ordre s'appellent *lawres*; ceux de second ordre *stauropijies*, et les petits couvents sont appelés *satnoujes*.

PROCESSION DES SAINTES IMAGES   SAINT-PÉTERSBOURG.

BÉNÉDICTION DES EAUX DE LA NÉVA.

CHAPITRE IX

LA VILLE SAINTE. MOSCOU

A ville de Moscou représente toute une période de l'histoire russe, celle de l'affranchissement des Tatars mongols. Elle rappelle aussi la naissance de l'autocratie de fer qui serre, enserre et écrase la Russie, et enfin elle rappelle des souvenirs lugubres. C'est dans cette ville qu'Ivan IV, dit le Terrible, a commis plus de crimes que n'en ont commis tous les tyrans de l'antiquité.

A Moscou, ces souvenirs du passé se sont représentés à mon imagination avec une telle netteté, que ma vie y a été comme un long cauchemar.

Tout éveillée, je voyais passer devant mes yeux des tragédies sanglantes et sinistres... Les vieux croyants adorent Moscou, moi je hais cette ville où il me semble voir le sang des victimes ternir tout, pavés et monuments, et où sans cesse bourdonnent dans mes oreilles les hurlements de douleur des victimes de l'autocratie.

Lire à Moscou l'histoire de Russie, c'est fait pour dégoûter le plus fervent partisan du système monarchique, de ce régime qui rend un seul homme maître de millions d'hommes; c'est lui faire comprendre que si une fois, par hasard, le prétendu élu de Dieu est un saint, cent fois il n'est qu'un homme, et parfois il est l'élu de Satan; et c'est rendre le monarchiste un peu intelligent républicain convaincu.

Rappelons, l'histoire en main, quelques-uns des souvenirs que cette ville fait naître dans l'esprit :

En 1533, Ivan IV est encore un enfant, sa mère Hélène la Lithuanienne est régente.

Le despotisme est une arme terrible qui sert à tout être assez adroit pour s'en emparer. Une fois qu'il a cette arme en main, scélérat, bandit ou honnête homme, il a tout pouvoir, il peut tout ordonner. Les valets du despotisme s'inclinent, obéissent lâchement, jettent en prison ou sous le couperet du bourreau les hommes virils et dignes qui protestent, et ils les appellent des révolutionnaires, eux s'appellent conservateurs.

Le despotisme admis, ils sont logiques, et si le maître est un misérable, ou une bête féroce, il faut se laisser torturer au nom du droit divin!

Et dire qu'il est des hommes de bon sens, des

hommes intelligents qui soutiennent ce principe effrayant du droit héréditaire à être maître absolu de tout un peuple !

Mon intelligence ne peut arriver à comprendre le sentiment qui inspire les monarchistes, alors surtout que l'histoire prouve les attentats odieux commis par certains de ces élus !

Des millions d'êtres à la merci d'un seul ! Ce seul pouvant être tour à tour un homme sage, un fou, un clément, un sanguinaire, un homme d'esprit ou un idiot ! C'est monstrueux ! et je ne puis, je le répète, arriver à comprendre qu'il y ait des hommes sains d'esprit qui soient partisans de ce système.

Donc, en 1533, la Lithuanienne Hélène avait en main le pouvoir suprême qu'elle partageait avec son amant, un étranger lui aussi.

A la cour régnait une saturnale continuelle ; la débauche éhontée s'étalait au grand jour.

Le jeune Ivan IV était lui-même assez maltraité par le favori de sa mère. Trois de ses oncles veulen protester ; Hélène les fait jeter dans les sombres cachots du Kremlin, et les laisse mourir par l'affreux supplice de la faim.

Certains boyards osent s'indigner ; on les appelle des révolutionnaires, des criminels, et à coups de hache les bourreaux au service de l'autocratie font tomber leurs têtes. Sur la grande place de Moscou, on tue tous les jours. Hélène, suivie de ses courtisans, vient voir massacrer ses victimes, puis, gaie, souriante, elle rentre dans le palais du Kremlin où elle passe la nuit dans une orgie sans fin.

Le crime enfantant le crime, à son tour elle meurt empoisonnée.

Les parents d'Ivan IV, les princes Shouïsky, s'emparent de la tutelle et du despotisme.

Ils ont été ruinés et dépossédés jadis par l'autocrate ; devenus autocrates, ils se vengeront en volant le peuple, en dilapidant la fortune de tous. Ils massacrent, eux aussi, les nobles qui murmurent; ils assomment à coups de pieds le métropolite qui a le courage de les rappeler à la pudeur.

D'autres grands princes, jaloux et désireux du pouvoir et de la fortune, par une révolution de palais, s'emparent du pouvoir, et, procédé charmant, ils tuent les Shouïsky de leurs propres mains, puis donnent leurs cadavres à manger aux chiens !

Ces nouveaux tuteurs, les Glinsky, se font un jeu de pousser Ivan, qui a quatorze ans à peine, à commettre toutes les atrocités possibles et impossibles. Tantôt il écrase un vieillard et se complaît dans la vue de son agonie ; puis il passe des heures à voir les bourreaux torturer ses victimes.

Il fait dans Moscou des promenades quotidiennes; il lance ses chevaux, ventre à terre, au milieu des groupes de femmes et d'enfants, riant à gorge déployée lorsqu'il a écrasé plusieurs de ces êtres humains...

Malheur à ceux qui osent plaindre les victimes! le jeune autocrate leur fait couper la tête à coups de hache...

Tous les jours Moscou assiste à de nouvelles boucheries; son sol est toujours teint du sang que fait verser ce jeune élève du droit divin.

Malgré moi, toujours, dans cette ville, j'ai relevé ma robe avec soin, il me semblait que ce sang rouge et humide souillait encore le pavé... je voyais rouge !

Tout est drame épouvantable et sanglant dans les souvenirs que Moscou fait revivre.

Cette fenêtre du Kremlin, là, à gauche, rappelle un fait historique bizarre. Ivan IV, âgé de dix-sept ans, dormait dans ce palais ; il s'était endormi joyeux, car, dans sa journée, il avait fait torturer dix victimes... Soudain des clameurs troublent le silence de la nuit ; il se réveille en sursaut. Les clameurs grandissent, il saute de son lit, court à cette fenêtre. Il aperçoit Moscou en flammes, il entend les cris menaçants du peuple et les hurlements de douleur des Glinsky que le peuple, enfin lassé, met en pièces...

Le monstre est lâche. Va-t-on venir lui faire subir le même sort ? Il devient pâle, ses dents s'entrechoquent, et il reste à cette fenêtre considérant les cadavres mutilés de ses tuteurs, entendant les cris de fureur de la foule et voyant ce funeste spectacle éclairé par les lueurs rouges de Moscou en feu... Il voudrait fuir ce spectacle, mais la peur paralyse ses membres.

Soudain un homme se présente devant lui... c'est le moine Sylvestre, une sorte d'inspiré ; il tient en main l'Evangile.

— Ivan, lui dit-il d'un ton menaçant, tes crimes ont lassé le ciel... entends-tu le tonnerre ?... Tiens ! écoute, la foudre tombe... Cet incendie, c'est Dieu lui-même qui l'a allumé... Tu seras foudroyé si tu ne jures pas sur l'Evangile de ne plus commettre de cruautés et de devenir bon et humain !

Pendant que le moine parle, le tonnerre gronde

en effet, et, sous les fenêtres, le dernier des **Glinsky** qu'on égorge rugit de douleur; et le peuple **rugit de fureur** non encore assouvie...

— Moine, s'écrie Ivan affolé d'épouvante, je me repens, je demande pardon à Dieu et aux hommes de tous mes crimes!

— Eh bien, jure d'être à l'avenir bon et humain!

— Je le jure! oui, je le jure sur l'Evangile! s'écrie Ivan.

Sylvestre, ce serment reçu, va calmer le peuple ; il lui promet, au nom de l'autocrate, un avenir calme, heureux et sans supplice inutile...

Et ce peuple russe, si doux et si confiant, croit en cette promesse ; il laisse la vie au jeune monstre.

Sylvestre reste à la cour; il fait nommer Adaschef, un homme de bien, premier ministre, et grâce à l'influence salutaire de ces deux hommes, la Russie respire.

Ivan a épousé Anastasie, une jeune fille douce et intelligente qui le retient dans la voie du bien.

Adaschef gouverne. Il reprend le Kasan aux Tatars, l'Astrakan est conquis; les ports de l'Ingrie et de la Livonie sont conquis et ouverts au commerce européen. La conquête de la Sibérie commence.

Les strélitz, milice permanente de fusiliers, sont créés; sept mille Allemands en forment le noyau.

Sylvestre demande cent cinquante artistes et savants à Charles-Quint, voulant ainsi appeler dans sa patrie la civilisation européenne.

Grâce à ces deux grands citoyens, la Russie est heureuse; elle va devenir une nation forte et civilisée...

Mais Anastasie meurt, Ivan est repris de sa folie

sanguinaire... Il est autocrate, et, par conséquent, le Dieu terrestre... Il ne peut pardonner à ces deux hommes qui, pendant quatorze ans, l'ont forcé à la justice et à la clémence. Il écrit une longue lettre, vrai monument épistolaire, — car Ivan IV était un grand littérateur... — Dans cette lettre, sorte de réquisitoire, il reproche amèrement à Adaschef et à Sylvestre toutes les grandes choses qu'ils ont accomplies, tout le bien qu'ils ont fait, et il leur en fait autant de crimes; sa lettre est adressée à son peuple (elle existe dans la bibliothèque de Moscou). Ensuite il fait mettre à mort ces deux sages et intelligents ministres, et il se jette dans une orgie de crimes sans précédents dans l'histoire des pays les plus barbares. Il entoure son trône d'anges ailés et dit aux Russes :

— Je suis votre Dieu comme le Dieu d'en haut est mon Dieu. Adorez-moi comme je l'adore, et obéissez-moi comme je lui obéis!

Aux portes de ces maisons que je vois tout autour de moi, Ivan a fait pendre des femmes; leurs cadavres ont dû rester là jusqu'au moment de la décomposition complète, et leurs familles devaient entrer et sortir par ces portes !

Sur cette place, des brasiers recevaient les corps des boyards !

A côté, les gibets étaient dressés!

Les instruments de supplice étaient en permanence sur ces places de Moscou!

Cette forteresse sombre et lugubre, c'est lui qui l'a fait construire, son palais ne lui paraissant plus assez sûr !

Dans cette Moscova, que je vois recouverte de

glace sur laquelle patinent gaiement des enfants, huit cents femmes furent noyées par les ordres d'Ivan, qui alla ensuite fouiller leurs maisons pour s'emparer de leurs fortunes !

Sur cette grande place, par une froide nuit, dix-huit cents femmes arrachées de leur lit furent poussées à coups de fouet.

Ivan s'amusa un instant du spectacle de leur douleur et de leur effroi, puis il les fit chasser dans la forêt voisine, les condamnant à être la proie des bêtes fauves.

Parfois, la nuit, je me réveillais ; il me semblait entendre les cris, les rugissements joyeux des ours et des loups qu'Ivan a fait lâcher pour dévorer les cadavres de ses victimes !

J'avais eu le cauchemar, et me suis crue au XVIe siècle !

Cette tour d'Ivan, la plus haute de Moscou, et qui se trouve dans l'enceinte du Kremlin, m'a rappelé cette page-ci du règne d'Ivan IV :

Ne se croyant plus en sûreté dans son palais, il fit construire cette tour ; il s'y réfugia, se fit une garde de sûreté composée de brigands et d'aventuriers, qu'il lançait sur les boyards avec ordre de les massacrer, et comme récompense, ces hommes, nommés Opritchinikis, recevaient les terres et les titres des victimes. L'autocrate grossissait son trésor des bijoux, de l'argent et de l'or de ses boyards.

Une nuit il se dit tout à coup qu'il devrait loger tous les Opritchinikis autour du Kremlim. Il fait appeler leur chef et il lui dit de rassembler ses régiments, d'expulser les habitants de toutes les maisons environnant le Kremlin et d'y installer ses soldats à qui il offre ces maisons.

Douze mille personnes, au milieu d'une nuit d'hiver, furent brutalement expulsées de chez elles; on ne leur laissa même pas le temps de rassembler leurs hardes!

En visitant cette forteresse, devenue un instant palais de l'autocrate, malgré moi cette horrible vision s'est présentée à mes yeux : Ivan brandissant un pieu et le laissant retomber sur son fils qui a osé lui parler de clémence, et le monstre se faisant justice en détruisant sa race maudite, puis s'écriant soudain, dans un accent de morne désespoir : « Malheureux! je viens de tuer l'autocratie!! »

Sous Pierre Ier, Moscou a vu encore des drames épouvantables.

On m'a désigné l'endroit où se trouvait jadis un vaste enclos entouré d'une palissade.

C'était la nuit (en Russie, les meurtriers choisissent l'heure où la lumière du soleil éclaire d'autres régions pour commettre leurs forfaits). Pierre Ier était là, entouré d'une cour nombreuse ; des torches répandaient une lueur rouge et sinistre. Six mille strélitz sont poussés dans cet enclos; on leur lit une sentence qui en condamne quatre mille à être décapités et deux mille à être pendus... La lecture finie, on les fait sortir dix par dix de cette enceinte dans la plaine voisine, et on les pend par dix au même gibet...

Il m'a semblé apercevoir dans une lugubre vision ces deux mille grappes humaines se débattre dans les convulsions de l'agonie!

Puis j'ai revu en imagination cet autocrate au

cœur de pierre forçant ses courtisans à l'aider à trancher les têtes des quatre autres mille strélitz !

Sur la grande place de Moscou, l'image de Kléboff, l'amant d'Eudochia Lapoukin, m'est apparue. Pierre Ier l'a fait torturer devant ses yeux pour le forcer à avouer qu'il a été l'amant de la czarine. Kléboff subit tous les supplices sans consentir à déshonorer sa souveraine. Alors l'autocrate le condamne à être empalé sur cette place ; lui-même assiste à son supplice, il savoure avec joie la vue des souffrances horribles de sa victime, et lorsqu'il voit la mort prête à la saisir :

— Kléboff, lui dit-il, avoue, je t'en conjure, que tu as été l'amant de la czarine.

Kléboff, prêt à expirer, se redresse, la vie semble lui revenir ; il jette un regard farouche sur le czar et lui dit :

— Tu en as menti ! Eudochia est innocente.

Puis il lui crache au visage et laisse retomber sa tête sur sa poitrine. Il était mort.

Voilà quelques-uns des sombres et sanglants souvenirs que Moscou vous remet en mémoire.

Voilà quelques-unes des lugubres visions qu'on y a !

Mais laissons cette fatale histoire... Il serait trop long d'énumérer les crimes que la ville dite sainte a vu commettre par ses autocrates.

Je vais parler à présent de ses monuments et de ses habitants d'aujourd'hui.

Figurez-vous une vaste plaine grisâtre, à peine coupée par quelques légères ondulations du sol, et par des bouquets d'arbres chétifs ; de loin on croit apercevoir les eaux d'une mer saumâtre ; soudain du milieu de cette solitude morne et déserte surgit à vos yeux, une cité fantastique. Dominant, écrasant des maisons basses, s'élèvent des tours peintes de couleurs voyantes, des flèches aiguës, des milliers de coupoles dorées, des campaniles étoilés.

Moscou possède quinze cents églises !

Si je vous rappelle la singulière forme de ces édifices, vous comprendrez l'aspect bizarre qu'offre cette ville.

D'après le style orthodoxe, le faîte d'une église est toujours composé de plusieurs tours, le chiffre minimum est cinq ; ces tours sont de formes différentes et de hauteur inégale, le clocher principal domine les quatre autres qui sont généralement d'un étage plus bas. Les sommets de ces pieux donjons rappellent assez le bonnet pointu, ils sont peints en couleur vert-chou ou dorés. Parfois ce n'est comme forme qu'une petite coupole en boule terminée par une flèche dorée; de grandes croix travaillées à jour et dorées ornent tous ces édifices.

Ces quinze cents églises agrémentées chacune de cinq tours ornent à leur tour la ville sainte de sept mille cinq cents tours, s'élevant voyantes ou dorées dans l'azur bleu.

Les toitures de ces monuments sont d'un travail soigné, les unes sont guillochées, les autres émaillées, d'autres encore sont pailletées tandis que celles des coupoles voisines sont zébrées par bandes de diverses couleurs; pour compléter cette ornementation, de brillantes chaines argentées ou dorées unissent les croix des coupoles inférieures à celle de la coupole centrale.

Cet or, cet argent, cet émail ont pour cadre le

ÉGLISE DU MONASTÈRE D'IPAHATIEF, A KASTRAMA.
C'est de ce monastère qu'est sorti le premier des Romanoff.

bleu de l'atmosphère, et la teinte grisâtre de la plaine environnant Moscou.

L'hiver, lorsque la neige a recouvert le sol et les toitures des maisons d'un tapis d'un blanc éblouissant, cet or, cet argent, ces couleurs voyantes, ressortent avec plus d'éclat encore du milieu de cette blancheur.

Est-ce beau?

Non, c'est original et bizarre.

Moscou ne ressemble à aucune autre ville; ses rues sont larges, ses places rappellent la steppe, ses maisons je le répète sont basses; elle enferme dans son enceinte des lacs, des bois, des rivières, si bien qu'elle occupe un emplacement immense; pour aller d'un lieu à un autre c'est tout un voyage à entreprendre.

Avant d'arriver dans cette cité, on rencontre le château de Pétrowski, lourd, massif, bâti en briques brutes et rouges, et tout chargé d'une ornementation blanche qui fait un effet des plus étranges. Catherine II l'a fait construire, ne suivant d'autres règles que sa fantaisie.

En été, le parc de ce château devient la promenade favorite des Moscovites, un spectacle en plein air offre un attrait charmant au populaire; une salle de bal construite dans le jardin réunit souvent la société joyeuse.

Les maisons des simples particuliers à Moscou sont laides, elles sont faites avec du plâtre, des briques et des planches, sant art et sans goût. Le Russe croit un peu trop que faire vaste c'est faire grand.

Je ne m'occuperai donc que des monuments. Le

Kremlin, ce berceau de l'autocratie russe, vous donne un frisson d'épouvante; les pierres parlent en Russie si les hommes sont forcément muets. Le Kremlin est en réalité une forteresse, mais renfermant dans son enceinte des palais et des églises, des musées, des tours et mille autres choses encore, mais tout cela morne, sombre, pauvre de lignes, mais effrayant.

A la porte de la forteresse, se trouve la cathédrale de Saint-Bazile, *Vassili Blagenoï*, qui passe pour le plus beau monument de la Russie. Quelle agglomération fantastique de tourelles inégales, de flèches dont les peintures rappellent la peau du tigre, de coupoles de toutes dimensions, de campaniles de toutes les formes, de toitures vertes, roses, bleues, jaunes, bien vernies et bien luisantes! L'impression produite par ce monument religieux est celui que produit l'arc-en-ciel, c'est un éblouissement, on ferme les yeux, on les ouvre pour voir encore, puis on les referme, car ces couleurs voyantes fatiguent la vue.

Tout ce clinquant semblerait indiquer bien plus des salles de spectacles, de jeux et de danses qu'un temple de prières et de recueillement.

La citadelle, le Kremlin proprement dit, est un monstre noir, colossal, immense, fait pour engloutir; cette autocratie a compris qu'elle ferait d'innombrables victimes, et elle a bâti cet antre infernal et gigantesque.

Le Kremlin explique tout le système de l'autocratie; c'est le passé se dressant effrayant et morne devant l'avenir, c'est la barbarie défiant la civilisation; à lui seul il vaut le voyage de Paris à Moscou,

MOSCOU. — ESPLANADE DU KREMLIN.

il vaut la peine qu'on passe 96 heures en chemin de fer. Il domine Moscou, il est bâti sur une petite colline.

Le décrire est difficile, c'est une masse de pierres noires montant en gradins, comme pour défier le ciel lui-même. Ces gradins suivent les sinuosités du terrain, lorsque la pente du coteau est rapide, le rempart s'abaisse en escaliers. Les marches sont énormes ; ceci forme la première ligne de construction et cette ligne est coupée par des tours massives, colossales, fantastiques ; une de ces tours, basse et ronde, est hérissée de créneaux en fer de lance ; ses murs blancs se détachent sur un mur rouge de sang.

En seconde ligne, on trouve des voûtes taillées dans des rocs immenses, des ponts, des galeries suspendues, des galeries ouvertes, des portiques, de sombres souterrains, des chemins aériens suspendus au-dessus des masses de rocs où passent piétons et voitures ; les remparts appuyés sur le roc ne sont eux-mêmes qu'énormes rocs, un amoncellement de rochers taillés dans toutes les formes.

La seconde enceinte franchie, on trouve une série de monuments tous majestueux et beaux, palais, musées, églises, cachots, donjons, tout est pêle-mêle, le plan est irrégulier mais grandiose.

Les palais sont vastes, somptueux, les cachots souterrains sont noirs, humides, les oreilles vous bourdonnent, vous croyez toujours entendre un bruit fait de sanglots et de grincements de dents.

Le Kremlin est l'œuvre la plus colossale que main d'homme ait faite, ce n'est pas une simple forteresse, un unique palais, c'est une ville colossale et princière composée de palais, de musées, d'églises, de tours, les unes rondes, les autres carrées, surmontées de flèches aiguës, de tourelles, de vedettes, de guérites, de donjons, de minarets, de clochers. Les dômes des églises sont reluisants de dorures, les murs des remparts sont épais de quatre mètres, noirs, percés de meurtrières et de mâchicoulis ; un solide rempart entoure cette cité, qui représente l'autocratie s'imposant par la terreur, mais frémissant de peur à l'idée que les victimes lassées pourraient lui demander compte de ses crimes.

Cette ville domine la ville populeuse, elle paraît prête à l'écraser à la moindre révolte.

Aujourd'hui des jardins publics sont plantés sur les glacis de l'antique citadelle, et les Russes, façonnés aux mœurs et aux costumes européens par Pierre I*er*, prennent des glaces et se promènent en narguant le palais des Ivans.

Mais il en est qui frémissent en le considérant ; ce sont ceux qui ont dans leur famille des disparus. Ceux-là tressaillent en entendant le bruit du vent qui s'engouffre sous ces sombres voûtes, ils croient entendre les gémissements des prisonniers.

Il y a une chose qu'il faut visiter dans le Kremlin, c'est le trésor. Les Russes en sont fiers et de fait il n'a pas son pareil en Europe. C'est une chronique en pierres précieuses comme le Forum romain est une histoire en pierres de taille.

Le trésor se trouve dans un petit palais moderne, avec frontons grecs ; il est orné de colonnes corinthiennes; des dragons dus à des artistes médiocres en gardent les portes.

Dans les nombreuses salles de ce palais, sont rangés, sur des estrades, le long des murs, les trônes de ces puissants de la terre... La couronne qui fut apportée de Byzance à Monomacques en 1116, est un chef-d'œuvre d'orfèvrerie byzantine.

Il y a là des couronnes de toutes sortes, au centre la couronne impériale, autour comme des humbles satellites les couronnes d'Astrakan, de Géorgie, de Sibérie, de Pologne; toutes sont recouvertes de pierres aussi précieuses qu'énormes; c'est un scintillement, un éblouissement!...

Dans d'autres salles on admire une superbe collection d'armes, de cuirasses; dans une autre des vases, des gobelets ciselés par les plus grands artistes; le Russe a toujours travaillé l'or et l'argent avec un grand sentiment artistique.

Bref, il y a au Kremlin des monceaux de pierres précieuses, des quintaux d'or et d'argent, de quoi enfin rétablir les finances... mais... l'autocratie conserve son trésor.

Le Kitaigorod est une sorte d'annexe du Kremlin. Cet immense bazar forme à lui seul une petite ville, avec des ruelles sombres et voûtées, des galeries, des labyrinthes, des places; sous ces voûtes s'agite un monde de vendeurs et d'acheteurs qui causent, rient, se disputent à l'abri de la neige, du froid et de l'eau.

Ce quartier est une des curiosités de Moscou. On y rencontre à chaque pas des petites églises ou des images peintes sur les murs; la vierge de *Vivielski*, peinte entre les piliers d'une tour, est une des images les plus vénérées de Moscou. Personne ne passe devant elle sans faire vingt signes de croix, beaucoup se prosternent en frappant de leur front le sol boueux.

Je devrais oublier, mais l'amour de la vérité l'emporte, que ce Kremlin si fantastique, si grandiose a été profané; Alexandre 1er et Nicolas y ont fait construire un palais moderne; ils ont, sous prétexte de rendre la façade régulière, abimé ce monument unique et grandiose, par des murs blancs, percés de fenêtres bêtement carrées.

Un crime contre l'art.

INTÉRIEUR DE PAYSANS RUSSES A L'HEURE DU SOUPER.

CHAPITRE X

LES CODES RUSSES.

Trois autocrates, une commission dite des lois et une chancellerie, ont travaillé à la confection et ensuite à l'épuration du code russe, et ils ont abouti à quinze volumes in-4°, contenant huit livres, et en plus seize lourds volumes pour abroger ou modifier les lois contenues dans les huit volumes.

On concevra aisément quelle difficulté rencontrent ceux qui ont à appliquer la loi! Car tous les ukases se contredisent, étant dictés par le caprice du moment.

Mais un petit, tout petit volume paru en 1847, est

venu simplifier le travail des magistrats, il dit : *l'autorité* (c'est-à-dire le czar) *dont toute justice émane, est seule inamovible, ses décisions sont les seules définitives.*

Ceci est clair; dès l'instant que le czar c'est la loi, le code devient inutile. La Russie a un code vivant, qui change de caractère à chaque czar nouveau.

Si le code russe ne peut servir en rien comme protection, il sert en revanche à l'autocratie qui le change à sa fantaisie par des ukases, abrogeant telle ou telle loi, ou faisant la loi qui semble bonne pour son arbitraire; il sert aussi aux hommes de chicane, son amalgame diffus de lois contradictoires ouvre un vaste champ à la rapine et à la fraude. Le seul argument irrésistible auprès des magistrats russes, c'est l'argent.

Et pour arriver à ce triste résultat l'État paye d'innombrables employés de justice!

L'histoire du code russe, ses anciennes lois, ses lois actuelles, sont une des choses intéressantes et même amusantes de cette nation, aussi je vais y consacrer quelques pages.

Retrouver la trace des lois en vigueur en Russie avant Iaroslaf, qui régnait en l'an 1049, serait impossible, elles n'étaient point écrites et simplement consacrées par l'usage, elles variaient; chacune des tribus soumises à ce vaste empire ayant conservé ses lois et usages propres.

Iaroslaf, prince de Kieff, a écrit le premier code russe, ce document nous donne des renseignements précis sur les mœurs et sur l'organisation de cette contrée au xie siècle, c'est pour cela que je transcris quelques-uns de ses articles.

Il établit plusieurs classes; la première formée des boyards ou descendants des guerriers apanagés par Rurick et par ses successeurs et de tous les voïvodes (chefs de guerre) et officiers de la garde des grands princes.

La seconde était composée des hommes libres, c'est-à-dire des hommes d'épée, des hommes de plume, des laboureurs et des hommes à gages.

Les écrivains mis au rang des domestiques, cela sent bien une nation barbare et illettrée !

La troisième se composait des esclaves, qui se divisaient en deux catégories, ceux à terme et ceux à vie.

Les esclaves à perpétuité étaient les prisonniers de guerre, et les hommes étrangers vendus par des étrangers à des Russes.

Les esclaves à terme étaient ceux qui se vendaient volontairement à un homme riche, ceux qui épousaient une esclave, les domestiques sans place et ceux qui avaient failli à leur contrat, et enfin les débiteurs insolvables, qui devenaient les esclaves du créancier jusqu'au parfait remboursement.

Ceci était plus pratique que l'ex-prison de Clichy, dans laquelle le débiteur devait être nourri par son créancier.

Mais les usuriers devaient être les gens ayant le plus nombreux personnel de serviteurs, l'usure a toujours été dans les mœurs russes et aujourd'hui on trouve des usuriers dans ce pays qui prêtent à cinquante pour cent.

Ce code laissait la vengeance à la famille en cas de blessure ou de vol, ces crimes se soldaient par des amendes, la loi n'intervenait que si la victime n'avait pas de famille, et l'amende en ce cas allait au Trésor.

L'amende variait d'après la classe de la victime, il en coûtait quarante *griounes* pour tuer un boyard, vingt seulement pour un homme libre et dix pour un esclave.

Ce code mentionne les épreuves qu'on peut faire subir aux personnes soupçonnées criminelles : fer rougi, eau bouillante, eau glacée et autres tortures toutes aussi désagréables.

Il édicte une loi odieuse, celle qui rend toute la famille responsable du crime d'un de ses membres, et dans les crimes politiques il rend le district responsable si le coupable n'est pas retrouvé.

Les lois de contrat de vente sont réglées minutieusement dans ce code qui est resté en vigueur jusqu'à Ivan III, qui le retoucha quelque peu.

Alexis Mikaïlovitch, père de Pierre Ier et second prince de la dynastie des Romanoff, le refit complètement, ou plutôt fit un nouveau code en 1649, qui parut sous le titre de : *Sobornoïe oulojénié zakoun*, celui-ci est tout à fait barbare, et l'on peut dire que celui d'Iaroslaf était plus juste et surtout moins cruel.

Ce second code est basé sur la peine du talion, il stipule entre autres atrocités que :

La femme qui a attenté contre la vie de son mari doit être enterrée toute vive, les mains liées derrière le dos.

Le blasphémateur doit monter sur le bûcher.

Le musulman ou l'idolâtre qui ont poussé un Russe à l'apostasie doivent être également brûlés.

L'incendiaire doit mourir par le feu.

Au faux-monnayeur on doit verser du plomb brûlant dans la bouche.

Le voleur doit être puni par la perte du nez ou d'une oreille.

Le voleur récidiviste doit avoir les deux oreilles coupées.

Ces lois ne sont pas abrogées, car en Sibérie on voyait encore il y a vingt ans, m'a assuré un évadé, des hommes à qui on avait coupé le nez ou les oreilles.

Les staroviertzi ou vieux croyants avaient le tabac en horreur ; Alexis punit l'importation de ce produit par le knout, la torture, la fente des narines ou l'extirpation du nez.

L'empereur Nicolas partageait l'aversion des vieux croyants pour le tabac, pourtant, faisant une concession au XIXe siècle, il se contentait de faire emprisonner ceux de ses sujets qui osaient fumer dans la rue.

Le code d'Alexis mentionne la peine du knout, des bastongues, des verges et des tortures comme moyen de forcer l'accusé à faire des aveux.

Ce code sauvage a laissé des stigmates dans la législation actuelle, le knout et la torture sont encore en usage en Russie.

Pierre Ier comprit que ce code cadrait peu avec les mœurs européennes qu'il introduisait dans sa patrie ; il essaya de le réformer sans grand succès, il avait l'esprit porté à la cruauté, lui aussi, les strélitz en ont su quelque chose.

Catherine II rédigea un pompeux programme avec le concours de Voltaire, Diderot et d'Alembert, elle appela à Moscou des délégués de toutes les provinces. Une commission dite des lois fut fondée.

Si Catherine II et les membres de cette commission ne sont pas parvenus à faire un livre clair, concis, il est un point de la législation qui a été parfaitement établi, c'est celui qui se rapporte à la femme ; pour la première fois une femme a eu en main l'autocratie, elle a pu faire un code, et elle en a profité pour donner l'égalité civile à la femme.

En Russie la femme, devant la loi civile, a les mêmes droits que l'homme.

En politique, elle en a autant que lui qui n'en a aucun.

Voici les articles de ce code qui concernent la femme.

Art. 2. — L'homme avant dix-huit ans révolus, la femme avant seize révolus ne peuvent contracter mariage.

Art. 3. — Nul ne peut contracter mariage s'il est âgé de quatre-vingt-dix ans révolus.

Art. 4. — Nul ne peut contracter mariage s'il est atteint d'imbécillité ou de démence.

Art. 5. — Quel que soit leur âge, ni garçon ni fille ne peuvent contracter mariage sans le consentement des père, mère ou curateur.

Malgre l'article 5, comme la loi n'ajoute pas que l'absence de consentement entraîne la nullité du mariage, les Russes se marient contre le gré de leurs parents ; il leur suffit de trouver un prêtre qui consente à bénir le mariage, ce pope ne s'expose en faisant cela qu'à une amende, les futurs lui donnent de l'argent et tout est dit.

Art. 6. — Le rapt et l'enlèvement d'une fille de la maison paternelle constituent un délit.

Cet article n'est jamais appliqué, en tout cas ce ne serait qu'une amende.

Art. 10. — On ne peut contracter un second mariage avant la dissolution du premier.

Art. 11. — On ne peut contracter un quatrième mariage.

Art. 13. — A l'effet de faire respecter les articles précédents, le passeport délivré énoncera toujours si son propriétaire est marié, garçon ou veuf, et dans ce dernier cas combien de fois il a été marié. On ne pourra procéder au mariage des veufs et veuves sans l'exhibition de l'acte de décès, et à celui des divorcés sans l'acte de divorce.

Art. 78. — La femme doit obéissance à son époux, comme chef de famille, elle lui doit amour et déférence ; placée à la tête du ménage elle doit veiller à ses besoins avec un affectueux empressement.

Art. 79. — La soumission que la femme doit de préférence à son mari, ne l'affranchit pas des devoirs envers ses père et mère.

Art. 80. — Le mariage n'emporte pas la communauté de biens ; sont personnels à chaque époux les biens qu'il a eus au moment du mariage, ainsi que ceux qu'il a acquis ou dont il a hérité depuis.

Art. 81. — Sont personnels à la femme la dot ainsi que les biens acquis par elle, ou en son nom, pendant le mariage, par achat, donations, successions ou tout autre moyen.

Art. 82. — En conséquence les poursuites exercées par le fisc ou par des créanciers autres, ne peuvent frapper les biens de la femme, même si c'est le mari qui lui en a fait don.

Art. 84. — Chacun des époux est libre, quant à ses biens personnels, d'en disposer à titre de vente, hypothèque, don et de toutes autres manières, directement et en son nom, sans le concours ou le consentement, ou la procuration de l'autre époux ; néanmoins, si la femme n'est pas dans le commerce, elle ne peut souscrire de lettres de change.

Art. 85. — Le mari ne peut disposer des biens de la femme et la femme des biens du mari qu'en vertu d'une procuration qui peut être révoquée à volonté.

Art. 86. — Les époux peuvent se transférer réciproquement leurs biens personnels moyennant vente ou donation, en se conformant au droit commun.

Art. 87. — Les époux peuvent contracter entre eux des obligations hypothécaires.

Art. 88. — Si le loyer est au nom de la femme et si le mobilier lui appartient, elle peut sous-louer son appartement, donner congé, vendre son mobilier sans le consentement de son mari.

Il n'y a pas de contrat de mariage en Russie, parfois on dresse une sorte d'acte qui énumère les valeurs qui forment la dot de la fiancée, ces actes ne donnent aucun droit au mari sur les biens de sa femme. *C'est la loi fondamentale en Russie, que le mariage n'a aucune influence sur les biens des époux*, à l'exception que c'est sur le mari que tombe la charge d'entretenir la famille et de fournir aux dépenses du ménage ; en un mot, tous les biens que la femme a eus avant le mariage, ceux qu'elle a acquis depuis, restent à sa pleine et absolue disposition, comme capital et intérêt; elle peut vendre, aliéner, hypothéquer, disposer du capital, sans l'autorisation de son époux.

Il y a loin, on le voit, de ce code à celui draconien et napoléonien qui régit la France et qui fait de la femme mariée une mineure à perpétuité, ne pouvant toucher au capital ni aux intérêts de sa dot sans l'autorisation de son mari qui gère à sa fantaisie; ce code enfin qui dépouille complètement la femme au bénéfice de l'homme.

L'article 148 du code français dit : « L'homme avant 25 ans révolus, la fille avant 21 ans révolus, ne peuvent contracter mariage sans le consentement de leurs père et mère, en cas de désaccord le consentement du père suffit. »

La priorité est donc accordée au père, qui peut du reste éloigner ses enfants du toit paternel, les envoyer à l'étranger, embarquer son fils comme mousse sans que la mère ait droit de s'y opposer. En Russie l'esprit de la loi est, que les droits des époux sur leurs enfants sont égaux.

La liberté de tester existe en Russie, les parents peuvent avantager celui de leurs enfants qu'ils préfèrent. Mais si le père ou la mère meurent sans testament, la [fille de par la loi n'a droit qu'à la quatorzième part de la fortune.

Art. 94. — La femme dont la condition est inférieure à celle du mari acquiert les droits et privilèges attachés à la condition de son époux, et elle les conserve même si son époux les perd judiciairement.

Voilà le code le plus favorable à la femme dans le mariage, elle devient l'égale de son mari à droits égaux, dispose de sa fortune et la gère. Comme on doit juger les lois d'après leurs résultats nous pouvons dire que celle-ci est bonne, car en Russie c'est la femme qui conserve, crée et augmente les fortunes ; toutes les grandes fortunes ont l'administration d'une femme comme origine.

Les irritantes questions d'intérêt ne viennent pas troubler les ménages, et il y a moitié moins de cas de divorce en Russie qu'il n'y a de cas de séparation en France.

Le code français, article 444, dit : « Ne peuvent être tuteurs et membres d'un conseil de famille, les fous, les idiots, les hommes ayant subi une peine infamante et les femmes. »

Il assimile ainsi la femme aux fous, aux idiots et aux assassins… et le peuple français voudrait se faire passer pour le plus galant et le plus chevaleresque de la terre !

En Russie, non seulement la femme est tutrice, membre des conseils de famille, mais dans le cas même où un homme devient fou, malade ou interdit, s'il y a une fille de vingt ans et un fils plus jeune, la fille de droit devient la tutrice de son père.

Le père et la mère peuvent nommer des tuteurs à leurs enfants, par testament. A défaut de tutelle testamentaire, sauf cas d'indignité, le survivant des époux est tuteur des enfants : en cas de mort des deux époux et s'ils n'ont pas nommé des tuteurs, les tribunaux en nomment d'office, ces tuteurs sont placés sous la surveillance des tribunaux.

A quatorze ans révolus, filles et garçons peuvent se choisir des curateurs à l'effet de les éclairer de leurs conseils et de leur prêter assistance s'ils ont à se plaindre de leurs parents.

A dix-sept ans révolus, filles et garçons peuvent administrer eux-mêmes leurs biens, mais ils ne peuvent exposer leurs capitaux, ni contracter d'emprunt sans la signature du curateur. A vingt ans révolus, filles et garçons non mariés peuvent gérer et aliéner comme ils l'entendent.

La fille qui se marie avant dix-sept ans révolus doit se choisir un tuteur qui l'éclaire et la conseille dans la gestion de sa fortune.

Dans la question du divorce, il faut laisser le code et s'occuper des lois religieuses, le mariage civil n'existant pas en Russie. Par l'article 15, la connaissance des causes matrimoniales est attribuée à la juridiction ecclésiastique, il en est de même pour le cas de viol, d'adultère, de prostitution et d'inceste. Toutes ces causes sont hors la loi et dépendent du saint-synode.

Le mariage se prouve par l'inscription sur les registres de la paroisse ; par les registres contenant l'enquête préalable, et par le témoignage des témoins, déposé sous serment.

Sont nuls tous les mariages qui n'ont pas été célébrés à l'église orthodoxe.

C'est la section du synode nommée cour de conscience, qui s'occupe des divorces ; elle reconnaît trois cas, l'adultère de l'un des époux constaté par témoins, l'impuissance du mari, et l'exhalaison fétide du nez de l'un des deux époux.

Celui des époux contre qui le divorce est obtenu ne peut plus se remarier.

Mais à côté de ces divorces, il y en a qui sont de

la compétence des tribunaux. Si l'un des deux époux est condamné à une peine infamante, à l'exil, aux galères, l'autre s'adresse alors aux tribunaux qui cassent le mariage, et l'innocent peut se remarier.

L'époux qui disparaît, celui qui reste cinq ans éloigné de la Russie, donnent le droit à l'autre époux d'obtenir le divorce et de se remarier.

Le divorce par consentement mutuel est interdit, mais il peut s'obtenir si l'un des époux se reconnaît par écrit coupable d'adultère.

Les coups et blessures n'entraînent par le divorce, mais ces sévices tombent sous le coup de la loi civile. La femme maltraitée va se plaindre à la police qui envoie d'office le mari devant le juge de paix. Ce magistrat a des pouvoirs très étendus, il peut condamner le mari à l'amende et à la prison, il peut autoriser la femme à quitter le domicile conjugal ; si le mari proteste contre cet arrêt, la cause est alors portée devant la cour.

Si la femme, sans avoir de graves reproches à adresser à son époux, se trouve malheureuse avec lui, et si elle quitte le domicile conjugal, le mari, pour la forcer à réintégrer ce domicile, peut adresser une supplique au sénat, qui fait une enquête sur la conduite du mari et sur son caractère ; si les résultats sont bons, on envoie un huissier à la femme pour lui faire sommation de retourner chez son époux; si elle résiste, la police la force, mais si cette femme profitant de la première occasion part encore, le mari doit recommencer à pétitionner et il arrive ceci, s'il ne se lasse pas, c'est le sénat qui se lasse.

La loi russe est basée sur la pensée qu'il est imprudent et injuste de forcer des gens qui se détestent à vivre dans les liens étroit du mariage, et sur cette grande vérité que la femme a dans le mariage des droits égaux à ceux de l'homme.

Ces lois-ci du code de la grande Catherine ont été respectées, nul ukase ne les a altérées.

VOITURES RUSSES.

TYPE DE PAYSAN RUSSE ET DE DAME DE LA PROVINCE.

CHAPITRE XI

PANSLAVISME — SLAVISME — NIHILISME.

ÈS 1825, c'est-à-dire un peu plus d'un siècle après que Pierre Ier eut brisé ce mur épais qui cachait le reste de l'Europe à la Russie, le peuple de cet empire avait compris déjà combien était odieuse et injuste la situation que lui faisait l'autocratie, et, malgré le talon de fer qui pesait sur elle, la pensée s'était réveillée; l'âme slave était sortie de sa longue léthargie, elle avait vu enfin que l'esclavage est doublement criminel, car il fait souffrir le corps et il abaisse l'esprit humain.

Des hommes appartenant à l'élite de la nation avaient fait un plan, ou plutôt s'étaient ralliés à celui de Pestel qui était celui-ci : réunir sous un gouvernement fédératif toute la race slave, et lui donner un chef élu par les pères de famille ; ce chef aurait en main un grand pouvoir, mais il devrait l'exercer sous le contrôle d'une assemblée composée de délégués de la nation choisis dans chaque commune par les pères de famille et pères de famille eux-mêmes.

Mettre la loi au-dessus des caprices de ce chef, donner pour gardien fidèle à cette loi l'assemblée et le chef lui-même, tel était le but des affiliés à la société du Nord.

Faite trop hâtivement, cette révolution a échoué, et elle a coûté la vie à Pestel, à Ryléïéf, à Rumine, au prince Mouravieff, au prince Oboleski.

D'autres grands seigneurs ont été condamnés aux galères à perpétuité, comme le prince Serge Troubeskoï, par exemple.

Des provinces et des régiments entiers ont été déportés en Sibérie.

La répression a été cruelle, féroce même; Nicolas a été sans pitié, mais le sang des martyrs, dans tous les siècles et dans tous les pays, a toujours enfanté de nouveaux martyrs. Aussi, et malgré le knout, les forteresses et l'exil, le mouvement libéral a continué en Russie, la société formée par Pestel a conservé son code; ceux qui ont survécu ont continué l'œuvre; ils ont pris le nom de slavistes. Leurs théories consistent, je le répète, à réunir la famille slave sous un gouvernement qui leur donnera égalité civile, droits politiques communs et démocratie patriarcale, un chef s'inclinant devant la sainte custode des lois.

Cette nation aura la Russie comme tête, la Pologne comme cœur et la Bohême comme bras.

Sur ce terrain se sont rencontrés les hommes aux idées modernes; ceux de la jeune Russie et les vieux Moscovites se sont unis, et aussi les sectaires de toutes les religions filles du cerveau russe. Tous ces sectaires ont un intérêt religieux à renverser l'autocratie qui a un czar pape d'une religion ennemie.

Le slavisme a donc fait de rapides progrès. D'abord le pouvoir n'a pas compris le danger ; l'idée de réunir tous les Slaves l'a séduit et il a répondu au slavisme libéral et national par le panslavisme officiel ; celui-ci veut réunir, lui aussi, tous les Slaves, les tenir sous son talon de fer, les écraser sous son autocratie intense.

Beau rêve que font les czars! On assure que Pierre Ier y avait songé et que tel est le sens de ce fameux testament, que certaines personnes affirment qu'il a légué à ses successeurs.

Il y a quatre-vingts millions de Slaves en comptant ceux de Russie, ceux de la Pologne, de la Bohême, de la Serbie, de la Bulgarie et de l'Illyrie. Une force colossale serait donc réunie en une seule main.

Les czars se disent que s'ils étaient les maîtres de ces quatre-vingts millions, le vieux monde serait à eux !

L'autocratie convoite Rome : le pape catholique gêne le pape empereur...

On sait ce mot d'un archiduc russe qui visitait l'église de Saint-Pierre à Rome. On lui faisait remarquer le grandiose des cérémonies catholiques :

— Oh ! s'écria-t-il, ce sera bien plus beau lorsque nous y serons !

Aller à Rome, voilà le fin mot du panslavisme !

Les guerres contre les Turcs ne sont faites que pour essayer de réaliser un plan qui ferait de l'empereur de Russie le chef suprême d'une armée de quatre-vingts millions de Slaves et le dominateur suprême de tout l'ancien monde.

Les Slaves comprenant qu'ils ne pourraient jamais sympathiser avec le panslavisme, car eux désirent la paix, une fusion fraternelle et la liberté, tandis que le panslavisme signifie guerre, esclavage et domination, les Slaves ont donné un autre nom à leur mouvement révolutionnaire et libéral, ou plutôt ils ont cessé de prendre celui de slavistes. Quelques-uns de leurs ennemis ayant insinué qu'ils voulaient tout mettre à néant, lois, autorité, famille et morale, le nom de nihilistes leur est resté.

De fait, les rénovateurs auront peu de choses à conserver : la concussion est générale dans les administrations russes; comme religion, il y a une idolâtrie de l'image et un grand nombre de sectes; comme code, une bouteille à l'encre! comme instruction, l'ignorance complète de toute une classe, et comme sentiment de dignité humaine, un servilisme incroyable.

Il n'y a donc rien à conserver, il faut édifier à nouveau.

On s'étonne encore en Europe des nombreux attentats et des crimes commis, surtout en apprenant que ceux qui les commettent n'appartiennent pas à la classe qui généralement donne le jour aux révolutionnaires, mais au contraire à celle qui est conservatrice dans les autres pays.

Voici la clef de ce mystère et voici ce qui rend les nihilistes puissants et dangereux pour le czar.

Les autocrates ont cru faire œuvre géniale en se faisant papes; ils se sont dit que, déjà maîtres de la vie, de la fortune de leurs sujets, ils allaient devenir les maîtres suprêmes de leur conscience, et qu'ils auraient le double pouvoir temporel et spirituel.

De prime abord, la chose paraît, en effet, machiavéliquement adroite; et pourtant elle n'a été qu'une maladresse, les autocrates s'en aperçoivent aujourd'hui. L'arme était à deux tranchants : elle se retourne contre celui qui s'en sert, et elle pourra bien lui faire une blessure mortelle.

Pour les Gréco-Russes, le czar est, en effet, un être doublement sacré et tout à fait infaillible comme pape; seulement, comme il y a un grand nombre de sectes en Russie, que les sectaires ont été et sont persécutés, pour ces millions d'hommes, le czar est un ennemi mortel, il est le chef d'une religion détestée qu'ils veulent renverser à tout prix, un persécuteur cruel de leur Dieu à eux, de leurs croyances et de leur culte... Le renverser, le faire sauter dans un chemin de fer, dans son palais ou le tuer d'un coup de pistolet, devient à leurs yeux une œuvre pie. On sait à quoi peut conduire les hommes ce qu'on nomme le fanatisme religieux.

La secte des staroviertzi, par exemple, est très nombreuse, de riches marchands, des grands seigneurs, des moines et des paysans en font partie. Ces sectaires ont été tellement persécutés sous Pierre Ier qu'ils s'enfermaient deux ou trois mille dans une église à laquelle ils mettaient le feu. Ils se laissaient consumer par les flammes pour n'avoir point à abjurer leur religion.

Pour ces hommes, Pierre Ier est l'Antechrist, et ses successeurs ne sont que les descendants de ce personnage satanique; ils ont toujours été et ils sont encore persécutés. Pour tous ces hommes donc,

17.

attenter à la vie du souverain pape, c'est faire une œuvre méritoire et religieuse.

Les prêtres catholiques n'ont-ils pas, dans le temps, poussé la folie jusqu'à croire qu'ils seraient agréables à Dieu en torturant ceux qui n'étaient pas catholiques? Des hommes d'État, un souverain et des prêtres n'ont-ils pas fait la Saint-Barthélemy au nom de la religion? Les juifs n'ont-ils pas été persécutés pendant de longs siècles par la seule raison qu'ils ne croyaient pas à notre Messie?

Aujourd'hui encore l'empereur de Russie traite fort mal les israélites polonais, et les juifs ne sont que tolérés en Russie! Les catholiques polonais sont aussi traités avec une grande intolérance.

Comment s'étonner que tous les sectaires et que tous les dissidents russes croient à leur tour faire une œuvre sainte en tuant le pape d'une religion ennemie et fausse selon eux?

C'est parmi ces dissidents que les chefs du parti nihiliste recrutent des affiliés. Dans l'œuvre poursuivie, la liberté de conscience sera proclamée. Ces sectaires ont donc un intérêt religieux à la révolution; aussi s'en font-ils les agents actifs.

Ces sectes forment en quelque sorte des sociétés secrètes en permanence, ce qui sert utilement les libéraux ou nihilistes qui, pour agir et réussir dans leur œuvre, s'appuient sur cet élément hostile à l'autocratie.

Il est vrai, en principe, que le moujick (paysan) aime l'empereur, mais ceci n'est exact que pour le moujick de religion gréco-russe. Ceux qui sont scoptzi, staroviertzi, malakani, sabbanitzi, par exemple, le détestent, et cette haine donne la possibilité aux révolutionnaires de travailler le peuple et de le faire entrer dans la lutte commencée.

Ceci expliqué, les grands seigneurs, conspirant à coups de mines, de revolver ou de poignard, ce sont des vieux croyants poussés à ces moyens criminels par le fanatisme religieux.

L'autocratie s'aperçoit, un peu trop tard, qu'en se décernant le titre et l'autorité de pape ou chef suprême de la religion orthodoxe, elle s'est créé un grand péril et s'est exposée, par sa coupable ambition, à la haine implacable de tous les dissidents de son empire.

Le hasard a fait un état de choses particulier et singulier dans la révolution russe : il a uni les libéraux avec les fanatiques religieux, il oblige ces hommes à s'entendre pour travailler ensemble au triomphe de la sainte liberté.

DÉPART DE CONDAMNÉS RUSSES.

CHAPITRE XII

UN SOUVENIR DU PASSÉ — MASSACRE DES STRÉLITZ
PAR PIERRE Iᵉʳ

A bibliothèque de Pétersbourg est assez riche ; elle possède nombre de manuscrits curieux. J'ai passé pendant cinq mois plusieurs heures par jour à feuilleter ces manuscrits et à prendre des copies des plus intéressants.

Parmi ces derniers, celui de M. Fagnani m'a paru tout particulièrement curieux. M. Fagnani était chargé d'affaires d'Italie en Russie, pendant le règne de Pierre Iᵉʳ et pendant le commencement de celui de Catherine Iʳᵉ; il a laissé des mémoires relatant les principaux événements qu'il a vus; ces mémoires sont (ou étaient, car peut-être les a-t-on changés de place depuis) à la section des manuscrits; ils portent comme titre : *Anecdotes sur la vie d'Eudochia Fédérowina et de Catherine, fin tragique des strélitz, et récit de ce qui s'est passé à la fête du conclave.*

Une note de la direction de la bibliothèque impériale indique que ce manuscrit a été écrit par Fagnani, ministre d'Italie, résidant en Russie sous Pierre Ier; au-dessous de cette attestation, un sieur A. Busy, notaire à Nancy, certifie que ce manuscrit est bien de l'Italien Fagnani, la signature de ce notaire est légalisée.

Ce document est donc bien authentique ; j'en extrais le passage se rapportant au massacre des strélitz, un des faits les plus typiques de l'histoire de la monarchie russe.

Sous Pierre Ier, les opritchinikis, milice organisée par Ivan IV, étaient devenus des bandits de grand chemin ; les corps de cavalerie étrangère, organisés par Alexis, étaient honnis et méprisés de tous les Russes; leur vie était sans cesse menacée par le fanatisme des vieux Russes.

Les strélitz s'étaient faits l'instrument de l'ambition de la princesse Sophie, sœur aînée de Pierre Ier; ils avaient massacré la mère de ce prince et attenté deux fois à sa propre vie alors qu'il était enfant; aussi les détestait-il, il les avait envoyés en disgrâce garder les frontières.

Une année, comme il était à Vienne prêt à se mettre en route pour aller visiter l'Italie, les strélitz, nous dit Fagnani, quittèrent leur poste sans ordres et marchèrent sur Moscou, afin de replacer sur le trône la princesse Sophie que Pierre Ier avait enfermée dans une forteresse.

A cette nouvelle, le czar revint en toute hâte dans ses Etats ; mais sans attendre son retour, le général Gordon, commandant la milice étrangère et chargé par le souverain de maintenir l'ordre pendant son absence, se porta à la rencontre des révoltés. Ayant appris qu'ils s'étaient divisés en deux colonnes, suivant des routes différentes, il marcha à la rencontre de la première colonne; les strélitz, surpris à l'improviste, épuisés par une longue route, furent massacrés; sur dix mille, sept mille restèrent sur le champ de bataille, les autres s'enfuirent et se réfugièrent dans diverses provinces de l'empire.

Ce succès obtenu, Gordon se porta au-devant de la seconde colonne; mais ceux-ci, prévenus, se retranchèrent dans une île entourée de marais; le général anglais cerna l'île, les força de se rendre par la famine, les décima, fit grâce de la vie à six mille qu'il emmena prisonniers à Moscou.

Suivi de ces rebelles vaincus, il entrait par une porte de Moscou, au même instant où Pierre Ier entrait dans sa capitale par une autre porte.

Gordon alla rendre compte au czar du châtiment sévère qu'il avait infligé aux strélitz. Loin de se montrer satisfait, Pierre Ier lui reprocha de les avoir châtiés d'une façon trop honorable.

Le général lui fit observer qu'il les avait punis en soldats et suivant les lois militaires.

— Je veux qu'ils soient punis en assassins, s'écria le czar.

En vain Gordon lui fit remarquer que les survivants avaient sa parole d'avoir la vie sauve. Il ne voulut rien entendre; il leur fit faire un procès comme à de simples criminels; l'arrêt dicté par le souverain lui-même les condamnait en bloc à la mort.

C'est dans ce sinistre enclos dont j'ai parlé dans mon chapitre sur Moscou, qu'une nuit les six mille

PIERRE LE GRAND MASSACRANT LUI-MÊME LES STRÉLITZ.

strélitz furent amenés. Des torches éclairaient d'une lueur sanglante cette place de Grève.

Pierre I*er* était là ; il avait convoqué à ce hideux spectacle tous les ministres résidant en Russie, tous les hauts fonctionnaires et tous les seigneurs de sa cour.

On lut à ces malheureux l'arrêt qui condamnait deux mille d'entre eux à être pendus et les quatre mille autres à être décapités...

On commença par la pendaison. On fit sortir dix par dix les victimes ; le czar comptait lui-même. On les conduisit dans une plaine entourant l'enclos ; des soldats transformés en bourreaux les pendaient par dix au même gibet.

Ce fut long, mais, dit M. Fagnani, Pierre était radieux, il insultait les agonisants.

Cette triste besogne faite, on plaça de grandes poutres dans l'enclos, on fit agenouiller les strélitz par cinquante à la fois, on leur fit appuyer la tête sur ces billots, et à coups de hache on se mit à les décapiter.

Qu'on juge de l'angoisse de celui qui avait à entendre la fatale hache s'abattre quarante-neuf fois sur le cou de ses frères d'armes !

La garde impériale, composée des fils des plus nobles familles de l'empire, fut obligée de faire métier de bourreau ; elle dut abattre des têtes deux heures durant, sans désemparer !

Mais à un moment donné, le czar, qui venait d'avaler un grand verre d'eau-de-vie, s'empara d'une hache et se mit à abattre lui-même cinquante têtes (voir la gravure de la 1*re* page). Ses narines étaient dilatées, ses yeux lançaient des éclairs d'une joie sauvage. Il était éclaboussé de sang des pieds à la tête et hideux à voir.

Après avoir abattu la cinquantième tête, il passa la hache à l'amiral Apraxim, en lui disant :

— Fais-en autant.

Apraxim, déjà âgé et tout tremblant d'horreur, dut s'y reprendre à quatre ou cinq fois pour trancher chaque tête !

Tous les seigneurs présents furent forcés d'abattre cinquante têtes.

Par ordre du souverain, ces quatre mille têtes furent posées sur des pieux en fer qui furent scellés dans les créneaux des murs de Moscou ; elles y restèrent exposées pendant toute la vie de ce prince.

La princesse Sophie, qui avait été l'initiatrice de cette révolte, fut enfermée, par les ordres de son frère, dans la chambre la plus malsaine de la prison. En face de la fenêtre de ce cachot, éloigné de deux mètres à peine, il y avait un grand mur. Pierre Ier y fit accrocher les corps et les têtes des officiers de strélitz, afin que sa sœur eût devant les yeux ce lugubre spectacle, et que les miasmes de ces corps en décomposition arrivassent jusqu'à elle.

Dans l'implacabilité de sa vengeance, Pierre Ier n'oublia même pas les strélitz échappés au massacre que Gordon avait fait de la première colonne; il publia un ukase qui défendait, sous peine de mort, de leur donner asile.

Il fit rechercher les femmes et les enfants de tous les strélitz; il les fit interner dans un désert aride et malsain, et il publia défense, sous peine de mort, à eux et à leurs descendants de quitter ce désert.

Il fit ériger sur toutes les grandes routes des pyramides sur lesquelles il fit inscrire les nombreux forfaits commis par les strélitz, et la copie de l'arrêt qui les avait condamnés à mort.

Voilà ce que M. Fagnani prétend avoir vu de ses propres yeux.

L'histoire russe nous donne cet affligeant spectacle d'hommes doués de génie commettant des forfaits inouïs !

Pour l'honneur de l'espèce humaine, on aimerait à pouvoir se dire que les grands criminels sont généralement des êtres sans grande intelligence !

Ivan IV était un savant et un excellent littérateur !

Pierre Ier était un grand génie, et il a commis des crimes sans nom !

C'est humiliant et triste à constater.

FÊTE DE PAYSANS.

DILIGENCE, ENVIRONS DE MOSCOU.

CHAPITRE XIII

Grands seigneurs et moujicks. — Routes et maisons de relais. — Vie de province. — Influence de l'ennui sur les mœurs de l'homme.

Il faut bien se garder de juger tous les Russes par ces aimables cosmopolites que nous voyons à Paris, à Monaco ou en Italie.

Le Russe a une grande puissance d'assimilation, aussi à Paris est-il plus parisien qu'un Parisien ; dans un salon, il est homme du monde, comme pas un grand seigneur français ne saurait l'être.

Pour bien le connaître il faut le voir dans son intérieur, l'entendre parler à ses domestiques, assister à une petite dispute de famille, et enfin visiter les provinces de l'empire du nord. Là, le Russe n'imite plus, il est *sui generis*, et il faut en convenir il ressemble peu au Russe assimilé que nous voyons dans nos salons.

Le Russe qui vit dans ses terres, n'est pas le Russe que l'on voit à la cour de Pétersbourg, nous allons donc faire dans ce chapitre un petit voyage dans l'intérieur de la Russie. Croyez, lecteur, que pour mauvaise que soit la plume qui vous trace ces lignes, il sera plus agréable pour vous et surtout moins fatigant de faire un voyage en imagination que de le faire en réalité.

D'abord les routes en Russie sont atroces, généralement elles sont simplement indiquées par des fossés peu profonds, et par des poteaux placés de verste en verste, qui marquent la distance parcourue et celle à parcourir. Mais les charretiers ne tiennent aucun compte du tracé réglementaire, et à chaque instant la route change de direction; perdre son chemin est la chose la plus facile, et l'on peut errer jusqu'à ce que le froid vous tue dans le steppe désert.

En automne et au commencement de l'hiver, par les nuits où règnent les brouillards ou les chasse-neige, le voyageur court grand risque que son cocher l'égare, et d'aller mourir gelé dans le steppe; ces tristes accidents arrivent fréquemment.

Au printemps et en automne, on peut dire et sans la moindre exagération que les communications sont impossibles en Russie; c'est encore en hiver, quand le sol est recouvert d'un épais tapis de neige, que les routes sont le plus praticables; dans cette saison on a la possibilité de traverser ces fleuves et rivières sans avoir recours aux ponts, ce qui est très appréciable;

car les ponts de l'intérieur de la Russie sont construits d'une façon assez primitive, des madriers unis par de simples chevilles de bois, voilà ce qui les compose.

Je vous donnerais en cent et en mille à deviner la raison pour laquelle ils n'ont ni chevilles, ni clous de fer, que, bien sûr, vous donneriez votre langue au chat pour vous éviter cette peine, voici le motif : de sa nature le paysan russe est très voleur, il vole d'instinct et par habitude, sans même avoir conscience qu'il commet une action criminelle. Eh bien ! il disloquerait le pont pour arracher le fer et aller le vendre ! Voilà la vraie raison, celle que vous donneront les ingénieurs des ponts et chaussées, qui fait qu'on doit construire ces ponts d'une façon si sommaire.

Dans les villes, ne faut-il pas un gardien pour préserver les marteaux des portes contre la cupidité, et le cocher qui s'endort sur son siège dans une rue isolée n'est-il pas à peu près certain qu'un moujick, prestement, lui volera les harnachements de ses chevaux et qu'il démontera même les roues de la voiture pour enlever le cuivre !

Concussion en haut, vol en bas, voilà la plaie de la Russie, voilà ce qu'on aura beaucoup de peine à extirper de l'âme russe.

Les ponts sont tellement défectueux qu'on y est cahoté horriblement en les traversant, et que le cocher s'expose à briser sa voiture.

Au printemps, la terre doit absorber un mètre cinquante de neige, le sol devient mouvant, on enfonce dans une mer de boue : il se forme des torrents, des lacs, des ruisseaux, lorsque les communications ne sont pas interrompues elles sont périlleuses et désagréables.

Le pays plat et sans horizons vient augmenter la monotonie du voyage, les yeux n'aperçoivent rien qui les charme; de noirs corbeaux volent sur votre tête, dans ces solitudes mornes, leur cri a quelque chose de particulièrement lugubre; seul, votre cocher vous intéresse et vous distrait par la conversation qu'il tient avec ses chevaux; tantôt il s'adresse au cheval de volée attelé du côté droit:

— Tu es un rusé, lui dit-il, mais je suis plus rusé que toi, j'ai un bon coup d'œil et je vois bien que tu ne tires pas, Finaud, et il lui allonge un coup de fouet.

— Toi, dit-il au cheval du milieu, tu es une bête consciencieuse, tu tires tant que tu peux, aussi tu auras de l'avoine. Le cheval de volée continuant à ne pas se fatiguer, il l'injurie :

— Eh quoi! tu secoues les oreilles comme pour me dire que tu ne veux pas m'écouter, voilà pour t'apprendre à être poli! et il lui détache un second coup de fouet. Il donne un nom à chacun, à celui dont il est satisfait il parle d'une voix douce, il lui dit des mots d'amitié, s'interrompant pour dire des injures terribles à celui qui oublie son devoir.

Les bêtes comprennent ce langage humain, et ce cocher traite ses chevaux en créatures humaines, il les aime et il ne les châtie qu'avec cette douceur et cette justice du père punissant ses enfants indisciplinés ou paresseux. Comme cette façon d'agir ressemble peu à la brutalité toute bestiale de certains cochers français, qui vous font vous redire à chaque instant en vous-même :

18

— La plus brute des deux n'est pas le cheval.

La bonhomie bavarde de l'iamstchik (postillon) est, je le répète, la seule distraction que l'on a en Russie, lorsqu'on doit parcourir les longues distances qui séparent les villes ou les habitations.

Dans ces plaines sans fin, plates, unies, parfois incultes, la route avec ses poteaux verstiques, ses relais de postes, les maisons basses et sombres qu'on aperçoit, paraît interminable ; une angoisse vous saisit l'âme; pourtant les chevaux sont bons, ils sont menés rapidement, et l'on va vite ; un trait caractéristique du Russe c'est qu'il aime à aller avec une extrême vitesse, il faut que les chevaux dévorent l'espace, qu'ils aient des ailes, et que lui, à moitié couché dans sa voiture de poste, n'aperçoive les objets qui bordent ou sillonnent la route que pour les voir disparaître aussitôt; en un mot, il aime à se sentir emporté comme dans un tourbillon. Si la route tremble, si les roues ne forment plus qu'un cercle uni, si le bruit des grelots des chevaux se mêle avec celui du vent coupé brusquement, si les piétons effarés se garent avec un cri d'effroi, le Russe se sent heureux!

Les villages que l'on traverse, vus de loin, sont bizarres ; les maisons de bois, basses et peintes de rouge et de vert, sont dominées par les coupoles des églises, qui sont ou dorées, ou peintes de couleurs bien voyantes.

En hiver, ces hameaux ressemblent à des amas de monticules de neige surmontés de plusieurs coupoles.

Des moujicks bien barbus, aux vêtements graisseux, au sourire bienveillant, mais au regard rusé et railleur, vous regardent passer; des nuées de mendiants affamés courent autour de votre voiture et chantent d'un ton plaintif: « Petit père, petite mère, donne-nous du pain. »

Comprenant que ces malheureux sont sans pain, en effet, votre cœur se serre douloureusement.

Les grands seigneurs russes, lorsqu'ils font un voyage dans l'intérieur de leur patrie, le voyage ne devrait-il durer que deux ou trois jours, emmènent un nombreux personnel de domestiques; ils emportent matelas, oreillers, couvertures, samovars, thé et vivres de toutes sortes.

Malheur à l'étranger qui se lance dans l'intérieur de l'empire sans prendre ces sages précautions! Il mourra de faim en route, et comme lit il aura le parquet; mais, par exemple, il trouvera, dans toutes les maisons de poste, de la vermine à faire de tout son corps une plaie hideuse.

S'il n'a pas de provisions, il trouvera à manger un peu de pain noir et dur, des choux aigres; comme boisson, du kwass, et souvent il ne trouvera pas même ces mets grossiers pour apaiser sa faim.

En France, les provinciaux ont une manie, celle de parler sans cesse de la prétendue démoralisation des Parisiens; beaucoup considèrent la capitale comme une Capoue moderne ou comme une nouvelle Babylone. Eh bien, je pose en fait que les Parisiens sont plus moraux que les provinciaux, et voici pourquoi : L'ennui enfante non-seulement les vices, mais même les crimes. L'homme et la femme qui s'ennuient feront n'importe quoi pour secouer cette angoisse lourde et glaciale que l'on nomme ennui. De plus, ce mal aigrit le cœur et l'esprit, il rend méchant. Pour vous assurer que ceci est exact, vous n'avez qu'à aller passer quinze jours dans une ville de province.

La première personne à qui vous rendez visite s'empresse de vous apprendre des histoires scandaleuses sur tous les habitants. Nommez-vous une famille, aussitôt elle vous apprend que la femme est une pas grand'chose, le mari un imbécile ou un jobard; la fille, vous assure-t-il, a commis plus d'une légèreté.

Vous quittez cette personne avec cette impression qu'elle est fort malveillante.

Vous allez dans une autre maison, même concert de propos médisants; vous faites une troisième et une quatrième visite, le concert augmente, les médisances atteignent de telles limites que vous vous dites : Décidément cette ville n'est habitée que par des gens de rien.

Les femmes sont brouillées à mort, elles se battent à coups de langue; ces blessures sont si venimeuses que parfois elles sont mortelles.

Les hommes se battent à coups d'injures, de gros mots et parfois à coups d'épée.

La ville est divisée en deux camps. Le Parisien a beaucoup de peine à naviguer heureusement au milieu de ces camps ennemis. Est-il introduit dans l'un, l'autre lui est impitoyablement fermé au nez, et il ne tarde pas à s'apercevoir que la province n'est pas si vertueuse qu'elle voudrait le faire croire, et que la charité et la bienveillance sont deux qualités qui y sont peu pratiquées.

C'est l'ennui, maladie pire que la peste, qui rend si mauvais ces hommes et ces femmes.

Celui qui s'amuse, qui est gai, content, n'a pas le temps de déchirer son semblable; le plaisir met de l'indulgence dans le cœur le plus pervers.

Même ceux qui n'ont jamais visité la Russie pourront se figurer la dose énorme d'ennui éprouvé par les habitants des provinces russes, en réfléchissant que la rigueur du froid rend pendant cinq ou six mois toute communication impossible; la neige bloque les habitants chez eux; seuls les loups et les ours peuvent flâner agréablement.

Le Russe qui vit à la campagne n'a d'autres distractions que celle de chasser les loups ou les ours. Une fois qu'il s'est donné le plaisir de rester immobile dans un coin d'une forêt pendant trois ou quatre heures, attendant que l'ours vienne se placer en face de sa carabine, c'est fini, il rentre dans sa vaste maison de bois, il se bat contre l'ennui, c'est un duel à mort pour ne pas mourir d'ennui; il tue l'ennui en mangeant à être forcé de restituer avant le dessert, il boit à être ivre-mort; le lendemain, il se réveille avec un fort mal de tête qu'il essaye de noyer dans des liqueurs enivrantes, s'il a la chance d'avoir des voisins. Alors il égaye ses loisirs en jouant un jeu d'enfer; il joue à jeun, il joue lorsqu'il est gris, il passe ainsi ses nuits, et dans le jour il dort.

Généralement, la femme d'un homme vivant dans ses terres se fait ordonner un voyage à l'étranger par un médecin aimable. Le mari, resté seul et célibataire, noue quelque intrigue dans le voisinage... et ni la tempérance ni la vertu ne sont cultivées par lui.

D'autres fois, c'est le mari qui affirme que l'air d'un pays étranger lui est nécessaire; il s'en va voyager des mois et souvent des années. La femme reste seule, et pour tuer l'ennui, elle emploie parfois un peu les mêmes moyens que ceux employés par les hommes. Pourtant la femme russe est généralement plus instruite et plus studieuse que l'homme, elle a donc une ressource dans la lecture.

Lorsqu'on dit d'un Français, d'un Italien ou d'un Espagnol qu'il a mangé sa fortune, on se sert d'une expression impropre, on devrait dire qu'il l'a gaspillée ; mais si l'on dit d'un Russe qu'il a mangé sa fortune, ceci est vrai à la lettre ; nul peuple au monde n'engloutit autant d'argent dans son estomac que le peuple russe. Très pratique, il ne dépense pas son or à des futilités, il le dévore ; ce qu'un grand seigneur de ce pays absorbe de champagne à vingt-cinq francs la bouteille, de vin de Bordeaux, de liqueurs, de pâtés truffés, de caviars, d'huîtres et autres mets chers, c'est incroyable. Un jour, j'étais à Pétersbourg, c'était la veille de Noël, le grand jeûne était fini, tous les Russes se préparaient au gros repas du soir, par une petite collation ; j'étais avec une amie dans un grand magasin, en sous-sol de la perspective Newski, un de ces magasins installés de façon à ce qu'on puisse consommer ce qu'on achète dans des salons situés derrière la boutique, et correspondant avec elle par un couloir.

On débite dans ces boutiques du jambon, du caviar, des huîtres, du fromage et des vins de France.

Mon amie venait faire ses provisions pour les fêtes ; on l'avait prié d'attendre pour la servir qu'on eût fini de donner une collation à des personnes qui étaient dans un salon.

Nous nous assîmes philosophiquement, et pour prendre patience nous examinâmes les mets portés aux convives. D'abord on leur servit quatorze douzaines d'huîtres, ce sont des huîtres que l'on conserve dans des barriques remplies d'eau de mer, elles coûtent deux roubles la douzaine; bientôt on se mit encore à en ouvrir quelques douzaines. Tandis qu'on leur portait d'énormes morceaux de jambon, des livres de caviar et des gros morceaux de chester, nous vîmes douze bouteilles de champagne, deux bouteilles de porto et deux de fine champagne prendre la direction du salon.

— Mais il y a donc trente personnes en train de collationner? dis-je à mon amie.

— Trente, me dit-elle. Non, tout au plus cinq ou six; on voit bien que vous ne connaissez pas l'appétit de mes compatriotes.

Et comme elle me voyait douter que six humains puissent avaler tout cela, elle demanda au marchand le nombre de ses convives; ils étaient sept; il nous les nomma, c'était de grands seigneurs appartenant à la classe des viveurs. Je fus curieuse de voir la note, elle se montait à trois cents roubles! Ils avaient bu et mangé cela comme absinthe pour se mettre en appétit pour le souper du soir, le grand souper de famille.

C'est à croire que les Russes descendent en droite ligne de feu Gargantua.

Je n'en revenais pas, alors mon aimable cicerone me dit :

— Venez, je vais vous expliquer ce mystère, mais je vous avertis que ce que vous allez voir sera peu poétique.

J'ai le feu sacré de la curiosité, je la suivis. Elle me conduisit dans le couloir, me montra deux tonneaux coupés par la moitié... Puis elle me fit entrer dans un salon obscur donnant en face de celui où ces messieurs collationnaient; nous pouvions les voir et les entendre; ils mangeaient, buvaient avec avidité; soudain deux se levèrent, ils allèrent près des tonneaux, et mettant les doigts dans la bouche, ils se donnèrent le mal de mer! horreur! L'estomac vidé, ils rentrèrent dans le salon et se mirent à manger encore.

— Voulez-vous, me dit mon amie, aller dans d'autres boutiques? vous verrez d'autres grands seigneurs faire la même chose.

— Non, m'écriai-je, j'aime mieux croire que ceux ci sont des exceptions.

— Eh bien! en province, le Russe, n'ayant pas d'autres distractions, mange encore davantage!

Si la vie du gentilhomme campagnard est triste et monotone, celle que mène l'habitant des petites villes n'est guère plus amusante. Il n'a pas la ressource du théâtre, il n'a aucun centre intellectuel, il s'adonne à la passion du jeu et à une débauche qui atteint les limites du hideux, il boit, se grise, puis se grise encore.

Un philosophe a dit : La nourriture est une seconde nature; et il a démontré l'influence qu'exercent les mets sur le physique et même sur le moral de l'homme.

C'est à ce point de vue que je vais donner quelques détails sur la nourriture habituelle des Russes.

Commençons par les boissons.

Le riche boit notre champagne vrai, le faux fabriqué avec toutes sortes d'ingrédiens nous reste ; il boit nos meilleurs crus de Bordeaux et de Bourgogne, il ajoute à ces vins toutes les diverses liqueurs préparées dans le monde ; j'ai vu préparer et boire des punchs ainsi confectionnés, on mettait dans une terrine trois bouteilles de champagne, deux bouteilles d'eau-de-vie, une bouteille de kirsch, une bouteille de porto, des citrons et des oranges coupés en tranches, et l'on faisait brûler ce capiteux mélange, de quoi griser un régiment ; et cependant les Russes avalent plusieurs verres de cette boisson sans être même un peu émus.

Le Russe ne boit jamais l'eau crue, mais il prend beaucoup de thé, la moyenne est de dix à douze tasses par jour.

Vous comprendrez facilement l'excitation que donnent ces boissons.

On parle souvent du calme des gens du Nord et l'on insinue que les passions sont plus vives dans les régions chaudes, quelle erreur ! Connaissez-vous cette chaleur âcre, intense que produit la glace ? qui de nous ne s'est point amusé à poser sur le creux de sa main un morceau de glace ? D'abord on éprouve une sensation de froid, qui se change bientôt en un tel sentiment de chaleur qu'on se demande si au lieu de glace, on n'a pas un charbon ardent dans la main ; eh bien ! c'est cette chaleur âcre, intense, irritante qui fait bouillonner le sang russe. Joignez à cette chaleur l'excitation causée par les boissons et vous comprendrez que bien loin d'être froids et calmes, ils portent toutes les passions au point extrême ; ils haïssent jusqu'à la férocité ; ils aiment jusqu'à l'adoration ; ils sont débauchés jusqu'à la

UN MARCHÉ RUSSE.

licence effrénée, celle qui appelle le feu du ciel ; ils sont dévots jusqu'au fanatisme ou impies jusqu'à la négation de tout, jusqu'à adopter l'original système de Haeckel, le Darwin allemand ; ils se figurent descendre des monènes ou monides, ils attribuent la création des races animales et de la race humaine, non à un Dieu suprême mais à une simple fermentation de la nature, qui a produit le protoplasma, lequel a engendré des cellules vivantes qui en s'unissant ont créé les infusoires, lesquelles en s'associant, poussées par une affinité mystérieuse, ont créé les mollusques, des polypes sont nés les vertébrés et les mammifères et de ceux-ci toutes les autres bêtes de la création, l'homme compris.

La philosophie française est peu goûtée en Russie, mais en revanche le pathos lourd et diffus des philosophes allemands y est fort apprécié... et compris, ce qui est plus incroyable !

Le vin coûtant fort cher en Russie, les petits bourgeois, les employés et le peuple boivent en mangeant du thé ou de l'hydromel, ils se grisent avec le kwas, boisson faite avec une fermentation de farine ; ils boivent aussi beaucoup d'eau-de-vie fabriquée en Russie.

Pendant l'été, la nourriture en Russie est à peu près celle du reste de l'Europe, à cette différence près qu'on y mange plus de poissons que partout ailleurs.

Les fleuves et les rivières étant aussi nombreux que poissonneux dans cette contrée, le poisson y est abondant et peu cher.

Dans cette saison, les fruits et les légumes verts

sont très abondants aussi et accessibles à toutes les bourses.

Mais en hiver !

Que ceux, qui iront passer cette saison dans cet empire, aient bien soin d'oublier les détails que je vais donner, et qu'ils mangent sans réfléchir, les pâtés de viande, de poisson, de gibiers, les volailles et le poisson, qu'ils oublient ce récit, et qu'ils n'aient pas la fatale curiosité que j'ai eue pendant l'hiver de 1876, curiosité qui a failli me faire mourir d'inanition. Pendant mes autres séjours dans ce pays, j'avais mangé sans penser à la provenance des mets qu'on me servait ; je ne suis pas gourmande, je mange par nécessité. J'étais en Russie depuis octobre et j'avais mangé gibiers et poissons de bon appétit, mais voilà qu'en février une aimable amie me dit : Chère, vous avez oublié de visiter nos marchés et nos poissonneries qui sont pourtant des curiosités.

— C'est vrai, m'écriai-je, voulez-vous me servir de guide ?

Elle se fit mon cicérone et nous voilà visitant les marchés et poissonneries !

Dans des constructions superbes et bien exposées au froid, je vis des entassements gigantesques de gibiers et de volailles raidis, gelés, l'œil vitreux.

— Qu'est-ce que cela ? dis-je.

— Mais c'est la provision d'hiver ; elle diminue, nous approchons de l'été ; si vous étiez venue dans ces marchés en octobre, vous auriez vu ces entassements encore plus considérables.

Et elle m'expliqua qu'en octobre on tuait les volailles et les gibiers, qu'on vidait, qu'on jetait de l'eau dessus, qu'on exposait ces bêtes au froid afin de les faire geler et qu'on les conservait ainsi tout l'hiver.

— Horreur ! m'écriai-je, mais toutes les bêtes que nous mangeons ont donc cessé de vivre depuis octobre ?

— Parfaitement, et grâce au froid, elles iront jusqu'en avril.

Je sortis des halles en me jurant bien de ne plus manger ni gibier ni volailles.

Nous allâmes aux poissonneries.

Dans d'immenses barques faisant corps avec la glace, nous vîmes des amoncellements de poissons de toutes espèces, de toutes grosseurs, tassés les uns sur les autres, raidis, cadavéreux, les yeux vitreux et peu appétissants à voir.

— C'est cela que nous mangeons ? dis-je avec un réel désespoir.

— Mais, oui, me dit mon amie, on se livre bien un peu à la pêche en faisant des trous carrés dans le mètre de glace qui recouvre vos rivières, mais le poisson fuyant la froidure se tient au fond de l'eau, ce qu'on pêche est ainsi insignifiant ; on pêche donc en octobre et novembre la provision de poisson pour l'hiver, on vide ce poisson, on l'asperge d'eau, on le laisse exposé à l'air jusqu'à ce qu'il soit bien gelé... et vous le voyez, la conservation est parfaite.

A côté de ces grandes barques, elle me montra des barques ayant un trou dans le fond, la glace est également percée et dans de grands filets s'agitaient des sterlets vivants, mais ce poisson ne peut être mangé que par les riches, un sterlet pesant au plus une livre coûte en hiver huit ou dix francs, un gros sterlet se paye jusqu'à cent francs.

Je quittai ces poissonneries avec un dégoût invincible pour le poisson. A partir de ce jour je ne mangeai plus ni volailles, ni gibier, ni poissons, j'ai vécu de conserves de petits pois, de champignons et de légumes secs; parfois je me payais quelques feuilles de salade, je payai une petite laitue un rouble.

La chaleur factice qui règne dans les appartements, l'air raréfié et fétide qu'on y respire, joints à cette nourriture par trop peu substantielle, n'ont pas tardé à me rendre très anémique.

Le mouton russe est mauvais, sa chair sent la laine, le peuple seul en mange.

On vend à Moscou et à Pétersbourg des côtelettes de mouton venant d'Angleterre, on les fait dégeler, mais elles ont une odeur fadasse, elles sont mollasses et ont un goût désagréable.

Le journal *le Goloss* vint un jour augmenter mon dégoût; il publia des détails d'un réalisme écœurant sur toute une famille morte après avoir mangé une dinde qui avait été mal gelée, les vers s'étaient mis à l'intérieur, la putréfaction interne avait marché...

Pouah!

Croyez-moi, si vous allez en Russie, ne visitez ni les halles, ni les poissonneries, et mangez sans réfléchir... sans quoi vous ne mangerez plus du tout.

La viande conservée a un goût fade, que les Russes corrigent en l'assaisonnant avec des épices; ils mangent, en même temps, du caviar, des olives et des excitants de toutes sortes.

L'échauffement d'entrailles arrive en Russie à un point si aigu, que les malades n'ont d'autres res=

sources que de partir à l'étranger pour s'en guérir.

Le grand carême, arrivant sur un hiver qui rappelle, comme nourriture malsaine, le siège de Paris, et les Russes, déjà affaiblis, l'observant très rigoureusement, il en résulte que lorsque les Pâques arrivent ils ont un teint jaune sur fond verdâtre et les yeux cernés de bistre; ils sont à moitié morts. Leur estomac est détraqué par le jeûne, et ils font, les fêtes arrivant, des dîners de Gargantua, ce qui achève de les rendre malades.

On mange énormément de pâtisseries en Russie; chaque jour la cuisinière fait des gâteaux aux poissons ou à la viande, c'est elle-même qui fait le pain.

Au printemps, on mange un mets excellent : c'est le petit poulet ayant à peine atteint la grosseur de la caille. Bien rôtis, entourés d'une feuille de figuier, ces poulets sont exquis.

Revenons à la vie de province.

Comme je l'ai dit, la Russie, plus que nulle nation d'Europe, souffre de la maladie ennui; dans les passions allant toujours à l'extrême, les hommes arrivent vite à la satiété ; le vice ne leur suffit plus pour guérir le mal qui les ronge.

Dans les petites villes, on trouve des hommes dix fois plus débauchés que ne le sont les viveurs de Pétersbourg. Privés du théâtre, les soirées étant peu nombreuses, ils passent leur temps au café.

L'intérieur du café russe a un cachet tout spécial. Généralement, la salle où l'on se tient est au premier étage; elle est basse et mal éclairée.

Les garçons de café portent une chemise blanche attachée au-dessus des reins par une ceinture en laine de couleur qui retombe sur le pantalon en guise de tunique; le pantalon est blanc aussi. Ils portent les cheveux longs, bien lissés et bien plats : on les prendrait pour les serviteurs des anciens temples du paganisme. Ils sont dignes, calmes et silencieux; ils forment un grand contraste avec les gais et bruyants garçons de café parisiens.

Le trait distinctif du peuple russe, c'est une mélancolie douce et résignée. L'homme du peuple ne rit, ne chante que lorsqu'il est gris; alors, sous l'empire de l'ivresse, il oublie ses douleurs, il devient gai, il est heureux de vivre, il est affectueux, expansif, il embrasse tous ceux qu'il rencontre. Nulle part je n'ai vu ce genre d'ivresse; ailleurs elle rend l'homme mauvais, en Russie on dirait qu'elle le rend bon.

C'est sans doute pour se procurer cette gaieté factice que le peuple russe se grise si souvent.

A Moscou, et dans toutes les provinces russes, on ne voit que très peu de maisons de pierre : les riches comme les pauvres ont des maisons de bois; celles des premiers ne se distinguent de celles des seconds que par leurs dimensions plus vastes et par le luxe extraordinaire qu'on trouve dans l'intérieur de ces cabanes, faites avec des madriers équarris et échancrés du bout, à la manière des solives employées dans les chaumières primitives.

Les Russes assurent que la maison de bois est plus saine et plus chaude que la maison de pierre. En tout cas, c'est l'habitation nationale; le vieux Russe se fait un devoir de n'avoir que cette maison-là. C'est encore une façon à lui de protester contre les Occidentaux.

On trouve en province, des Russes ayant la haine de l'étranger poussée à un point extrême. Ils vous diront qu'un vrai Russe croyant ne doit pas quitter le sol de sa patrie et ne pas frayer avec l'étranger, car il a été dit dans la sainte Bible : « Ne frayez pas avec les mécréants. »

Les mécréants, c'est nous Français !

Ceux qui habitent les campagnes ont généralement de petites chapelles remplies d'images. Jamais ils ne laissent le mécréant les profaner par sa présence.

Je connais une vieille Russe, confite en dévotion, elle vit dans le gouvernement de Novgorod. Si un non orthodoxe entre dans son salon, dès qu'il est parti, elle essuie tous les endroits où il a appuyé sa main, et elle fait balayer le parquet, histoire de purifier son pieux logis.

Elle fait la même chose si elle reçoit la visite d'un de ses compatriotes cosmopolites ayant bravé la défense de la Bible et étant allé voyager à l'étranger.

On trouve dans la province russe des types bien singuliers et très amusants à étudier, et l'on s'aperçoit que Gogol a été un habile observateur et un peintre savant dans les types de grands seigneurs campagnards qu'il a mis dans son livre des *Ames mortes*. Il y a là des portraits dessinés de main de maître ; aussi je ne puis résister au désir d'en citer quelques-uns.

C'est d'abord le colonel Koschkanef, qui a la monomanie de l'ordre suivi dans les administrations, et l'orgueil de transformer sa terre en petit Etat. Il a de nombreux bureaux. Sur la porte de l'un on voit écrit en gros caractères : *Ecole normale*, mais les professeurs et les écoliers seuls font défaut. Sur une autre porte on lit : *Comptabilité* ; sur une troisième : *Comité d'agriculture* ; sur la quatrième : *Dépôt d'instruments agraires.*

Cette administration n'a aucune raison d'être, mais elle flatte la manie du colonel et elle jette de la poudre aux yeux des personnes qui lui rendent visite.

Tentenikof et son ami Platonof sont deux types de la nouvelle génération ; ils aiment la vie bruyante de Pétersbourg, ils ont voyagé à l'étranger, mais ayant ébréché leur fortune, ils sont forcés de vivre dans leur bien. Ils se sentent dépaysés dans ce milieu terne et morne ; ils tournent au romantisme byronien, et ils se laissent mourir, tués par l'inaction morale et physique... Deux victimes résignées de l'ennui, qui n'ont pas eu l'énergie de le secouer par une vie active ou par l'étude.

Mme Korobochka habite une vaste maison située aux limites d'une noire forêt de sapins. Elle ne voit personne, elle devient une ménagère prosaïque, faisant ses confitures, liardant comme une vulgaire épicière ; elle passe la journée à se faire les cartes et à essayer d'interpréter ses songes.

Un jour, événement mémorable, Tchitchikof vient lui demander l'hospitalité ; elle le reçoit avec empressement, car sa venue apporte un peu de diversion à sa vie monotone. Ne sachant par quelle attention lui témoigner le plaisir qu'elle éprouve à le recevoir, elle lui offre, le soir venu, de lui envoyer un esclave pour lui chatouiller la plante des pieds, ce qui est, lui assure-t-elle, le moyen le plus infaillible pour s'endormir.

Skoudronjoglo est le vrai agriculteur, fort savant en cet art, âpre au gain comme un vrai paysan ; il est habile, fait fructifier ses terres, double sa fortune, et il n'ouvre la bouche que pour critiquer ses voisins moins habiles que lui.

Nosdref est le type du gentilhomme campagnard menant la vie du maquignon ; il est commun, vulgaire, haut de stature, haut en couleur ; il a une voix de Stentor, il ne marche pas, il court, c'est l'ouragan fait homme ; il est mal élevé, impertinent et dur avec ses inférieurs, trop familier avec ceux qui sont ses supérieurs selon la hiérarchie sociale ; il court de foire en foire, et avec les propriétaires de la contrée, il se livre à des orgies sans fin ; il est crapuleux dans ses débauches, joueur comme les cartes et ivrogne comme dix moujicks ; il a l'ivresse mauvaise et il fait volontiers le coup de poing lorsqu'il a trop fêté Bacchus.

Sobakiévitch représente la force brutale ayant absorbé la force intellectuelle ; il a le corps d'un colosse et pas un atome d'esprit ; il ne parle pas, pense encore moins, mais il mange et mange encore, il mange toujours.

Il y a dans le roman des *Ames mortes* de Gogol beaucoup de types aussi réels.

Un jour, l'auteur lisait son manuscrit à Pouchkine, qui écoutait, morne et attentif, cette lecture. Soudain il s'écria :

— Comme c'est vrai, et comme notre Russie est triste !

C'était aussi l'avis de Gogol, car on trouve les lignes suivantes dans un des chapitres de ce livre :

« Russie ! Russie ! je t'aperçois depuis le beau

pays lointain que j'habite (il a écrit ces pages de Rome). Ta nature est pauvre, tout est ouvert, désert et égal en toi ; tes villes sont à peine visibles dans les plaines, elles apparaissent à l'œil comme des points, des taches noirâtres ; rien en toi ne séduit, ne flatte le regard. Pourtant, une force secrète et incompréhensible attire vers toi ! Pourquoi, dis-moi, ta chanson si triste, parcourant toute ta longueur et ta largeur, allant d'une mer à l'autre, retentit-elle sans cesse à mes oreilles ? Qu'y a-t-il dans cette chanson ? D'où lui viennent ces appels et ces sanglots qui serrent le cœur ? Quels sont ces accords plaintifs et maladifs qui pénètrent dans l'âme et tourbillonnent autour de mon cœur ? Russie, que me veux-tu ? Quel est le lien mystérieux entre nous ? Pourquoi me regardes-tu ainsi ? Pourquoi tout ce qui est en toi fixe-t-il sur moi un regard plein d'attente ? Je m'arrête, hésitant et immobile, et déjà un nuage menaçant couvre ma tête, et ma pensée est muette devant ton immensité. Que me prophétise cet espace illimité ? Ne peux-tu pas faire naître des pensées infinies alors que toi-même tu n'as pas de bornes ? Ne peux-tu pas produire des héros lorsqu'ils auraient tant de place pour se déployer ? Ce puissant espace se replie tout menaçant sur mon âme, et sa force terrible se réflète dans les profondeurs de ma pensée ; mes yeux sont illuminés par une puissance surnaturelle... Russie ! oh ! Russie ! je t'aime et je te leure. »

Je viens de citer ces lignes à cause de ceci : ce que Gogol qui était Russe a éprouvé, moi non Russe je l'éprouve aussi. La Russie est triste, terne, morne, et mon souvenir pourtant ne peut se détacher d'elle.

Son immensité m'a impressionnée douloureusement et m'a inspiré les mêmes réflexions qu'à Gogol.

FIANCÉS RUSSES

Je constate avec impartialité les défauts et même les vices de son peuple, et pourtant j'aime ce peuple,

19.

je m'intéresse à son sort tout comme si sa patrie était la mienne; je le plains, mais je ne puis le blâmer, même dans ses fautes, et voici pourquoi : Les défauts et les vices du peuple russe ne sont pas *sui generis* : sa nature est bonne et sympathique; ils lui ont été imposés par le gouvernement qu'il a subi, par le despotisme qui l'a écrasé.

Son ignorance ne vient ni de sa paresse d'esprit ni de son insouciance; elle aussi lui a été imposée, et sa démoralisation n'est que le résultat de l'esclavage qui fait peser sur lui cette contrainte que donne la terreur...

Intelligent de sa nature, il a cette douleur immense de voir son génie étouffé, son âme avilie. Comment ne pas le plaindre!

Ne faut-il pas qu'il soit éminemment sympathique par sa nature pour inspirer, malgré ses défauts, une vive sympathie à ceux qui le connaissent!

Conclusion bizarre mais vraie, la Russie est horriblement triste, et je n'aspire qu'à y faire un quatrième voyage... Son peuple est pétri de vices et de défauts, et j'adore le peuple russe.

RUSSIE. — NOCES. — PAYSANS RUSSES.

CHAPITRE XIV

L'ARMÉE RUSSE.

E ne saurais terminer ce travail sur la Russie sans parler de l'armée russe, et ceci par plusieurs raisons, dont la première est celle-ci : le soldat russe m'est très sympathique. Il n'a pas cette gaieté de gavroche, cet entrain héroïque du soldat français; il a aussi moins d'initiative, et ceci est le résultat de la discipline de fer qui pèse sur lui; mais il a le courage résigné qui donne, lui aussi, l'héroïsme. Philosophe, il regarde la mort sans peur, et sans regret il quitte la vie; il a tant souffert que vaguement il comprend que la vie humaine n'est qu'un temps d'épreuve. Il a ce pressentiment vrai, que la terre contient l'enfer pour les uns, le purgatoire pour les autres, et il meurt sans murmure, sans regret, les yeux fixés vers les régions mystérieuses que l'éther cache à nos yeux.

Il n'a pas la férocité du Prussien ; l'action engagée, il tue, le devoir lui impose cette affreuse chose ; mais la bataille terminée, il devient bon et humain, il ne commettra jamais une cruauté inutile ; il n'a aucun sentiment de haine contre les autres peuples, il va se battre contre eux sans animosité et pour obéir au maître autocrate.

Pendant toutes ces néfastes luttes entreprises par la Russie pour écraser la Pologne, le soldat russe n'a pas montré cette cruauté froide qui a caractérisé l'officier russe, et voici pourquoi : le soldat, ignorant, ne voit dans le Polonais qu'un homme comme lui ; ne sachant rien de l'histoire, il croit que les Polonais sont dûment les sujets du czar, qui les punit parce qu'ils se sont révoltés, comme il sent au fond de son cœur qu'il se révolterait, lui aussi, s'il l'osait. Il fait son métier de soldat, sachant qu'il sera tué s'il ne tue pas, mais il n'a pas de haine pour les Slaves de la Pologne.

Mais c'est tout autre chose pour les officiers. Les officiers supérieurs veulent avancer ; ils savent que se montrer implacables envers le Polonais conquis, mais insoumis, c'est faire un acte agréable au czar, et alors ils pendent, fusillent, font fouetter les vieillards et les femmes. Ceci leur vaut un avancement rapide, et l'ambition est le mobile de beaucoup d'infamies !

Un second sentiment, non moins mauvais que le premier, anime l'officier russe, c'est la jalousie. Il connaît l'histoire, lui, et enfin il comprend la supériorité comme éducation, comme passé, comme instruction et comme nature chevaleresque du Polonais sur le Russe. Il est jaloux de lui, de cette jalousie qui naît parfois dans le cœur de l'inférieur à l'égard du supérieur. Ceci le rend implacable.

La lutte de la Russie contre la Pologne est un peu la lutte de la barbarie contre la civilisation ; elle est féroce d'un côté, elle a de l'autre l'énergie du désespoir.

Mais dans les guerres avec les autres puissances, les officiers russes deviennent de vrais gentlemen, gais, bons garçons, viveurs effrénés ; ils vident des bouteilles de champagne et marchent gaiement à la mort; la lutte terminée, les armes déposées, ils traitent avec humanité l'ennemi tombé en leurs mains; ils se montrent chevaleresques, ils sont aussi sympathiques et aussi braves que le sont nos officiers français, et ce n'est pas peu dire.

Pendant la guerre de Crimée, dès qu'il y avait suspension d'armes, officiers français et officiers russes se serraient la main, ils s'invitaient à boire du champagne, s'offraient des cigarettes, causaient gaiement et très affectueusement. En se quittant, ces hommes qui allaient tirer les uns sur les autres pour obéir à ce restant de barbarie, à la guerre, vieille mégère hideuse, se donnaient une cordiale poignée de main.

Soldats et officiers français sympathisaient bien mieux avec l'ennemi qu'avec l'Anglais notre allié, et ceci tient à un caractère et à une nature semblables en beaucoup de choses.

Que Dieu nous préserve d'une guerre avec la Rus-

LE CHAMP DE MARS A SAINT-PÉTERSBOURG.

sie ! Si cela arrivait, nous pourrions nous battre avec les Russes, mais nous ne pourrions pas les considérer comme des ennemis; ils sont trop les Français du nord.

Pour moi, cette guerre me serait doublement pénible, car les pertes de l'adversaire me toucheraient presque autant que les pertes françaises. Aussi je fais des vœux pour que nous vivions toujours en paix avec la Russie.

Sait-on ceci? Après la fameuse retraite de Moscou, Napoléon a semé sur son chemin des officiers mourants, recueillis par les Russes, bien soignés, bien dorlotés. Ceux qui sont revenus à la santé sont restés en Russie, s'y sont mariés et se sont faits naturaliser Russes par reconnaissance.

La seconde raison qui me pousse à terminer mon travail sur la Russie par quelques lignes sur les forces militaires de cet empire, c'est que dans notre siècle, hélas! les boucheries humaines sont à l'ordre du jour. Cet homme noir qui a nom Bismark a rendu les boucheries humaines fatales; comme un fléau terrible, elles sont toujours suspendues sur nos têtes, et dans ce siècle *bismarkien*, une étude sur un pays est considérée comme incomplète, si elle n'énumère pas ces hommes faits bourreaux malgré eux, qui sont instruits en l'art de détruire leurs semblables, et cela alors qu'ils seraient fort heureux de les laisser vivre en paix.

Un des plus beaux spectacles que j'aie vu dans ma vie, c'est sans contredit la grande parade ou revue qui a lieu en Russie chaque année au Champ de Mars. On l'appelle la parade de mai, sans doute parce qu'elle a lieu en avril.

Ce jour-là, Pétersbourg est en fête, les boutiques se ferment, les paysans arrivent dans leurs costumes les moins graisseux, et le chapeau orné de plumes de paon ; grands seigneurs et moujicks, boutiquiers et financiers sont sur pied dès le matin ; chacun veut assister à ce spectacle imposant et grandiose.

Le Champ de Mars est si vaste qu'une armée de cent mille hommes y manœuvre à l'aise.

J'ai eu la bonne fortune d'assister deux fois à cette parade. Je puis donc vous donner des détails de *visu*.

Les fenêtres, les balcons des maisons qui entourent cette place sont garnis de curieux, les femmes y étalent des toilettes élégantes. Tout autour du carré formé par les soldats, il y a une haie d'équipages occupés par les personnes de la haute société. Une tribune est construite, faisant face à la place ; elle est occupée par la famille impériale, les chambellans et dames d'honneur. A droite, à quatre ou cinq mètres de distance, une seconde tribune est réservée aux privilégiés ; de cette tribune-là, on voit d'abord la masse armée, ensuite on voit tous les régiments venant défiler devant l'empereur qui se tient à cheval un peu en avant, et justement dans l'espace laissé entre les deux tribunes ; il est escorté des ambassadeurs résidant à Pétersbourg et des attachés militaires de toutes les nations.

La marche guerrière russe est jouée par les fifres, les clairons et les trompettes, et l'on voit arriver au galop et se ranger en bon ordre sur le Champ de Mars la cavalerie et l'artillerie, cent mille hommes en tout.

La légende dit, que toujours, ce jour-là, la Providence, voulant faire sa cour à l'autocratie, un brillant soleil éclaire Pétersbourg. Je ne puis que constater une chose : en 1864 et en 1876, le soleil était vif, lumineux et si chaud, qu'ayant quitté mes gants un instant, j'ai attrapé un coup de soleil sur les mains.

Le lendemain, le temps est redevenu morne.

Vers dix heures, l'empereur arrive au galop sur le Champ de Mars, il est suivi de tous les grands-ducs et de son état-major ; tous sont ruisselants d'or, de plaques, de pierreries, de rubans de toutes couleurs... c'est, à la lettre, éblouissant. Un hurrah formidable ébranle l'air, poussé par cent mille poitrines, il fait tressaillir les monuments sur leurs fragiles assises, les tambours battent aux champs, les clairons sonnent, la foule acclame... C'est un tapage ahurissant mais magique.

L'empereur, suivi de son cortège, passe au grand galop devant le front des troupes, ensuite, comme je l'ai dit, il vient se ranger entre les deux tribunes et un peu en avant, les grands-ducs se mettent derrière lui, sur ses côtés se tiennent les ambassadeurs des puissances et les attachés militaires de toutes les diverses nations d'Europe sont là avec leurs uniformes respectifs.

Le défilé commence. — L'infanterie a le premier pas, les militaires de cette arme portent un poitrail de couleur écarlate, un grand casque surmonté d'une queue de cheval ; cet uniforme éclairé par le soleil est d'un effet magique.

Les chevaliers-gardes (un corps composé exclusivement d'hommes appartenant aux premières familles de la Russie) défilent ensuite, leur uniforme est très beau, il est entièrement blanc avec cuirasse noire et or; ils sont tous de haute stature, ils rappellent les preux chevaliers du moyen âge... les grandes dames russes ambitionnent de voir un brillant chevalier-garde porter leur couleur.

Les gardes à cheval sont aussi des hommes superbes, appartenant à la haute aristocratie, ils ont l'uniforme blanc avec cuirasse.

Après eux défilent les cuirassiers bleus et blancs, dont le casque resplendit au soleil. Faisant contraste avec eux, suivent les hussards entièrement vêtus de rouge, et montés sur des chevaux gris-clair admirablement assortis comme robe et comme taille.

Les dragons les suivent, ils ont le casque noir des anciens cavaliers de Frédéric II; puis viennent les lanciers, enfin arrivent les cosaques, chaque régiment composé de douze cents hommes a des chevaux de même couleur, l'un les a noirs, ici aussi robe et taille sont bien assortis.

L'autre régiment se compose de douze cents chevaux bais, un autre de douze cents chevaux blancs, il est suivi par un régiment montant des chevaux gris, puis viennent des chevaux couleur isabelle.

Les Cosaques sont habillés, les uns d'écarlate, les autres de bleu, ils tiennent en main une longue lance dont la flèche est peinte en rouge... toutes ces flèches forment comme une pointe mouvante de pourpre d'un effet un peu théâtral peut-être, mais saisissant.

Les soldats du régiment d'infanterie de Paulowsky portent un bonnet de drap écarlate avec une feuille de cuivre sur le devant, ce bonnet a une vague ressemblance avec la mitre des évêques.

Tous ces régiments défilent au grand galop et avec un ensemble et une précision merveilleuses; lorsqu'ils arrivent devant l'empereur, celui-ci, les saluant de la main, leur crie en russe: Bonjour, mes enfants! et douze cents poitrines robustes répondent par un hurrah formidable.

Le défilé de ces divers régiments dure deux heures. Après, l'artillerie et les trains de pontonniers défilent en masse compacte : chariots, caissons à poudre, voitures de munitions passent au grand galop, le sol est ébranlé, on se croirait sur un vrai champ de bataille.

Pour terminer cette parade, on fait défiler les régiments les plus pittoresques, ils sont composés des soldats des divers peuples soumis à la Russie. Kirghis, Circassiens, Turcs, Baschkirs, Kazzibalchis, Caucasiens, chaque régiment porte son costume national, le Circassien porte le casque de fer à pointe d'acier et une cotte de maille qui descend sur un frac de couleur écarlate, il a des armes bizarres, il monte un petit cheval de race caucasienne, qui est très vif, et se prête avec une grande grâce de mouvements à une fantasia qui rappelle celle des Arabes.

Les Circassiens ont la physionomie d'une extrême mobilité, et leurs yeux noirs ont un regard de feu.

D'autres régiments sont composés des aventuriers du Caucase, les soldats portent le bonnet persan en laine d'agneau et, comme armes, le cimeterre, le **yatagan, les flèches et le carquois.**

Ces régiments, composés de peuples divers, de races différentes et de costumes aussi variés que pittoresques, sont comme le bouquet du feu d'artifice de cette parade plus théâtrale que vraiment militaire, mais qui offre un coup d'œil étrange, éblouissant et unique dans le monde.

Voici les relevés officiels des forces de l'armée russe :

Ce qu'on nomme la garde impériale se compose de 40,000 hommes d'infanterie, 18,000 de cavalerie, les régiments de lanciers, grenadiers et autres, à peu près 50,000. La première levée de la garde impériale est de 100,000 hommes environ ; avec les réserves, elle s'élève à plus de 200,000 hommes ayant un effectif de 500 canons.

Six corps effectifs forment l'armée russe proprement dite ; chaque corps compte six divisions composées de quatre régiments, chaque régiment a sept bataillons dont quatre sont effectifs et comptent 1,000 hommes, ce qui fait 72 régiments de ligne, 288 bataillons, soit 288,000 hommes. En ajoutant deux corps de réserve et les bataillons de dépôt, on arrive à un total de 400,000 hommes d'infanterie.

En y ajoutant les corps de garnison, mineurs, sapeurs, arquebusiers, infanterie du Caucase, de Sibérie, de Finlande et d'Orenbourg, corps des cadets, régiments d'instruction, on arrive à un total, en temps de paix, de 650,000 hommes d'infanterie.

Il y a 74 régiments de cavalerie ayant chacun 9 escadrons de 160 hommes par escadron, soit 1,440 hommes par régiment. Total général, 106,000 hommes.

La cavalerie irrégulière se monte à 120,000 hommes environ.

L'artillerie légère comprend 50 batteries et 400 pièces de canon.

L'artillerie de campagne a 165 batteries, soit 1,320 pièces de canon.

Les corps de gendarmerie, les colonies militaires et les brigades de douane donnent le total respectable de 130,000 hommes.

Les chiffres ci-dessus fournissent le relevé suivant des forces de l'armée russe :

Infanterie.	653,000 hommes.
Cavalerie régulière..	106,000 —
Artillerie et génie.	56,000 —
Cavalerie irrégulière.	130,000 —
Colonies militaires, gendarmes, corps de douane.	130,000 —
Total.	1,075,000 hommes.

C'est là un total énorme et une force puissante. Mais, comme je l'ai dit ailleurs, l'immensité est une cause de faiblesse pour l'empire russe. Il faut du temps et de l'argent pour diriger ces soldats d'un point à l'autre de cet empire sans fin !

De plus, la guerre déclarée, la Russie doit immobiliser une partie de son armée pour garder ses propres sujets; la Sibérie, le Caucase et la Pologne, entre autres, n'attendent qu'une occasion pour se révolter.

Tous ces régiments irréguliers, khirghiz, circassiens, caucasiens, font un très bon effet aux parades, vu le pittoresque des uniformes des soldats; mais au champ de bataille, ces hommes, se battant pour l'oppresseur, doivent manquer un peu de conviction.

UN POSTE RUSSE DANS LES STEPPES.

CONVOI MILITAIRE RUSSE.

UNE CHASSE AUX LOUPS

UNE CHASSE AUX LOUPS.

UNE

CHASSE AUX LOUPS

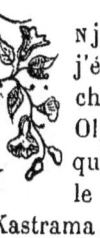n janvier 1876, j'étais en visite chez mon amie Olga Ostroff, qui habite dans le gouvernement de Kastrama, le froid était très rigoureux ; un soir, tout en soupant, le comte Serge Ostroff nous contait que les loups et les ours étaient si affamés qu'ils venaient jusque dans le village... L'autre jour, nous disait-il, les loups se sont jetés sur un malheureux moujick qui, ivre comme défunt Noé, faisait des efforts inouïs, pour mettre sa clef dans la serrure de la porte de sa cabane; ils l'ont si bien dévoré qu'on n'a retrouvé de lui autre chose, le

lendemain, que ses bottes et une mèche de ses cheveux.

Olga et moi nous frissonnions d'épouvante et nous nous jurions bien, de [ne pas nous aventurer hors le perron de l'habitation.

— Savez-vous, me dit soudain le comte Serge, que rien n'est plus amusant et fertile en violentes émotions qu'une chasse aux loups?

— C'est possible, dis-je, mais je déteste les émotions violentes.

— Vous n'avez donc pas le caractère de la femme? les femmes adorent aller pleurer aux représentations dramatiques.

— Moi, comte, j'ai versé trop de vraies larmes pour aller en répandre sous le coup d'une émotion factice, je ne vais jamais voir les drames, j'aime mieux aller rire au Palais-Royal!

— Mais, vous êtes brave, dit-on, vous avez, paraît-il, émerveillé vos compagnons de chasse par votre sang-froid en face de l'ours.

— J'ai une peur horrible des chenilles, jugez si je suis brave, l'ours ne m'a pas effrayée, j'en ai tant vu danser et quêter des petits sous dans les foires des villages de France.

— Eh bien ! je gage que les loups vous laisseront le même sang-froid.

— Organisez-vous une battue et voulez-vous m'y convier ?

— Non, pas une battue, mais je voudrais aller faire une chasse aux loups, Olga est trop poltronne pour m'accompagner, et je serais heureux si vous veniez avec moi, cette chasse est curieuse.

— Me jurez-vous que je ne serai pas dévorée ?

— Nous serons armés jusqu'aux dents, nous nous défendrons.

Un malin esprit, mon ennemi sans doute, me pousse toujours aux expéditions folles... — Je serai votre compagnon, dis-je au comte, quel jour ferons-nous cette chasse?

— Demain, je ne sais jamais retarder une chose qui me plait, me répondit le comte Serge.

Le lendemain, en effet, et de grand matin, il me fit réveiller, la femme de chambre m'apportait de sa part de grandes bottes en feutre, une botte de foin destinée à être mise dans lesdites bottes, une pelisse sibérienne avec poil en dessus et dessous, formée de deux peaux cousues, peau contre peau; c'est très chaud; un bonnet de fourrure, un châle de laine enveloppant ma tête et mon cou complétèrent mon costume.

Après un léger déjeuner nous montâmes dans un traîneau qui devait nous conduire à vingt verstes dans un endroit où les loups paraissaient avoir élu leur quartier général.

— Vous êtes folle, ma pauvre amie, me dit Olga en m'embrassant, laissez donc Serge aller seul offrir son corps en pâture à ces dévorants.

— Je te promets six peaux de loups, lui dit son mari en riant, et de plus je te jure de revenir intact, et tout en parlant ainsi, il m'entraîna vers le traîneau qui, emporté par deux excellents chevaux, si mit à glisser sur la neige durcie avec une vitesse vertigineuse.

Bien russe de caractère en ceci, j'aime à être traînée à fond de train par de beaux cheveaux, j'aime enfin à aller vite, cela donne une sensation indéfinissable qui me plaît ; au bout de cinq minutes de cette course effrénée, bien réveillée et de bonne humeur, je remerciai le comte Serge de la bonne pensée qu'il avait eue de me faire faire cette partie de plaisir.

— Vous allez voir, comme c'est émotionnant, on se voit entouré par la mort, elle vous guette de droite, de gauche, vient en face et vient derrière ; vous devez lutter énergiquement pour la vaincre ; on peut dire que dans cette chasse on lutte corps à corps avec la mort.

J'écoutais... mon cœur battait, il me tardait d'être en chasse... folle que j'étais et que je serai toujours !

Après une demi-heure, c'est-à-dire après avoir parcouru une vingtaine de verstes... notre traîneau fit halte ; le comte, me donnant la main, me conduisit vers une sorte de traîneau de paysans, attelé à deux robustes chevaux.

— C'est dans celui-ci que nous allons monter pour faire notre chasse, me dit-il tout en m'y faisant installer, le dos appuyé au dos du cocher et faisant par conséquent face à la route parcourue ; il plaça à ma ceinture deux revolvers et un coutelas, mit devant moi trois carabines chargées, puis il donna un revolver et un coutelas au cocher, il plaça aussi à sa ceinture deux revolvers, un poignard et mit devant lui trois carabines.

Nous avions donc six carabines, cinq revolvers et trois poignards ; cet arsenal formidable me fit sourire ; je le traitais d'un peu exagéré. — Mais songez donc, me dit le comte Serge, que nous pouvons être attaqués par une trentaine de loups.

— Voilà bien, me dis-je, une exagération de chasseur. Nous ne verrons peut-être pas l'ombre d'une de ces bêtes.

Un domestique sortit d'un panier un cochon de lait ; il lui attacha une longue corde au cou, puis il attacha la corde à l'arrière du traîneau et jeta la pauvre bête sur la route. Comme je regardais, étonné, le comte Serge m'expliqua que, les chevaux lancés au galop, le petit cochon traîné se meurtrirait au bloc de glace, qu'il pousserait des cris plaintifs qui attireraient les loups.

Je m'indignais ; je protestais au nom de la Société protectrice des animaux : mais le comte m'assura que, sans le supplice imposé à ce descendant des tentateurs de saint Antoine, la chasse devenait impossible. Si j'avais connu ce détail, j'aurais refusé de faire cette chasse. Mais il était trop tard. Le comte fit un signe, le cocher parla aux chevaux qui partirent à fond de train, et nous voilà lancés à travers forêts et champs ; le pauvre petit cochon ensanglantait la neige ; il poussait des hurlements de douleur qui me déchiraient les oreilles et le cœur. Aussi je me mis à quereller le comte Serge sur les instincts barbares des Russes en général, et de lui en particulier. Il me répondait en riant que je comprenais fort mal l'humanité, et qu'il était très humain de sacrifier une petite bête, destinée du reste à être tuée et mangée, pour débarrasser le canton des loups qui dévoraient bêtes, hommes et enfants.

Nous discutions et nous philosophions, lorsque soudain il me dit d'une voix brève : — A nos armes ; visons bien et vivement.

Tout en armant ma carabine, je jetais un regard

devant moi ; je vis de grandes taches noires sur la neige : elles se rapprochaient de nous.

Le comte Serge, hélas! n'avait point exagéré : les loups arrivaient vers nous — légions.

Les chevaux firent entendre des hennissements d'effroi; ils prirent un galop fantastique; malgré cela, les loups se rapprochaient. Bientôt l'avant-garde fut à deux mètres à peine du traîneau. Le comte fit feu : l'un d'eux roula sur la neige. Je fis feu; je manquai mon ennemi, qui d'un bond sauta à un mètre de moi; je pris un revolver et je le tuai presque à bout portant.

D'autres arrivaient la gueule ouverte, les yeux flamboyants : c'était horrible, effrayant. Nous tirions à la hâte, tantôt une carabine, tantôt un revolver; un grand diable, haut d'un mètre, blessé légèrement, bondit sur le comte, qui n'eut que le temps de lui plonger son poignard dans le flanc.

Pendant une demi-heure, ce fut une lutte endiablée, acharnée ; nous n'échangions pas une seule parole; fiévreusement nous déchargions nos armes; l'imminence du danger me donnait du sang-froid ; un singulier phénomène se passait en moi : je ne pensais plus, j'étais fascinée par les yeux brillants de ces bêtes; je tirai machinalement, vivement : je visais bien. Un seul sentiment restait vif en moi : celui de la conservation. Je sentais qu'il fallait tuer vite et beaucoup pour n'être point dévorée, et je tuais !

Avais-je peur?

Je ne sais pas, je le répète ; je ne réfléchissais à rien, je ne pensais à rien, l'instinct seul me guidait ; je me figure que, devant la mitraille et la légion ennemie, le soldat doit éprouver ce que je ressentais. Parfois, nos ennemis les plus rapprochés ayant mordu la poussière, nous rechargions carabines et revolvers précipitamment, sans échanger une parole.

Il faisait un froid de 27 degrés et la sueur perlait sur notre visage.

Cela dura trois quarts d'heure environ, puis nous ne vîmes plus de loups accourir vers nous, gueule béante. Alors le comte donna l'ordre de retourner en arrière. Nous achevâmes les blessés et nous ramassâmes les morts. Le cocher les entassa pêle-mêle, sanglants et puants, dans notre traîneau : c'était horrible ; nous étions éclaboussés du sang de ces bêtes ; nous en rapportions dix-sept.

— Elles vont nous tenir les pieds chauds, disait le comte en riant.

En traversant un village, nous fûmes entourés par les paysans. En voyant ces nombreux cadavres de leurs ennemis mortels, ils poussèrent des cris de joie, puis nous baisèrent les mains pour nous remercier. Une belle jeune fille vint nous offrir du thé bien chaud et bien parfumé ; j'en bus deux tasses avec avidité ; je sentais le froid me saisir, et alors que le danger était passé, je me sentais prise de frissons d'épouvante : ces cadavres sanguinolents me faisaient peur ; il me semblait que la vie allait leur revenir et qu'ils allaient me dévorer de leurs longues dents blanches ; je rentrai au château avec une légère fièvre. Le comte Serge était triomphant :

— Vous m'avez porté bonheur, me disait-il ; jamais je n'avais fait une aussi belle chasse ; nous recommencerons bientôt, si vous le voulez.

— Ma foi ! j'en ai assez, lui dis-je, et pour rien au monde je n'oserais encore affronter ces vilaines bêtes.

Le pauvre petit cochon n'était plus qu'un amas confus de chairs broyées. Il avait été utile, c'est vrai ; mais de quel droit fait-on ainsi souffrir une bête à qui Dieu a donné la vie ?

La nuit qui suivit cette chasse, j'eus fièvre et cauchemar ; j'entendais les cris plaintifs du cochon, les hennissements affolés des chevaux. Je voyais la gueule ouverte des loups, leurs yeux plus brillants que des charbons ardents. J'apercevais autour de moi une neige toute maculée de sang. Quelle affreuse nuit !

Aussi, j'ai tenu parole, et je n'ai pas fait une seconde chasse aux loups.

UNE CHASSE A L'OURS

UNE CHASSE A L'OURS.

UNE
CHASSE A L'OURS

'est vers la fin d'octobre, époque où les fortes gelées rendent accessibles les marécages séculaires de la Russie, qu'on peut commencer la chasse à l'ours ; à ce moment, les neiges ont encore peu de profondeur et on peut suivre aisément les traces de l'animal. Cette chasse, nommée sur *piste noire*, est celle qui offre le plus de chance de succès ; elle réussit surtout si les dégâts commis dans les blés et dans les rayons de miel des abeilles sauvages assurent les chasseurs de la présence de la bête.

C'est la mère que l'on dépiste en automne ; elle a confié ses petits au *menin prastun* en langue russe, c'est-à-dire à l'oursin mâle de son avant-dernière portée. Débarrassée du soin de la garde et de l'éducation de ses nourrissons, elle va rôder autour des villages pour trouver une abondante nourriture qu'elle rapportera à sa famille. Les *pusyeza*, habitations éparses dans les forêts, sont traquées par elle ; ses ravages signalent sa présence, ses traces restent visibles sur la neige non durcie encore ; les suivre et donner la chasse à l'animal est donc aisé. L'hiver est, au contraire, la saison choisie de préférence pour chasser l'ours mâle, qui est plus recherché à cause de la beauté de sa fourrure.

L'ours mâle vit retiré et solitaire, en ours enfin, jusqu'en janvier ; il ne quitte son gîte que lorsqu'il est sollicité par la faim, il s'en éloigne peu et ne manque pas d'y rentrer avant le lever du soleil. Quelques racines lui suffisent, car c'est son temps de jeûne ; il change de poil, se fait beau, en attendant que le printemps ramène près de lui l'ourse qui, débarrassée du soin de ses nourrissons, viendra le convier à de nouvelles amours. Les gîtes, *borlogi* en russe, sont construits par l'ours au milieu de profonds marécages, couverts d'ajoncs vierges, comme on n'en trouve qu'en Amérique et en Russie. Il l'entoure d'abatis d'arbres dont les troncs énormes forment de vraies barricades rendant l'accès de ces gîtes souvent impossible et toujours très difficile : l'ours y arrive tantôt en rampant, tantôt en bondissant.

C'est aussi dans ces retraites inexpugnables que la femelle va mettre bas ses petits.

S'il faut en croire une légende populaire, les ours auraient des espèces d'hôtels des invalides ; ce serait dans des oasis sauvages, au milieu des plus épais fourrés des sombres forêts, dans ces endroits nommés *malicznihi* en russe et que jamais pied d'homme n'a foulés, tant ils sont inabordables, que viendraient se réfugier les ours trop vieux pour être en état de chercher leur nourriture et ceux qui sont ingambes et jeunes se feraient un devoir de leur apporter leur nourriture quotidienne. Ce qui tendrait à prouver la vérité de cette légende, c'est que jamais dans les forêts on ne retrouve aucun ossement d'ours.

Tout ceci prouve que l'ours est moins bête qu'on ne le croit généralement.

Il est des chasseurs intrépides, ou plutôt d'aventureux braconniers, qui vont chercher l'ours au gîte. Ils s'y rendent seuls, armés d'un *oszezep* (pique ou épieu ferré des deux côtés) ; ils portent en plus un *ronatyna* (coutelas) et un *tapor* (sorte de hache) ; rarement et seulement en cas de danger imminent les chasseurs se servent du *ronatyna* ou du tapor, le oszezep leur suffit. L'ours provoqué et irrité par eux vient s'enferrer lui-même sur cette sorte de pique. Cette chasse demande du sang-froid et de l'adresse, choses qui ne manquent pas aux hardis braconniers russes. Mais ces chasseurs ont aussi leur superstition, qui est, que le treizième ours tue son chasseur; aussi ceux qui ont exterminé douze ours s'arrêtent. Si l'appât de la peau de l'ours leur fait braver la peur, ils arrivent au gîte émus, leur main est mal assurée, un accident alors leur arrive, ce qui vient fournir un document de plus en faveur de cette superstition.

Beaucoup de chasseurs pour ce treizième ours se font accompagner par des camarades, mais tous ces hommes ayant le même sentiment de crainte, sont aussi émus ; ils manquent de sang-froid, un accident survient et le fameux chiffre néfaste de *treize* est encore une fois redouté.

Mais le chasseur qui a tué son treizième ours est triomphant, il marche vers le quatorzième avec calme et assurance, persuadé que nul danger ne le menace plus.

On retrouve du reste cette superstition aussi bien chez les chasseurs grands seigneurs que chez les braconniers.

La chasse par excellence, celle que font les vrais chasseurs et surtout les grands seigneurs, c'est la chasse aux traqueurs et aux rabatteurs.

Lorsque la présence d'une famille d'ours est signalée quelque part, les gardes forestiers cherchent les pistes, les suivent et découvrent ainsi les gîtes de ces bêtes; ils se mettent au courant de leurs habitudes, des sentiers qu'elles suivent pour rentrer et des endroits où elles se reposent. Ici ces animaux manquent d'intelligence en refaisant le lendemain ce qu'ils ont fait la veille ; mais l'homme rarement songe à tout, il est bien permis à l'ours d'avoir la même maladresse.

Quand les gardes forestiers ont bien étudié attentivement pendant trois ou quatre jours les allures et coutumes des bêtes, ils préviennent le propriétaire de la forêt, qui vient chasser l'ours ou qui donne la permission à un chasseur d'y aller à sa place.

Sur les forêts de l'Etat, peut chasser l'ours qui veut ; on doit seulement payer au gouvernement 50 roubles pour la peau de l'ours ; de cette loi est né le braconnage, celui qui tue sans permission un ours sur la propriété d'autrui doit aussi payer ces 50 roubles.

Lorsque la veille les données ont été propices, on fixe la chasse au lendemain matin, et à l'heure indiquée, traqueurs et chasseurs se réunissent à un rendez-vous qui est toujours fort éloigné de l'endroit où le gîte est signalé, car le moindre bruit donnerait l'alarme à la bête et la chasse serait manquée.

TABLE

Chapitre I. 1
— II. Les quatre aspects de Pétersbourg. . . 23
— III. Le grand monde russe. 53
— IV. La littérature slave. 80
— V. Des divers peuples faisant partie de l'empire russe 181
— VI. Police russe, prisons et forteresses . . 192
— VII. Les sectes russes. 221
— VIII. La religion gréco-russe. — En quoi elle diffère de la religion catholique. — Comment les Russes ont été baptisés. — L'idolâtrie des images.—Les popes. — Les moines. — Les couvents . . . 232
— IX. La ville sainte : Moscou 254
— X. Les codes russes 276
— XI. Panslavisme. — Slavisme. — Nihilisme. 293
— XII. Un souvenir du passé. — Massacre des Strélitz par Pierre Ier. 301
— XIII. Grands seigneurs et moujicks.—Routes et maisons de relais. — Vie de province. — Influence de l'ennui sur les mœurs de l'homme. 310
— XIV. L'armée russe 336
Une Chasse aux Loups 353
Une Chasse a l'Ours. 363

FIN DE LA TABLE.

Imprimerie D. Bardin, à Saint-Germain

LIBRAIRIE DE E. DENTU, ÉDITEUR, PALAIS-ROYAL

CHASSES ET VOYAGES

DU COURET
Les Mystères du désert. Souvenirs de voyage en Asie et en Afrique. 2 vol. gr. in-18 jésus, avec carte... 7 »

C. D'AMEZEUIL
Les Chasseurs excentriques. 1 vol. gr. in-18 jésus..... 3 »

L" TRELIN
Les Paysans russes. Usages, mœurs, caractère, religion et superstition. 1 vol. gr. in-18 jésus..... 3 »

M. DE FOSSEY
Le Mexique, ancien et moderne. 1 vol. in-8........... 5 »

O. FERE
Les Régions inconnues. Aventures de chasse et de pêche dans l'extrême Orient. 1 vol. gr. in-18 jésus. 3 »

B. H. RÉVOIL
Bourres de fusil. Souvenirs de chasse. 1 vol. gr. in-18 jésus. 3 »

RÉMY
Voyage au pays des Mormons Relation, géographie, histoire naturelle, théologie, mœurs et coutumes. 2 vol. gr. in-8, gravures et carte 20 »

UBICINI
Les Serbes de Turquie. Études historiques et statistiques. 1 vol. gr. in-18 jésus.......... 3 50

COMTE RAOUL DU BISSON
Les Femmes, les Eunuques et les Guerriers du Soudan. 1 vol. gr. in-18 jésus.... 3 50

F. CHASSAING
Mes Chasses aux Lions. 1 vol. gr. in-18 jésus, illustré.... 3 »

VICOMTE LOUIS DE DAX
Nouveaux souvenirs de chasse et de pêche dans le midi de la France. 1 vol. gr. in-18, illustré 3 50

CHARLES DIGUET
Tablettes d'un Chasseur. 1 vol. gr. in-18 jésus......... 3 »

DEYEUX
Le vieux Chasseur. Nouvelle édition, préface par Jules Janin 1 vol. in-32 orné de 50 gravures.. 1 »

Vte DE LA NEUVILLE
La Chasse au chien d'arrêt. 3e édition illustrée, par F. Grenier, 1 vol. gr. in-18 jésus..... 3 50

COMMANDANT R. SEMMES
Croisières de l'Alabama et du Sumter, livre de bord et journal particulier.1 vol. gr. in-18 jésus 3 50

OLYMPE AUDOUARD
L'Orient et ses peuplades.1 vol. gr. in-18 jésus........ 5 »
L'Egypte et ses mystères dévoilés. 1 vol. gr. in-18 jésus. 5 »
A travers l'Amérique. 2 vol. gr. in-18 jésus........... 7 »

L. DEVILLE
Une aventure sur la mer Rouge. 1 vol. gr. in-18 jésus, illustré. 3 50
Une semaine sainte à Jérusalem. 1 vol. gr. in-18 jésus.. 2 »
Une excursion dans les Cornouailles.1 v. gr. in-18 jésus 2 »

DURAND-BRAGER
Deux mois de campagne en Italie. 1 vol. gr. in-18 jésus. 3 »

DUC DE CHARTRES
Souvenirs de voyages. Visite à quelques champs de bataille de la vallée du Rhin. 1 vol. in-18 jésus.. 3 »

J.-P. FERRIER
Voyages et Aventures en Perse, dans l'Afghanistan, le Béloutchistan et le Turkestan. Nouv. édition. 2 vol. gr. in-18 jésus, avec carte..... 7 »

J. GÉRARD
Le Mangeur d'Hommes, récits de chasse dans l'Inde. 1 vol. gr. in-18 jésus, illustré......... 3 50

GABRYEL
Danube, Nil et Jourdain. 3 vol. gr. in-18 jésus......... 6 »

GRENIER
La Grèce telle qu'elle est. 1 vol. gr. in-18 jesus......... 3 »

LOUIS JACOLLIOT
Voyage au pays des Bayadères. 1 vol gr. in-18 illustré par Riou. 4 »
Voyage au pays des Perles.1 vol. gr. in-18, illustré par E. Yon. 4 »

JULES PATOUILLET
Trois ans en Nouvelle-Calédonie. 1 vol. gr. in-18, avec carte et gravures........... 3 »

A. TOUSSENEL
Le Monde des Oiseaux. Ornithologie passionnelle, 3 vol. in-8° orné de figures........... 21 »
Tristia. Histoire des misères et des fléaux de la chasse de France. 1 vol. gr in-18............ 5 »

Imprimerie D. BARDIN, à Saint-Germain.

www.ingramcontent.com/pod-product-compliance
Lightning Source LLC
Chambersburg PA
CBHW050255170426
43202CB00011B/1693